AF727595

www.ingramcontent.com/pod-product-compliance
Ingram Content Group UK Ltd.
Pitfield, Milton Keynes, MK11 3LW, UK
UKHW031826260826
14628UKWH00001B/222

9 781595 843876

نقش دین و متولیان آن در تاریخ اجتماعی ایران

مهرا ملکی

شرکت کتاب

THE IMPACT OF RELIGION AND ITS OFFICIALS ON THE SOCIAL HISTORY OF IRAN
Subject: Religion & Politics
Author: Mehra Maleki
Published by: Ketab Corporation

4th Edition by: Ketab Corporation

نقش دین و متولیان آن در تاریخ اجتماعی ایران
نویسنده: مهرا ملکی
موضوع:دین و سیاست
ناشر: شرکت کتاب
چاپ چهارمِ شرکت کتاب: ۲۰۲۵ میلادی - ۱٤۰۵ خورشیدی - ۲۵۸۵ ایرانی خورشیدی

The Library of Congress Cataloging-in-publishing Data is available upon request.

ISBN:978-1-59584-387-6
Ketab Corporation:
12701 Van Nuys Blvd., Suite H,
Pacoima, CA, 91331, USA

4 5 6 7 8 26

فهرست

توضیحاتی برای پیش از خواندن کتاب

یکم- مطالبی را که عیناً از منابع دیگری نقل کرده‌ام در میان نشانه‌ی « » قرار داده شده و با شماره‌ای که در انتهای مطلب و یا جمله در بالای آن دارد می‌توانید در پایان هر بخش با نام کتاب و نویسنده وانتشارات وصفحه‌ی آن آشنا شوید.
دوم- برای توجه بیشتر خواننده به جمله یا کلمه‌ای از نشانه‌ی "   " استفاده نمودم.

مهرا ملکی

پیش‌گفتار

کتاب حاضر در برگیرنده‌ی پژوهشی است در تاریخ اجتماعی ایران با توجه با نقش دین پس از حمله‌ی اعراب به‌کشورمان و نتایج ویرانگر این یورش و پس‌رفت‌های اجتماعی وگُسست فرهنگی ایرانیان با فرهنگ و مدنیت گذشته‌ی خود و چگونگی استقرار اسلام در ایران. سپس می‌پردازم به دوران صفوی و تسلط مذهب شیعه، و در نتیجه بیرون رانده شدن ایران ازگردونه‌ی پیشرفت جهانی.

در این کتاب تلاش شده به نقش معمّمین در عصر قاجار و رویدادهای مهم تاریخ این دوران، از جمله جنگ‌های ایران و روس، جنبش رِژی و انقلاب مشروطه نیز پرداخته شود.

تفاوت این نوشتار باکتب دیگری که پیرامون انقلاب "توتون و تنباکو" و "انقلاب مشروطه" به رشته‌ی تحریر درآمده، در این نکته است، که برخلاف آن‌چه که اغلب مورخین ما در رابطه با رهبری مفید و مؤثر "ارباب عمائم" در این جنبش‌ها سخن گفتند، کوشش کردم تا به نقش مخرب و بازدارنده‌ی رهبری شیعه در این انقلابات

بپردازم و خواننده را با رفتار واپسگرا و مضرّه معممین در جنبش‌های مترقی و عروج رضاشـــاه وکوشش‌های محمدرضا شاه در جهت پیشرفت مملکت و آزادی زنان آشنا ســازم. همچنین لازم دانستم عملکرد احزاب و روشنفکران و همکاری‌های‌شان را با رهبری شــیعه در به ثمر رساندن انقلاب اسلامی ۵۷ ایران توضیح دهم. به امید آن‌که آگاهی از روند اضمحلالی ایران، مانع از دست رفتن هر چه بیشترکشورمان گردد.

مهرا ملکی

کالیفرنیا ـ نوامبر ۲۰۱۲

زیان کسان از پی سود خویش

بجویند و دین اندر آرند پیش

بریزند خون از پی خواسته

شود روزگار بد آراسته

فردوسی

نه تخت و نه دیهیم بینی نه شهر
ز اختر همه تازیان راست بهر
ز پیمان بگردند و ز راستی
گرامی شود کژی و کاستی

فردوسی

نقش دین در تاریخ اجتماعی ایران

امروزکه برخی از ممالک اسلامی از جمله کشور ما دوران انکیزیسیون* اسلامی را می‌گذرانند، بحث روشنگرانه درباره‌ی دین به ضرورت مبرمی بدل گشته است که از نظر نگارنده وظیفه‌ی هر پژوهشگر و تاریخ‌دان و متخصص امور دینی، آن است که به روشنگری درباره‌ی چگونگی ورود اسلام به ایران و اثرات آن بر جامعه بپردازد. تا شاید بتوان هر چه زودتر این دوران ترور، وحشت و خشونت را پشت سرگذاشت و دست دین و متولیان آن را از قدرت و حکومت کوتاه نمود و مانند اروپائیان که در پایان قرن روشنایی** و صدور اعلامیه‌ی حقوق بشر (در سال ۱۷۸۹) که دیگر «انجیل... را

*- Inquisition

** - در قرن هفدهم و به ویژه قرن هجدهم دگرگونی سرنوشت سازی در جهان مسیحیت روی داد که در یک زمان تقریباً همه‌ی کشورهای پیش رفته اروپایی در آن شرکت داشتند. این تحول فکری و فلسفی بدین ترتیب آغاز شدکه تمام مسائل اجتماعی و مذهبی که تا آن زمان واقعیت‌های مسلم زمینی یا آسمانی تلقی می‌شدند و اصولاً غیرقابل بحث بودند، در خارج از نفوذ دولت وکلیسا مورد تجدید ارزیابی قرارگرفتندکه در صف مقدم تمام این مسائل آئین مسیحیت وکتاب مقدس آن Bible جای داشت. نتیجه‌ی این ارزیابی که در طول بیش از یک قرن بزرگترین شخصیت‌های علمی و ادبی و فلسفی اروپا در آن شرکت کردند این شدکه تقریباً آن‌چه در این کتاب مقدس (یعنی تورات و انجیل) درباره خداوند و آفرینش و واقعیت‌های مختلف تاریخی و مذهبی آمده و هفده قرن تمام از جانب کلیسا حقایق آسمانی و مسلم شناخته شده بود، غلط یا ضد و نقیض یا اشتباه آمیز و یا به کلی ←

بوسیدند و بر طاق کلیسا نهادند و به دنیای علم و هنر قدم گذاردند[۱]» و قوانین مدنی را برای حکومت تدوین نمودند، ما نیز بتوانیم قرآن را بوسیده بر طاق مسجد نهاده و به سکولاریسم و قوانین مطابق با اعلامیه‌ی جهانی حقوق بشر دست یابیم. از این‌رو در این کتاب به روند دین اســـلام در تاریخ اجتماعی ایران و صدمات و زیان‌هایی که متولیان عربی این دین و سپس متولیان ایرانی آن به کشور وارد آورده‌اند می‌پردازیم.

آن‌چه مســـلم است اسلام در ایران «اساســـاً از طریق اعمال قهر و خشونت، قتل عام گســـترده، ایجاد ترس و وحشت و از طریق انواع فشارهای اجتماعی و خصوصاً اقتصادی (مثل خراج و جزیّه) مستقرگردید. قرآن تاکید می‌کند: هرکس غیر از اسلام از دین دیگری پیروی کند از وی پذیرفته نیست[*]. یا باکسانی که به خدا ایمان ندارند و یا باکسانی که پیرو دین خویش‌اند حتی با آنان‌که کتاب داشته‌اند... پیکارکنید تا اسلام را بپذیرند و یا با حقارت و ذلت جزیّه (مالیات سرانه) بپردازند.[**]

نمایندگان عرب نیز هنگام ملاقات با یزدگرد سوم به او یادآور شدند: پیغمبر ما را وصیّت کرد که در جهان بگردید، هرکس این دین (اسلام) قبول کند- نِعمِ کِرامه- و اگر قبول نکند با او حرب کنید تا دین ما را بپذیرد یا جزیّت بدهد[۲].» «این که در قرآن آن همه به جهاد و قتال تاکید شـــده برای این است که اسلام خیر را اساساً در شمشیر می‌بیند و در نگاهش قدرت و شوکت، تنها در سایه شمشیر به دست می‌آید. اَلخیرُکلّهُ

←ساختگی تشخیص داده شد. چنانکه اساساً مجموع برداشت‌های پیشین در زمینه‌ی ماوراءالطبیعه در برابر علامت سؤال قرارگرفت، همین انقلاب فکری در زمینه‌ی نظام‌های جا افتاده سنتی و در قلمرو سیاست و قضاوت و قوانین اجتماعی نیز صورت گرفت و به نتایج مشابهی انجامید، که اساسی‌ترین نتیجه‌ی آن‌ها شکسته شدن سدّ "صغارتی" بود که تا آن زمان در جامعه‌ی اروپا وجود داشت. بر اثر شکسته شدن این سدّ بود که یکی از بزرگترین تحولات اجتماعی تاریخ را در اروپای قرن پایانی هزاره‌ی دوم با تکوین انقلاب کبیر فرانسه و اعلام اصل آزادی و برابری و صدور اعلامیه جهانی حقوق بشر "سال ۱۷۸۹" و پایان انکیزیسیون را به دنبال آورد. قرنی که این نوآوری فکری را در اروپا شکل داد "قرن روشنایی" یا "عصر فروق" "Inlightment" نام گرفت.

*- سوره آل عمران، آیه ۳۲ و ۸۵ و ۱۳۲

**- سوره توبه، آیه ۲۹ ، ۵ ، ۲۳، ۳۶ ، ۱۲۰ و ۱۲۹، همچنین نگاه کنید به سوره‌ی بقره آیه ۱۹۳-۲۱۶ و سوره تحریم، آیه ۹ و سوره مائده آیه ۲۷ ، ۳۳ و ۴۰ و سوره‌ی نساء آیه ۷۶ و ۹۱ و سوره‌ی احزاب آیه ۲۵ و سوره محمد آیه ۴

فی‌السّیف و تَحت ظِلّ السّیف و لایقیم الناس اِلاّ بالسیّف. محمد معتقد بود: من با شمشیر فرستاده شده‌ام و آن‌چه نیکوست در شمشیر است... من فرستاده شده‌ام تا درو کنم نه بکارم و یا بهشت زیر سایه‌ی شمشیرها است. شمشیرها کلید بهشت‌اند[۳].»

این‌که برخی از محققان تاریخ ادعا می‌کنندکه به علت فساد دربار ساسانی، ایرانی‌ها به پیشواز اعراب مسلمان رفته‌اند، کاملاً بی‌اساس است چون اعراب مهاجم در حمله به ایران در تمام شهرها و روستاها با مقاومت سخت ایرانی‌ها روبرو شدند، چنان‌که درگزارش تاریخ آن دوره، شرح حال این جنگ‌های خونین آمده است* که پرداختن به آن، شرح مفصلی است و در حوزه‌ی ملاحظات نگارنده‌ی این کتاب نیست. اما واقعیت امر آن است که تهاجم اعراب نومسلمان به ایران، بزرگترین صدمه را به این مهد تمدن و فرهنگ جهان آن روز وارد آورد، زیرا پیش از آن اقوام بدوی که به ایران حمله می‌کردند، پس از مدتی در برابر ویژگی‌های زندگی شهرنشینی، کم‌کم رفتار وحشیانه‌ی خود را از دست داده جذب فرهنگ این سرزمین قرار می‌گرفتند. ولی اعراب نو مسلمان که دلیل پیروزی خود را در قرآنی می‌دیدندکه رسالت خونریزانه در دست آن‌ها قرار داده بود، ماهیّت خونریز و مخرّب خود را حفظ کرده و نه تنها جذب موازین فرهنگ و انسانیت ایرانی‌ها نشدند بلکه نابودی ایران و مظاهر مدنی‌اش را ضامن حفظ قدرت خود دانسته، از این روکمر به نابودی آن بستند. اساساً اعراب چون قرآن را باعث پیروزی و قدرت خود می‌دانستند سبب شد تا هیچ چیز به جز قرآن را لایق خواندن ندانند[۴]. این طرز تفکرکه «قرآن ناسخ همه‌ی کتب و اسلام، ناسخ همه‌ی ادیان و اندیشه‌هاست (اِنّ الاسلامَ یَهدمُ ماکانَ قَبلهُ) و هیچ دانشی نیست که در قرآن نباشد (لا رُطب ولا یا بس الاّ فی کتابِ مبین[۵])» هم اعراب را از متمدن شدن باز می‌داشت و هم مراکز فرهنگی و مدنی تسخیر شده را نابود می‌ساخت. چنان‌که در حمله به ایران کتابخانه‌ی ری و جُندی شاپور را به آتش کشیدند، چون عُمر بر این باور بود که: «با وجود قرآن، مسلمین را به هیچ کتاب دیگری احتیاج نیست[۶]». با

*ـ برای آگاهی از شرح حال جنگ‌های خونین اعراب و ایرانی‌ها، بنگرید به کتاب‌های، تاریخ طبری و دینوری و اخبار الطوال و الفتوح و آفرینش و تاریخ

چنین تعصب اسلامی بود که «قُتیبه بن مُسلم "سردار عرب" برای مسلمان‌سازی مردم خراسان و خوارزم، ضمن قتل عام مردم و ویرانی شهرهای این مناطق (به سال ۹۰ هـ ۷۰۹ م) مورخین و متفکّرین و دانشمندان این نواحی را به‌کلی فانی و معدوم‌الاثرکرد و بسیاری را به شهرهای دور دست تبعیدکرد و آثار رسالت آنان را بسوخت آن‌چنان‌که اخبار و اوضاع ایشان (مردم خراسان و خوارزم) مخفی و مستور ماند... و اهل خوارزم امّی (بیسواد) ماندند و در اموری‌که مورد نیاز آنان بود تنها به محفوظات خود استناد کردند[۷]». تقریباً در تمام قرن‌هایی‌که خلفای مسلمان عرب به ایران فرمانروایی کردند، دشـــمنی با علم و دانش ادامه داشت و رفتاری بس خشونت‌آمیز و وحشیانه نسبت به دانشمندان اعمال می‌شد. چنانکه زکریا رازی بزرگترین پزشک ایران و تاریخ اسلام را به جهت آن‌که در سال‌های سالخوردگی کتاب‌هایش را بر سرش کوبیدندکور شد[۸]. و یا ابن‌سینا یکی از نوابغ دانش ایران و دنیای اسلام‌که نویسنده‌ی "قانون شفا" و بیش‌تر از ۱۲۰ کتاب و رساله‌ی دیگر بود و آثار ترجمه شده لاتین او تا چند قرن بعد از خودش از مهمترین کتاب‌های درسی دانشگاه‌های اروپایی بود، از طرف فقها و متشرعین دوران خودش "زندیق و ملحد" اعلام شـــد و "علم دروغـــین و فریبنده‌اش" باعث گمراهی مردم و دورکردن خلق از راه حق و حقیقت به شـــمار آمد و به دستور خلیفه "المنجد بالله"کتاب‌هایش در ســـال ۵۵۵ هجری سوزانده شد[۹]. نتیجه آن‌که اعراب مسلمان با سرکوب دانشمندان و محو و نابودکردن کتابخانه‌ها، کوشش‌شان بر آن بودکه رابطه‌ی ایرانی‌ها را با تاریخ و فرهنگ و مدنیت گذشته‌ی پرافتخارشان قطع نموده، تا بتوانند رفته رفته دین اسلام را جایگزین کنند. به همین جهت چنان‌که پیش‌تر نیز اشاره شده تهاجم اعراب به مراتب خسران‌آورتر از سایر. قبایل بدوی به ایران بود حتی زیان‌آورتر از حمله‌ی مغولان (۶ قرن دیرتر). روی‌هم رفته دشـــمنی با علم و دانش درون مایه‌ی ذهنیت اسلامیســـت چون هر دانشـــی‌که از چهارچوب تعیین شده‌ی مذهب پا بیرون نهد مفهومش آن اســـت‌که در اصالت آســـمانی بودن قرآن و مطالبی‌که واقعیت‌های تغییرناپذیر و ابدی اعلام شده باید تردیدکرد. به عنوان نمونه «تخطئه‌ی ابن‌سینا به‌گناه آن‌که علم را در خارج از شـــریعت جستجوکرده است چنان در قلمرو فقها و محدثان

فراگیر بود که معروف‌ترین حکیم و فیلسوف وقت "حسن الاربلی" (قرن هفتم هجری) در آخرین سخن در بستر مرگ گفت: گواهی می‌دهم بر این که خداوند بزرگ است و ابن‌سینا کذاب است[۱۰].»

در اینجا لازم به توضیح است که به گفته‌ی دانشمندان اسلام‌شناس غربی، جهان اسلامی در قرن دوم تا ششم خود، کانون فرهنگی شکوفایی بوده است که این دانشمندان از آن به عنوان "فرهنگ اسلامی" یاد می‌کنند. ولی آن‌چه را که اسلام‌شناسان غربی، فرهنگ اسلامی نامیده‌اند نتیجه‌گیری نادرستی از حقیقتی است که چون در قرن‌های اولیه اسلام «آثار مختلف علمی و فلسفی در جهان اسلام عمدتاً به زبان عربی نوشته می‌شد تا درون امپراتوری عرب گسترش بیشتری داشته باشند[۱۱]» در نتیجه همه‌ی این نوشته‌ها به حساب مؤلفان عرب گذاشته شدند. در صورتی که بیشتر آن‌ها کار دانشمندان، ریاضیدانان، پزشکان، هیئت‌شناسان، مورخان، فیلسوفان، جغرافیادانان، نحویان و ادیبان غیر عرب به ویژه ایرانی‌ها بوده است که ابن‌خلدون (بزرگترین مورخ جهان عرب) درباره‌ی آن‌ها نوشت: از امور غریب این است که حاملان علم در جهان اسلام غالباً "عجم" بودند و اگر در میان دانشمندان عالمی پیدا می‌شد که در نسبت عرب بود در مکتب ایرانی‌ها تربیت و پرورش یافته بود، زیرا قوم مسلمان عرب، نه از امر تعلیم و تالیف اطلاعی داشت و نه حاجتی آنان را به این کار برمی‌انگیخت، برخلاف ایرانیان که بر اثر رسوخ تمدن در میان خود از هنگام دولت پارسیان برای این کار بهتر و صالح‌تر بودند و هیچ قومی به حفظ و تدوین علم قیام نکرد مگر ایرانیان[۱۲].

از دیدگاه تازیان به‌ویژه فقیهان و محدثان این علمی که "عجم" عامل آن بود اصولاً "علم" شناخته نمی‌شد، چنانکه دکتر ذبیح‌الله صفا* در ارزیابی این حقیقت تاریخی می‌نویسد: «فقها و محدثین اصولاً لفظ علم را جز بر "علم موروث از نبی" اطلاق نمی‌کردند و آن را علم نافع نمی‌شمردند و بدان علم مهجوره و حکمت مشوبه

*- دکتر ذبیح الله صفا از اساتید دانشگاهی هستند که تاریخ ادبیات ایران را از آغاز عهد اسلامی تا نیمه‌ی قرن ۱۲ هجری به تالیف درآوردند.

نـــام می‌دادندکه نفعی برای اعمال دینی ندارد و در نهایت به کفر می‌انجامد[۱۳]». قدر مسلم آن است که آن فرهنگ شکوهمند اسلامی که دانشمندان اسلام‌شناس قرن گذشته از آن یاد می‌کنند، چه دست آورد اسلام بوده باشد و چه دست‌آورد امپراطوری عرب، نه تنها دیگر اثری از آن (جز صفحات تاریخ) در کشـــورهای اسلامی یافت نمی‌شود بلکه امروز مجموعه‌ی این ممالک در زمره‌ی کشورهای جهان سوم قرار دارند[۱۴].

بازگردیم به سخن پیشین، چنان‌که اشاره شد تسلط اعراب به ایران به زور شمشیر و قتل‌های گسترده وگرفتن خراج و جزیّه صورت گرفت با این حال اسلام در ایران به کندی و سستی رواج یافت[۱۵]. چنان‌که هنوز در قرن چهارم هجری اکثریت مسلمانان را در بسیاری از شهرها، اعراب مهاجر تشکیل می‌دادند[۱۶]. یعنی با آن‌که یک قرن پس از پیروزی اعراب، بخش‌های بزرگی از زرتشتیان متناوباً به جزیره‌ی هرمز رفته و از آن‌جا به هندوستان مهاجرت کردند، باز هم در قرن چهارم هجری زرتشتیان اکثریت ساکنان بیشتر شهرها را تشکیل می‌دادندکه تغییر آئین نداده بودند، بطوری که اصطخری درباره استان فارس می‌نویسد: «هیچ شهر و دهکده و ناحیه‌ایی بی‌آتشگاه زرتشتیان نبوده و عده‌ی زرتشـــتیان چندان زیاد بوده که بر لباس خویش وصله‌ی تشخیص* نمی‌زدند و حال آن‌که حقوق اسلامی نصب علامت تشخیص را برای غیرمسلمانان اجباری کرده بود. بسیاری از دهقانان پارس در قرن چهارم هجری زرتشتی بودند و دژهای کوهستانی ایشـــان به ویژه "قلعه الجص" [۴۷] تصاویر و داســـتان‌های پادشـــاهان و پهلوانان و پیروزی‌های ایران باستان محفوظ بود[۱۷]». درکرانه دریای مازندران (طبرستان، گیلان، دیلم) و در خراســـان وکرمان و جبل (شمال غربی ایران) و در بخش ماسبدان (غرب ایران) تا قرن چهارم هجری اکثریت با زرتشـــتیان بوده اســـت[۱۸]. بنابراین آن طورکه متولیان اســـلام ادعا می‌کنندکه اسلام به ضربه‌ای بر ایران مسلط شده است، نبوده و فقط با ادامه‌ی کشـــتار و مهاجرت‌های پی‌درپی گروهی ایرانیان در تمام طول هزاره‌ی اول بودکه عاقبت در عصر صفوی مســـلمانان ایـــران در برابر مجموعه‌ی اقلیت‌های

*ـ "وصله‌ی تشخیص" تکه پارچه‌ی کوچکی بود اغلب به رنگ‌های قرمز یا زرد که غیرمسلمانان باید آن را بر روی لباس و یا چادر خود می‌دوختند تا معلوم شود مسلمان نیستند.

زرتشتی، یهودی و مسیحی فزونی گرفتند.

اساساً اعراب چون از دیدگاه فرهنگی و رفتار اجتماعی به مراتب از ایرانیان پایین‌تر بودند، قدرت‌شان را به خشونت‌آمیزترین وجهی بکار می‌گرفتند و برای سرکوب دشمن به هرگونه نیرنگ و دسیسه‌ای متوسل می‌شدند[۱۹]. احتیاج به دسیسه و حیله بدان جهت بود که اعراب پس از تصرف ایران در برابر جامعه‌ی چند میلیونی ایرانی هنوز اقلیت ناچیزی را تشکیل می‌دادند که طولی نمی‌کشید قدرت‌شان تحلیل رود، چنان‌که تشکیل حکومت نیمه مستقل سامانی در قرن سوّم هجری مقدمه‌ی غلبه بر حکومت اعراب مسلمان را فراهم آورده بود. در واقع «پس از دو قرن تسلط عرب، مردم استقلال‌طلب ایران توانسته بودند در نهضت‌های گوناگون، شرکت جویند و اندک اندک حکومت‌های ایرانی پدید آورند[۲۰]». اما اعراب نیز این مشکل را با تکیه بر ترکان که به صورت قبایل پراکنده در شمال شرقی ایران در حرکت بودند حل کردند.

از آن‌جایی که اعراب و ترکان در سطح بدوی یکسانی بودند، اسلام آوردن و سرسپردگی به خلیفه، ترکان را به صورت نیروی نظامی و اجتماعی قابل اعتمادی برای دستگاه خلافت اسلامی بدل ساخت. «نخستین دسته از ترکان که با این سیاست بر ایران تسلط یافتند قراخانیان هستند... که چندی پیش از حمله بر قلمرو حکومت سامانیان، قبول اسلام کرده بودند و این در حقیقت سنّت و قانونی برای سایر قبایل ترک شده بود[۲۱]».

سرانجام آن‌که تسلط و غارت ایران به دست ترکان غزنوی، سلجوقی و خوارزمشاهی، تنها به پشتیبانی و در خدمت خلفای مسلمان عرب ممکن می‌گشت. پادشاهان ترک‌نژاد در ابتدای کار، بیعت با خلیفه‌ی عباسی و پیروی از سیاست ایشان را برمی‌گزیدند که حکومت‌شان را تأئید می‌کرد[۲۲]. و همان‌طور که اشاره شد خلفای عباسی نیز برای برداشتن حکومت‌های ایرانی از شمشیر خونریز این اقوام ترک استفاده می‌نمودند. به این ترتیب که «محمود (غزنوی) پس از طرد مخالفان خود و شکست

قطعی سامانیان، خطبه به نام "القادربالله" خواند و با این اقدام بستگی و ارادت خود را به حکومت بغداد نشان داد[۲۳]». در این میان ایرانیان نیز با راه یافتن به دستگاه سلاطین ترک تلاش می‌کردند تا آن‌ها را با فرهنگ و منش ایرانی آشنا نموده و از حیطه‌ی نفوذ خلیفه خارج سازند. بطوری‌که در مورد هر سه سلسله‌ی ترک‌تبار "غزنویان، سلجوقیان و خوارزمشاهیان" می‌بینیم پس از مدتی، ترکان وحشی و خونریز اندک اندک در مدار فرهنگ ایرانی قرار می‌گرفتند و خلیفه نیز هر بار برای دوام بیشتر یکی دیگر از این اقوام ترک را به جان مردم ایران می‌انداخت، چنان‌که محمود غزنوی پس از آن‌که موقعیت خود را استحکام بخشید مصمم شد خلیفه عرب را زیر فرمان خود درآورد[۲۴]. همچنین پیش از روی کار آمدن سلجوقیان وضع خلفای عباسی بسیار وخیم بود[۲۵]، و اگر طغرل* سلجوقی، مخالفین خلیفه را سرکوب نمی‌کرد، خلافت عباسی منقرض می‌گشت[۲۶]. طغرل با احترام تمام خلیفه‌ی عباسی را بر مسند خلافت نشاند[۲۷]. اما طولی نکشیدکه سلجوقیان نیز مانند غزنویان خوی بیابانی خود را از دست دادند زیرا «سلاطین سلجوقی به مأمورین عالی‌رتبه ایرانی... تکیه کردند. در میان مأموران عالی مقام، نظام‌الملک الهام بخشنده‌ی سیاست خارجی الب‌ارسلان و ملکشاه سلجوقی و در عین حال سازمان دهنده‌ی دستگاه اداری وکشوری و مالی دولت بود[۲۸]». سیاست نظام‌الملک آن بود که به‌کمک همکاران و دبیران خود سازمان اداری عهد سامانی را تجدیدکند و در راه ترقی وضع اجتماعی و اقتصادی کشور قدم‌هایی بردارد[۲۹]. به همین جهت، همین‌که اختلاف بین امیران سلجوقی افتاد، خلیفه عباسی از موقعیتی که به دست آمده بود استفاده کرد و مقدمات پیشرفت خوارزمشاهیان را فراهم نمود[۳۰]. ولی دیری نپائیدکه میان سلطان محمد خوارزمشاه نیز با خلیفه به تیرگی گرائید، محمد، نام خلیفه را از سکه و خطبه برانداخت و در نتیجه خلیفه "الناصرالدین الله" و روحانیون، "چنگیزخان" و دشمنان خوارزمشاه را به حمله بر ایران تشجیع کردند[۳۱]. خلیفه‌ی عرب چنگیز را دعوت بر ماوراءالنهرکرد و ایرانیان را «در چنگ ترک و تاتار انداخت تا خود چند روزی بیشتر بر مسند خلافت تکیه زند[۳۲]». بنابراین دلیل حمله‌ی مغولان به ایران،

*- طغرل مؤسس سلسه‌ی سلجوقی بود.

تنها کشتار بازرگانان مغول توسط خوارزمشاهیان نبوده است، بلکه علت اصلی هجوم آن‌ها به ایران، منافع عظیم مادی و سیاسی بوده است. که این نیز ضربه‌ای بود که خلیفه اسلام و متولیان مذهبی وابسته به او برای حفظ تسلط خود، به پیکر ایران وارد آوردند.

درباره‌ی سلسله‌های ترک تباری که به ایران فرمانروایی کردند، بایدگفت: با آن که اقوام ترک به حمایت و پشتیبانی "خلفای مسلمان عرب" مانع برآمدن حکومت‌های ایرانی شدند ولی با این همه دیدیم که هر یک از آن‌ها پس از آنکه با فرهنگ و مدنیّت ایرانیان آشنا شدند، نه تنها خوی وحشیگری خود را از دست دادند، بلکه سرانجام در پی برکناری خلیفه نیز برآمدند. بنابراین همین‌جاست که تلاش فرهنگی بزرگان جامعه و ارزش والای فرهنگ و منش ایرانی نمایان می‌شود. چنانکه عید نوروز و مهرگان و جشن سده، در دربار سلاطین ترک برگزار می گردید[۳۳] و برخلاف خلفای مسلمان عرب که ایرانیان را وادار نموده تا به زبان عربی سخن بگویند، زبان رسمی دربار شاهان ترک تبار، فارسی بود و این زبان توسط ترکان سلجوقی در ترکیه‌ی امروزی راه یافت[۳۴].

از آن‌چه گذشت مشخص شدکه مسئول یورش "چنگیزخان" به ایران، خلیفه عرب بوده است. مغولان «آمدند و کندند و سوختند و کشتند و بردند[۳۵]». اما واقعیت آن است که حمله‌ی اعراب قرآن به دست به مراتب زیان‌آورتر و مرگبارتر از حمله‌ی مغولان به ایران بود، «زیرا مغول‌ها به خاطر فقدان یک مذهب مشخص و عدم اعتقاد به هیچ یک از ادیان و آئین‌های معتبر، در مجموع، از تعصب مذهبی و رجحان ملتی بر ملتی دیگر به دور بودند. به عبارت دیگر حمله‌ی مغول‌ها، اساساً متوجه تصرف قدرت و تغییر شکل سیاسی حکومت در ایران بود. اما اعراب از یک طرف کوشیدند تا با اشغال نظامی ایران، استقلال و شکل سیاسی حکومت ایران را نابودکنند (سرنگونی امپراطوری ساسانی) و از طرف دیگر تلاش کردند تا با قرآن و اسلام، ملت ایران را در امت اسلام و دین و فرهنگ و زبان و خط ایرانی را در دین و فرهنگ و زبان و خط عربی حل کنند، از این رو نتایج مخرب حمله‌ی اعراب به ایران از نظر تاریخی عمیق‌تر و از نظر جغرافیایی گسترده‌تر از حمله‌ی مغول‌ها بوده است[۳۶]». بنابراین آن‌چه

حمله‌ی مغولان را نسبت به حمله‌ی اعراب مسلمان به ایران متمایز می‌کند، آن است که چنگیزخان «به دین خاصی معتقد نبود و دانشمندان و زاهدان همه‌ی ملل را گرامی می‌داشت[۳۷]». جانشین او هولاکوخان بودایی و زنش مسیحی بود[۳۸]، به همین جهت «در حکومت مغول تعرض به اعتقادات و ادیان تابعه، مرسوم نبود[۳۹]».

اگرچه تهاجم مغولان سهمناک و مرگبار بود، ولی بر اثر قطع دست خون‌آلود خلیفه‌ی اسلام ازگریبان ایران، زبان دیوان‌ها و رساله‌ها به غیر از ایران، در عراق و الجزیره و روم (شرقی) پارسی گردید.

و «نامه‌های پارسی جای رسائل عربی را در این نواحی گرفت[۴۰]». هولاکوخان با فتح بغداد وکشتن "المستعصم بالله" ایران را پس از ۶ قرن از حکومت خلفا رها ساخت و «دین اسلام در برابر حمله‌ی مغولان و انقلابات و مصائبی که درکشورهای اسلامی بروزکرد، مدتی نسبتاً طولانی در ایران از رسمیت افتاد... با این حوادث از نفوذ علمای دینی کاسته شد و زبان عربی از رواج و رونق پیشین در ایران افتاد[۴۱].»

در واقع بایدگفت: مغولان برخلاف اعراب، پس از تحکیم سلطه‌ی خود، نه تنها از پیشرفت و آبادانی جلوگیری نکردند، بلکه فرمانروایی وسیع ادبی و فرهنگی پارسی از عهد مغول به بعد از آسیای صغیر "ترکیه امروزی" تا مرز چین و از عراق عرب تا مغولستان را فراگرفت[۴۲]. در این فرصت تاریخی، ایرانی‌ها از علاقه‌ی ایلخانان مغول به نجوم*، تاریخ‌نگاری و پزشکی استفاده کرده و در زمینه‌های مختلف علمی و فرهنگی به پیشرفت‌های قابل توجهی دست یافتند. به عنوان نمونه رَصَدخانه و مرکز علمی بزرگی در مراغه تشکیل شدکه چهارصد هزارکتاب از اطراف و اکناف ایران فراهم آورده شده بود[۴۳].

در زمینه‌ی اجتماعی نیز چنان‌که پیش‌تر اشاره شد در عهد مغولان آزادی دینی وجود داشت، مسیحیان و یهودیان ایران که دچار سخت‌گیری‌هایی شده بودند و

*ـ به دلیل علاقه‌ای که هولاکوخان مغول به علم نجوم داشت، خواجه نصیر طوسی را ماموریت داد تا رَصَدخانه‌ی مراغه را تشکیل دهد.

«در زحمت زندگی می‌کردند، با بر افتادن حکومت اسلام در ایران و ممالک مجاور و ضعف شدید علمای دینی به جنب و جوش درآمدند[۴۴].» ارغون مغول دستور داد تا کلیساها وکنشت‌های آنان را بازسازی کنند[۴۵]. در این دوران آزادی ادیان به حدّی بود که پیروان مذاهبی که در عهد حکومت خلفای اسلام، "اهل ذمّه*" نامیده می‌شدند و محدودیت‌های بسیاری در زمینه‌های مختلف برای ایشان ایجاد شده بود، در این زمان به درجات عالی حکومتی نیز دست یافتند، چنان‌که سعدالدوله وزیر «ارغون خان» پزشکی یهودی بود[۴۶].

ولی متأسفانه این‌بار متولیان ایرانی اسلام که در چند قرن گذشته واسطه‌های غارت ایران توسط خلفا بودند و خود صاحب قدرت و مکنت شده بودند و پس از نابودی خلیفه‌ی اسلام- دست‌شان از قدرت اجتماعی و سیاسی کوتاه گشته بود، اقدام نموده، پس از مرگ ارغون خان مغول، تهاجم برای کسب قدرت سیاسی را آغازکرده و سعدالدوله، وزیر وی را کشتند[۴۷] و «همین‌که خبر قتل سعدالدوله در ایران شایع شد بسیاری از هم‌کیشان وی به تیغ انتقام مسلمانان راه دیار نیستی گرفتند[۴۸]».

---

*- "اهل ذَمّه" به غیر مسلمانانی گفته می‌شود که دارای کتاب آسمانی باشند. در قرآن اهل کتاب به یهودیان و مسیحیان و صائبون (صائبین- صائبون فرقه مذهبی هستند که آداب و رسوم آن‌ها مخلوطی از یهودی‌گری و مسیحیت است) اطلاق شده ولی با این وصف عملاً مقررات اهل ذمّه شامل حال زرتشتیان و هندوان نیز گشت. اهل ذمّه گذشته از پرداخت جزیّه و خراج می‌بایست مسافران مسلمان را در خانه خود، هر بار سه روز، پذیرایی کنند و منزل و غذا و علیق اسب در اختیارشان بگذراند. اهل ذمّه حق حمل اسلحه نداشتند و حق نداشتند در محاکم شرع شهادت دهند، می‌بایستی بر روی لباس خویش علامت مشخصه‌ای نصب کنند. مسیحیان ایران از قرن پنجم هجری کمربند چرمی خاصی که "زنار" نامیده می‌شد می‌بستند و یهودیان دو وصله یکی بر سینه و دیگری بر پشت می‌زدند که رنگ این وصله‌ها می‌بایستی مشخص باشد. اهل ذمّه حق نداشتند بر اسب سوار شوند و فقط می‌توانستند از قاطر و خر استفاده کنند و چنان‌چه در بین راه به مسلمانی برمی‌خوردند می‌بایستی از مرکب پیاده شوند و راه را برای او آزاد بگذارند. زندگی خانگی اهل ذمّه می‌بایست آرام و محقّر باشد. خانه‌هایشان نمی‌بایست از منازل مسلمانان مرتفع‌تر یا مجلل‌تر باشد.
قرآن حکم می‌کند که اهل ذمّه مالیات سرانه (جزیّه) را به دست خود بدهند تا ایشان فرو دست باشند.
(قرآن سوره‌ی ۹، آیه‌ی ۲۹: عن یدوهم صاغرون)
از اهل ذمّه باید شخصاً در دیوان حضور یابند و به دست خویش مبلغ جزیّه خود را به دست امیر بدهند، نه به وسیله‌ی شخص ثالث، و از آن پس امیر باید مشتی به پس گردن او بزند و بگوید: "ای دشمن خدای یکتا مالیات را بپرداز!" و از آن پس خادم دیوان باید با شتاب فرد اهل ذمّه را بیرون کند. (از کتاب "اسلام در ایران، ایلیا پاولویچ، پطروسفسکی، صفحات ۹۰، ۱۹۶، ۱۹۷").

بدین ترتیب شمشیرهای خونریز متولیان اسلام بار دیگر شروع به کشتن غیرمسلمانان نمودند و با کشتاری بزرگ وگسترده توانستند قدرت سیاسی و اجتماعی را به نفع خود تغییر دهند. با این پیش زمینه، برای "غازان خان*" جانشین ارغون چاره‌ای جز این نبود که به دین اسلام مشرف شود تا لشکر اسلام را با خود همراه سازد. از همان ابتدایی که غازان مسلمان شد، انسان ستیزی اسلام و غدّاری متولیانش آغازگردید. بدان معنا که نخستین کاری که غازان کرد اجباری نمودن اسلام در ممالک ایلخانی بود. اسلام برای همه، تازه اول کار بود. حال برای آن‌که غازان تاج بر سر نهد. احتیاج بود تا وی معابد غیرمسلمانان را ویران کرده و مخالفین دین عربی را از دَم تیغ بگذراند تا او را به عنوان "پادشاه اسلام" بپذیرند. به فرمان غازان معابد یهودی، مسیحی، زرتشتی و بودایی را ویران کردند[۴۹]. بر اثر سخت‌گیری‌های او بودایی‌ها یا مسلمان شدند و یا اگر معدودی از آن‌ها باقی ماندند جرأت نشان دادن معتقدات خود را نداشتند، چنان‌که زرتشتیان و باطنیان هم که در ایران بودند ناگزیر شدند عقیده‌ی خود را پنهان کنند[۵۰]، به اَمر غازان «امیران مغول به جای کلاه‌های تتری همه عمامه گذاشتند[۵۱].» و هر یک از امرا که در آغاز پادشاهی غازان با زورگویی‌های مذهبی او مخالفت کرد «علف شمشیر گردانید[۵۲].»

به این ترتیب دین اسلام که از آغاز حمله‌ی مغول به ایران بیش از ۷۰ سال از رسمیت قاطع افتاده و به صورت «یکی از ادیان مجاز در ردیف دین‌های بودایی و مسیحی و یهودی درآمده بود، از آن حال خارج شد و با نخستین فرمان غازان قبول اسلام برای همه،... در قلمرو سلطنت او اجرای آداب دین واجب گردید... و سبب شد که مشایخ و ائمه روی بدرگاه ایلخان آورند[۵۳]». در نتیجه پس از هفت قرن که از حمله‌ی اعراب مسلمان به ایران می‌گذشت، این زمان متولیان ایرانی اسلام در دوران

*- پس از ارغون برادرش "گیخاتو" که در زمان او فرمانروای آسیای صغیر بود به پادشاهی نشست. اما پس از چندی پسر عموی او "بایدو آغول" بر ضد گیخاتو قیام کرد و به تخت سلطنت نشست، ولی "بایدو" نتوانست پیش از ۶ ماه پادشاهی کند زیرا پسر ارغون "غازان خان" برای آنکه بتواند لشکر اسلام را با خود همراه سازد به تشویق امیر نوروز قبول اسلام نمود و نام خود را "محمود" گذاشت و بر "بایدو" طغیان کرد و حکومت را در دست گرفت.

سلطنت غازان به قدرت رسیدند.

آن‌طور که تاریخ نشـــان می‌دهد هر زمانی که قدرت به‌دســـت متولیان دین اسلام می‌افتد، دســـت به کشتار و اذیت و آزار طرفداران سایر ادیان زده، بدین طریق قدرت خود را تحکیم می‌بخشـــند. البته عهد غازان با همه‌ی فشـــاری که به ســـایر ایرانیان غیرمسلمان وارد آورد، هنوز به معنای تسلط اسلام بر ایران نبود. ولی راه را برای تهاجم تیمور باز نمود و ایران را به مدت دو قرن "هشتم تا دهم" عرصه‌ی تاخت و تاز و کشتار جناح‌های اســـلامی نمود تا زمینه‌ی به قدرت رسیدن صفوّیه، یعنی خشن‌ترین جناح اسلامی فراهم گردید.

شوربختانه هم‌زمان با رُفرم مذهبی "مارتین لوتر*" در جهان مسیحیت و قدم‌گذاردن اروپا در راه پیشرفت، ایران به دلیل تسلط بیشتر مذهب توسط صفوّیه راه اضمحلال را در پیش گرفت.

نکته‌ی بسیار حائز اهمیت آن است که، ایران پیش از حمله‌ی اعراب مسلمان در چنان سطحی از فرهنگ و مدنیّت قرار داشت که پس ازکشتار و غارت کشور، توسط خلفا و مغولان و تیموریان باز هم در آغاز عصر صفوی هنوز به صورت یکی از مراکز فرهنگ و تمدن باقی مانده بود. در واقع بایدگفت که ایران پس از تحمل تمام ضربات و تهاجمات در طول هزار ســـالی که از حمله‌ی تازیان می گذشت تازه به سطح دیگر مراکز متمدن جهان آن روز رســـیده بود! ولی با قدرت یافتن حکومت شیعی صفوی، ایران در سراشـــیب زوال افتاد و از ورود به گردونه‌ی پیشـــرفت جهانی بازداشته شد. آری... «سیاست مذهبی دولت صفوی که مقارن با دوران بیداری اروپا و نهضت عظیم فرهنگی رنسانس و تحولات شگرف عصر جدید بود ایران را از علوم و صنایع نوین اروپا بی‌نصیب کرد و ازکاروان تمدن جهان دور ساخت و بدین ترتیب ایران روز به روز

*- "مارتین لوتر" متولد آلمان، دکتر الهیات و خود از طبقه‌ی نجبای روحانی بود که در سال ۱۵۲۱ میلادی به جنایات و زورگویی‌های دستگاه حکومت کلیسا، اعتراض کرد و با آن‌که فتوای قتلش را پاپ صادر کرد، طرفدارانش به حدی زیاد بودند که قتل او ممکن نگشت، رفرم مذهبی مارتین لوتر "پروتستانیسم" را به وجود آورد.

بیشتر به سوی انحطاط علمی سوق داده شد[۵۴]». در ایران آخوندپرور دوران صفوی کار سخت‌گیری مذهبی در مورد اهل دانش به جایی رسیدکه تقریباً همه‌ی آن‌ها میهن خود را ترک نموده و اکثراً به هندوستان سفرکردند[۵۵]. چنان‌که نویسنده‌ی تاریخ جهان‌آرای غفاری که خود در عصر شاه طهماسب صفوی زندگی می‌کرد می‌نویسد: «در عصر وی (شاه طهماسب) جهلای معمّم فضلای مملکت شده‌اند و فضلای واقعی را به سمت جهلا موسوم می‌دارند. لاجرم اکثر بلاد از اهل فضل خالی شده‌اند و از اهل جهل مملو، جز قلیلی از فضلا در تمام مملکت نمانده‌اند[۵۶]»

متأسفانه با وارونه نشان دادن چهره‌ی شاهان صفوی و تعریف و تمجید از "دولت ملی* ایران" بر روی وحشی‌گری‌ها و خونریزی‌ها و پس‌رفت ایران در این عصر، پرده‌کشیدند. واقعیت تاریخی آن است که شاه اسماعیل مؤسس سلسله‌ی صفوی هنگامی که در «۱۳ سالگی قیام و در ۱۵ سالگی تاجگذاری کرد، نه به ایران می‌اندیشید و نه به وحدت سیاسی ایران[۵۷]». در این‌جا سخن تنها درباره‌ی عقب‌ماندگی ایران در دوران بیداری غرب و نهضت عظیم فرهنگی رنسانس نیست، بلکه مهم‌تر آن است که چگونه تحریف تاریخ درباره‌ی اولین "انقلاب اسلامی" و پاک کردن آن از ذهن تاریخی ایرانی‌ها، سبب هموار شدن راه برای وقوع دومین "انقلاب اسلامی" گشت. پرداختن به توحش شریعتمداران حکومت صفوی در حوزه‌ی ملاحظات این نوشتار نیست، بلکه هدف آن است که با نگاهی کوتاه به چگونگی تشکیل سلسله‌ی صفوی، به این حقیقت تلخ پی برد که از دید منافع تاریخی ایران، زیان‌هایی که در این عصر به کشورمان وارد آمده، کمتر از حمله‌ی اعراب مسلمان نبوده است.

تشکیل سلسه‌ی صفوی

پدر شاه اسماعیل صفوی، شیخ حیدر مانند پدرش شیخ جنید خود را "خدا"

*- درباره‌ی ملی نبودن شاه اسماعیل صفوی، نگاه کنید به مجله ایران‌شناسی، شماره ۳، پائیز ۱۳۸۷، مقاله‌ی "بهای وحدت سیاسی و تمامیت ارضی" نوشته‌ی دکتر جلال متینی.

می‌نامید و پیروانش او را "ابن‌الله" می‌خواندند و به همین جهت اوامر او را بی‌چون و چرا لازم‌الاجرا می‌دانستند[۵۸].

شیخ حیدر «که در مذهب شیعه تعصب شدید داشت، فرقه "حیدریه" را به وجود آورد که نسبت به شیعیان خصمانه عمل می‌کردند، آنان معتقد بودندکه ثواب قتل یک سنی که "سگ" می‌نامند، مقابل ثواب قتل پنج کافر حربی است... خون‌شان هدر و مال‌شان حلال است، واجب است شکم زنان حامله‌ی آن‌ها را شکافته بچه‌ی ذکور را به نیزه زنند[۵۹]». هرگاه شیخ حیدر در اردبیل با مخالفت کسی روبرو می‌شد، «به فرمان وی، مریدانش سگی را به گوگرد آغشته ساخته و آتش زده از پنجره به درون خانه‌ی مخالف می‌افکندند. شیخ حیدر نخستین پیشوای صفویان است که صفوف سرخ‌کلاهان را به شمشیر و نیزه و زوبین و گُرز و سپر مجهز ساخته است و حتی برای آشنا ساختن پیروان خویش به رموز اسلحه‌سازی، مدت‌ها در خانقاه خویش در شهر اردبیل آستین بالا زده به ساختن زوبین و شمشیر سرگرم بوده است[۶۰]».

اسماعیل فرزند چنین پدری بود، او نیزکار پدر را دنبال گرفت و با تکیه بر اوباش و جلادان قزلباش در سیزده سالگی (۹۰۵ هجری) راه اردبیل را پیش گرفت و روستا به روستا و شهر به شهر راکشتار و غارت کرد و با تقسیم غنایم ۱۵۰۰۰ نفری جمع‌آوری نمود که این مریدان اسماعیل را "مرشدکامل" می‌خواندند و اوامرش را به جان می‌پذیرفتند. وی پس از تصرف شروان و بندر باکو به سوی تبریز تاخت[۶۱]. و با «آن‌که تبریزیان هیچ مقاومتی نکردند، بسیاری از مردم شهر را قتل‌عام‌کرد، حتی سربازانش زنان آبستن را با جنین‌هایی که در شکم داشتندکشتند... سیصد تن از زنان روسپی را به صف درآوردند و هر یک را به دو نیمه‌کردند. سپس هشتصد تن راکه در دستگاه الوند پرورش یافته بودند سر بریدند. پس اسماعیل مادر* خود را فرا خواند... چون معلوم شد به عقد یکی از اسیران حاضر در نبرد دربند درآمده بوده است... فرمان داد در برابرش سر بریدند[۶۲]». اسماعیل ۲۰ هزار تن از مردم تبریز راکشت[۶۳]. و پس از آن در آن شهر به

*- دکتر جلال متینی در مقاله‌ی خود "به نام وحدت سیاسی و تمامیت ارضی"، ایران‌شناسی، شماره ۳، پاییز ۱۳۸۷ می‌نویسند که این "زن" نامادری اسماعیل صفوی بوده است.

عنوان پادشاه تاجگذاری کرد و "مذهب حقه‌ی شیعه‌ی اثنی‌عشری" را به عنوان دین رسمی ایران اعلام نمود. «در صورتی که اکثریت مردم ایران سنّی مذهب و از اصول مذهب شیعه بی‌خبر بودند. این اقدام شاه اسماعیل، تمام مردم حتی بعضی از علمای شیعه‌ی تبریز را نگران ساخت، چنان‌که یک شب پیش از تاجگذاری شاه، نزد وی رفتند و گفتند: قربانت شویم دویست سیصد هزار خلق که در تبریز است، چهار دانگ همه سنّی‌اند... می‌ترسیم مردم بگویندکه پادشاه شیعه نمی‌خواهیم... پادشاه فرمودند... اگر رعیّت حرفی بگویند شمشیر می‌کشم و یک کس زنده نمی‌گذارم[۶۴]». تقریباً چنین هم کرد، بدین معنی که با جنگ و غارت وکشتار عظیم شهر به شهر، تمامی ایران را تصرف نمود. تنها در جنگ با سلطان مراد ۸۰۰۰ تن را یکجا کشت[۶۵]، در مرو از سر کشته‌شدگان مناری برپا کرد[۶۶]. شاه دین‌پناه در یزد محمدکره را در قفس آهنین محبوس کرد و با جمعی از سپاهیانش در میدان "یلده‌ی" اصفهان زنده به آتش کشید[۶۷]. تعصب جنون‌آمیز وی به حدی بود که وقتی شروان شاهان را تصرف کرد به سپاهیانش گفت: چون مردم شروان دشمن خاندان رسالتند، اموال آن‌ها نجس است و باید به آب بریزند[۶۸]. مراد بیک بایندری را دستور داد تا زنده در آتش کباب کرده وگوشت او را بخورند[۶۹].

بدین ترتیب شاه اسماعیل تمامی ایران را به آتش و خون کشید تا تحت سلطه‌ی خود درآورد. در واقع به دست چنین کسی و به پشتیبانی و همکاری شریعتمداران شیعه بود که این مذهب پس از هزار سال که از حمله‌ی اعراب مسلمان می‌گذشت، بر ایران حاکم شد. بنابراین "دین اسلام" و "مذهب شیعه" هر دو به زور شمشیر در ایران برقرار گشتند.

در این‌جا از مورخینی که حکومت صفوی را ستایش می‌کنند، پرسیدنی است که شیعه‌گری چگونه موهبتی است که باید به دست شاه اسماعیل که مؤسس و مبتکر یک گروه ۱۲ نفری "زنده خواران" بود که مأموریت داشتند به محض اشاره‌ی وی بریزند وگوشت بدن مجرم را با دندان قطعه‌قطعه کرده و بخورند[۷۰]. و ازکاسه‌ی سر

"شیبک‌خان" قدحی ساخته به جواهرات زینت دادند تا وی در آن شراب بنوشد[۷۱]، بر ایران مستولی شود؟ قدر مسلم آن است که او مرشدکامل شیعیان بود و از نظر قساوت و خونخواری با سایر رهبران شیعه، چندان تفاوتی نداشت.

چنان‌که می‌دانیم عصر صفوی، دوران رسمیّت تشیع در ایران و "حکومتی شدن" آن بود و طبعاً دوره‌ی طلایی تاریخ "روحانیت مبارز شیعه" نیز بود[۷۲]. زیان‌بارتر آن‌که چون در این عصر تعداد "عالمان مذهب شیعه" در ایران کم بود، شاه اسماعیل و جانشینانش، عالمان شیعه را از سرزمین‌های عربی به ایران دعوت کردند[۷۳]. «درباره‌ی کثرت این علمای وارداتی، شیخ محمدبن حسن... درکتاب خود، نام بیش از یک هزار و یک صد نفر از عالمان مذهبی راکه از سرزمین‌های عربی به ایران آمده بودند ذکر کرده است[۷۴]» که این امر نه تنها سبب گسترش بیشتر خرافات مذهبی در ایران گشت، بلکه در همین دوره بود «که فقیهان شیعه‌ی دوازده امامی، برای اولین‌بار نظریه‌ی "نیابت فقیهان از طرف امام زمان" را مطرح ساختند و بدین طریق به طور رسمی، حکومت و سیاست با منابع غیبی پیوند داده شد و چنان‌که می‌دانیم آیت‌الله خمینی نیز براساس همین نظریه، حکومت اسلامی را بنیان نهاده است[۷۵]».

دردناک‌تر آن‌که قدرت معممین در عصر صفوی به حدی افزایش یافت که دست به‌کشتار و آزار اقلیت‌های مذهبی گشودند، چنان‌که ملامحمد باقر مجلسی که به فرمان شاه سلیمان صفوی لقب "شیخ‌الاسلام" راگرفته بود، از شاه هنگام مستی حکم گرفت که تعداد زیادی از زرتشتیان وکلیمیان و ارامنه‌ی اصفهان، که با عقاید ضاله خود به اسلام لطمه زده‌اند را به قتل برساند، در نتیجه بسیاری ازکلیمیان و ارمنیان کشته شدند، و عده‌ی زیادی نیز با پرداخت رشوه‌های کلان جان خود را خریدند[۷۶]. همین ملامحمد باقر مجلسی در عهد شاه سلطان حسین صفوی که دیگرکارگردان واقعی امور مملکت شده بود، بار دیگر سبب قتل و آزار بسیاری از مسیحیان و زرتشتیان گردید. به تحریک او آخرین آتشکده‌های زرتشتیان در اصفهان را ویران کردند و یهودیان را به اتهام جادوگری مورد اذیت و آزار شدید قرار دادند[۷۷].

در دوران او دانشـــمندان و اُدبا و آزادفکران نیز به عنوان این که مریدان افلاطون و ارسطو دو یونانی بی‌دین هستند، دچار حد و زندان و تبعید و جلای میهن شدند[۷۸].

روی‌هم رفته صدمات و لطماتی که از شـــاهان صفوی به ایرانیان رسـیدکمتر از حمله‌ی اعراب مسـلمان نبوده اسـت[۷۹]. زیراکه این طبقه‌ی درویش مسلک (شاهان صفوی) به غیر از جنایات وکشتاری که در سراسر ایران برای به دست آوردن تمامیت قدرت کردند «اساس استحکام سلطنت خویش را بر پایه‌ی دین و روی ستون کیش و آئین گذاردند و از راه دین‌پروری خواســتند ریشه در دل عوام و رسوخ در اعتقاد مردم کالانعام کنند. لذا سلطنت بالاستحقاق را حق امام دانستند و پادشاهی دنیا و آخرت را شایسته اولاد علی بودن عنوان کردند و خود را ذریه پیغمبر* و صاحب کشف کرامات و مسندنشین طریقت و حقیقت و دارای ریاست دنیا و آخرت... جلوه دادند. البته ریختن این شـــالوده در ایران خیلی تخم خرافات پاشیدن و بذر بیخ حماقت کاشتن در سرها و دِماغ‌های ایرانیان لازم داشـــت. از این سبب به دستیاری ملامحمد باقر مجلسی و میرداماد، عقول و مدارک مردم ایران را بر باد دادند و افساد و خراب کردند. و اساس خرافات و موهومات را در دِماغ‌های مردم، این دو ملای فناتیک راسـخ و اسـتوار نمودند... ملامحمد باقر مجلســی در بافتن خرافات و تصنیف مزخرفات یدطولایی داشته است که به همّت مشتی از عامیان عالم‌نما و جاهلان فناتیک بی‌سواد... بیست و چهار جلدکتاب بحارالانوار نگاشته و محض ازدیاد اعتقاد بیشتر آن‌ها را برگفته‌های امـام محمدباقر و روایات جعفرالصادق نقل کـرده... به جان تو اگر یک جلدکتاب بحارالانوار در هر ملتی انتشـار یابد و در دِماغ آنان این خرافات را استوار و ریشه‌دار دارند دیگر امید نجات از برای آن ملت مشکل و دشوار است، حالا تصور فرمائیدکه هرگاه بیست و چهار جلد از این قسم کتاب در ملتی منتشر شود و منکر آن‌ها را هم کافر بدانند دیگر حال آن ملت چه خواهد شد[۸۰]».

*- شیخ صفی جد شاه اسماعیل اول "سنی" بوده است و شجره نامه‌ای که برای او ساخته‌اند که بعد از ۲۰ پشت به امامزاده حمزه، فرزند امام موسی کاظم می‌رسد نادرست است. در نتیجه ادعای شاه اسماعیل اول که خود را سید و از خاندان پیغمبر اسلام معرفی می‌کند واقعیت ندارد. برای آگاهی بیشتر بنگرید به مقاله‌ی دکتر جلال متین "بهای وحدت سیاسی و تمامیت ارضی" مجله ایران‌شناسی، سال بیستم، شماره ۳، پائیز ۱۳۸۷، صفحه ۳۸۵

در واقع آن درخت ظلم و ســتم که اعراب مسلمان در ایران کاشتند، صفویه آن را آبیــاری و مددکاری کــرد و «از زقوم* خرافات و حنظل جهل و وهم بر او پیوند زد و ریشه‌ی ایرانی‌گری و بیخ درخت بزرگواری کیانیگری را ازگلستان مینو نشان ایران[۸۱]» برکند.

آری عصر صفوی را می‌بایســتی بــه عنوان اولین "انقلاب اســلامی" در ایران دانست که با کشــتار چندین هزار نفره در چهارگوشه کشور و شکنجه و آزار مخالفین و اقلیت‌های مذهبی، در ایران پا گرفت و با سیاســت آخوندپروری راه را برای دومین "انقلاب اسلامی" هموار ساخت.

*ـ زقوم، درختی است در دوزخ که میوه بسیار تلخ دارد و دوزخیان باید از آن میوه تغذیه کنند.

فهرست منابع

۱. آدمیت، فریدون، اندیشه‌های میرزا آقا خان کرمانی، انتشارات نوید، آلمان، دسامبر ۱۹۹۲، صفحه ۱۴۲
۲. میرفطروس، علی، ملاحظاتی در تاریخ ایران، چاپ چهارم، سال ۲۰۰۱، نشر فرهنگ، صفحات ۶۹-۷۰
۳. همانجا، صفحات ۶۲ - ۶۳
۴. همانجا صفحه ۲۶
۵. همانجا، همان صفحه
۶. همانجا، صفحه ۲۷
۷. همانجا، همان صفحه
۸. شفا، شجاع الدین، تولدی دیگر، ایران کهن در هزاره ای نو، گفتگویی ضروری با نسل سازنده‌ی ایران فردا درباره‌ی واقعیت‌های ناشناخته ایران دیروز و امروز، چاپ ویژه آمریکا، صفحه ۴۱۸
۹. همانجا، همان صفحه
۱۰. همانجا، صفحات ۴۱۸-۴۱۹
۱۱. همانجا، صفحات ۲۹-۳۰
۱۲. صفا، ذبیح الله، تاریخ ادبیات در ایران، جلد اول، انتشارات فردوسی، تهران، چاپ پانزدهم، ۱۳۷۸، صفحات ۸۸-۸۹
۱۳. تولدی دیگر، یاد شده، صفحه ۴۱۷
۱۴. همانجا، صفحه ۴۲۳
۱۵. پطروشفسکی، ایلیا پاولویچ، اسلام در ایران از هجرت تا پایان قرن نهم هجری، ترجمه کریم کشاورز، چاپ یکم، انتشارات نیما، آلمان، صفحه ۴۵
۱۶. همانجا، صفحه ۴۴
۱۷. همانجا صفحه ۴۶
۱۸. همانجا، همان صفحه
۱۹. راوندی، مرتضی، تاریخ اجتماعی ایران، چاپ سوم ۲۵۳۶، چاپخانه‌ی سپهر، تهران، جلد دوم، صفحه ۲۵۲
۲۰. همانجا، صفحه ۲۵۱

۲۱. صفا، ذبیح الله، تاریخ ادبیات در ایران، یاد شده، جلد دوم، صفحه ۹۴
۲۲. راوندی، مرتضی، تاریخ اجتماعی ایران، یاد شده، جلد دوم، صفحه ۲۵۲
۲۳. همانجا، صفحه ۲۵۳
۲۴. همانجا، صفحه ۲۵۴
۲۵. همانجا، صفحه ۲۶۹
۲۶. همانجا، همان صفحه
۲۷. راوندی، مرتضی، تاریخ اجتماعی ایران، یاد شده، جلد دوم، صفحه ۲۷۰
۲۸. همانجا، صفحه ۲۷۴
۲۹. همانجا، صفحه ۲۷۳
۳۰. همانجا، صفحه ۲۷۸
۳۱. همانجا، صفحه ۲۸۶
۳۲. همانجا، صفحه ۲۷۲
۳۳. همانجا، صفحه ۲۵۲
۳۴. ستینی، جلال، ایران‌شناسی، مقاله‌ی «بهای وحدت سیاسی و تمامیت ارضی» سال بیستم، شماره ۳، پائیز ۱۳۷۸، صفحه ۳۸۳
۳۵. تاریخ اجتماعی ایران، جلد دوم، یاد شده، صفحه ۲۸۹
۳۶. میرفطروس، علی، ملاحظاتی در تاریخ ایران، یاد شده، صفحه ۲۴
۳۷. ناطق، هما، ایران در راه‌یابی فرهنگی ۱۸۴۸-۱۸۳۴، انتشارات خاوران، مرکز پخش پگاه، چاپ دوم، پاریس، اسفندماه ۱۳۶۸ (۱۹۹۰)، صفحه ۱۷۱
۳۸. صفا، ذبیح الله، تاریخ ادبیات ایران، یاد شده، جلد سوم، بخش یک، صفحه ۱۱۰
۳۹. همانجا، صفحه ۱۱۴
۴۰. همانجا، جلد سوم، بخش ۲، صفحه ۱۱۴۴
۴۱. همانجا، همان جلد، صفحه ۱۱۴۳
۴۲. همانجا، همان جلد، صفحه ۱۱۴۶
۴۳. همانجا، همان جلد، صفحات ۱۳۰۰-۱۳۰۱
۴۴. همانجا، جلد سوم، بخش ۱ صفحه ۱۱۳
۴۵. همانجا، همان جلد، صفحه ۱۱۵
۴۶. همانجا، همان جلد، صفحه ۱۱۶
۴۷. همانجا، همان جلد، صفحه ۱۱۸
۴۸. همانجا، همان جلد، همان صفحه
۴۹. همانجا، همان جلد، صفحه ۱۲۸
۵۰. همانجا، همان جلد، صفحات ۱۳۱-۱۳۲
۵۱. همانجا، همان جلد، صفحه ۱۳۳
۵۲. همانجا، همان جلد، صفحات ۱۳۲-۱۳۳
۵۳. همانجا، همان جلد، صفحه ۱۲۷
۵۴. شفا، شجاع الدین، تولدی دیگر، یاد شده، صفحه ۴۲۰، به نقل از کتاب تاریخ فرهنگ

ایران، نوشته‌ی عیسی صدیق
۵۵. شفا، شجاع الدین، تولدی دیگر، یاد شده، صفحه ۴۲۰
۵۶. همانجا، همان صفحه
۵۷. متینی، جلال، مجله ایران شناسی، مقاله‌ی «بهای وحدت سیاسی و تمامیت ارضی» یاد شده، صفحه ۳۸۷
۵۸. همانجا، صفحه ۳۸۶
۵۹. همانجا، همان صفحه
۶۰. راوندی، مرتضی، تاریخ اجتماعی ایران، یاد شده، جلد دوّم، صفحه ۳۷۹
۶۱. همانجا، همان صفحه
۶۲. همانجا، صفحه ۳۸۱
۶۳. متینی، جلال، ایران شناسی، یاد شده، صفحه ۳۹۰
۶۴. راوندی، مرتضی، تاریخ اجتماعی ایران، جلد دوم، یاد شده، صفحات ۳۷۹-۳۸۰
۶۵. همانجا، صفحه ۳۸۰
۶۶. همانجا، همان صفحه
۶۷. همانجا، صفحه ۳۸۱
۶۸. همانجا، همان صفحه
۶۹. میتنی، جلال، مقاله «وحدت سیاسی و تمامیت ارضی، یاد شده» صفحه ۳۹۰
۷۰. شفا، شجاع‌الدین، توضیح المسائل، پاسخ به پرسش‌های هزار ساله درباره‌ی تشیع و دین و تشیع دکان‌داران دین، چاپ اول، پاریس، امرداد ۱۳۶۲، صفحه ۱۶۷
۷۱. همانجا، صفحه ۱۶۸
۷۲. همانجا، صفحه ۱۶۵
۷۳. متینی، جلال، مقاله‌ی «بهای وحدت سیاسی و تمامیت ارضی» یاد شده، ۳۹۷
۷۴. همانجا، صفحه ۳۹۸
۷۵. همانجا، صفحات ۳۹۷ و ۳۹۸
۷۶. شفا، شجاع‌الدین، توضیح المسائل، یاد شده، صفحه ۱۷۰
۷۷. همانجا، صفحه ۱۷۱
۷۸. همانجا، صفحه ۱۷۲
۷۹. کرمانی، میرزا آقاخان، سه مکتوب، به کوشش و پیرایش بهرام چوبینه، آلمان، فرانکفورت، انتشارات البرز، آپریل ۲۰۰۵، صفحه ۱۸۶
۸۰. همانجا، صفحات ۱۸۶ تا ۱۸۸

خراب مملکت از دست دزد خانگی است
ز دست غیرچه نالیم هرچه هست از ماست

عارف قزوینی

عصر قاجار و نقش معممین در جنگ‌های ایران و روس و نفوذ استعماری انگلیس در ایران

تسلط "مذهب حقه‌ی شیعه" توسط صفویّه سبب شد تا سرانجام جامعه ایران در آغاز قرن نوزدهم به صورت جامعه‌ای از نظر آئین و فرهنگ اجتماعی تقریباً یک‌پارچه درآید. شیعه‌زدگی جامعه نه تنها چون سدّی بزرگ در برابر برآمدن یک جنبش ملّی قرار داشت، که اکثریت جامعه‌ی ایرانی را "اُمتی" تشکیل می‌داد که عاری از هر نوع احساس ملّی بود. در چنین شرایطی آقا محمدخان قاجار بر حریفان خود پیروزگشت و سلسله‌ی قاجار را بنیان نهاد. هم‌زمان با تشکیل سلسله‌ی قاجار در ایران، اروپا به جهت درهم شکستن قدرت انحصاری کلیسا وگسترش و تحکیم دست‌آوردهای انقلاب کبیر فرانسه می‌رفت که چهره‌ای نو یابد. در حالی که در ایران حاکمیت مذهبی برآمده از درون دستگاه حکومت صفوی در حال تشکیل حکومتی مستقل در شهرها و روستاهای کشور بود و به همین جهت ایران می‌رفت که به طور قطعی ازگردونه‌ی پیشرفت جهانی خارج گردد.

در رابطه با فساد، استبداد و فرومایگی شاهان قاجار مطالب زیادی در کتاب‌ها نوشته شده است. اما در واقع این فساد و فرومایگی جنبه‌ی دیگری هم داشت، بدین

معنا که آن‌ها نیز محصول جامعه ایرانی عصر خویش بودند و بدون تردید فرهنگ اجتماعی مسلط بر جامعه بر آنان تاثیرگذار بوده است.

روشن‌ترین نمونه‌ی این فرهنگ، همان مذهب‌زدگی عمیق آنان است. «آقامحمدخان... حتی در لشکرکشی‌ها و سفرها نیمه شبان برمی‌خاست و نماز می‌کرد[۱]». و یا درباره‌ی اعتقادات مذهبی و خرافی فتحعلی‌شاه، سعید نفیسی می‌نویسد: «اعتقاد به خرافات، مانند اوراد و سعد و نحس ستارگان و توسل به دعانویسی و طلسم و جادو و امثال این اباطیل، جُبن طبیعی او را سخت‌تر و چند برابر کرده بود[۲]». ضعف شاهان قاجار در برابر شریعتمداران به حدی بوده است که نفیسی می‌نویسد: «یکی از ناگواری‌های بسیار زیان‌بخش در این دوره از آغاز پادشاهی قاجار در ایران نفوذ فوق‌العاده‌ای است که به روحانیون... داده بودند... شاهان صفوی خود را سایه‌ی خدا و جانشین پیامبر در روی زمین و پیشوای روحانی می‌دانستند و ناچار روحانیون... دست‌نشانده‌ی ایشان و پیرو فرمانشان بودند... اما در دوره‌ی قاجار چون آزادی بی‌سرانجامی به .... متشرعان دادند... آتش فتنه بالا گرفت. در اسناد آن زمان مطالب شگفت‌انگیز در این زمینه می‌توان یافت[۳]».

لازم به توضیح است که فتحعلی‌شاه اسلام پناه‌ترین شاه قاجار بود و سیاستش «در ظاهر و باطن در پشتیبانی از متشرعان بود[۴]». وی تا به جایی پیش رفت که سلطنت خود را به "نیابت" از روحانیون خواند و معممین را در امر حکومت سهیم کرد[۵]. در دوره‌ی وی اصفهان بار دیگر چهره‌ی پایتخت مذهبی گرفت و «سید باقر شفتی "لقب حجت‌الاسلام" یافت که معمول نبود. شاه او را پیشوای مسلمانان خواند، نواخت، به پیشوازش رفت، به دستور او "نقاره" زدن را تعطیل کرد[۶]» و دردناک‌تر آن‌که دست معممین را در آزار اقلیت‌های مذهبی بازگذارد، نمونه‌ی آن، ماجرای تخریب محله‌ی ارامنه در سال (۱۸۱۵م) است[۷]. در حقیقت نتیجه‌ی دوران فتحعلی‌شاه اسلام‌پناه «این بود که ایران به دوره‌ی تنزل و انحطاطی وارد شد که تاکنون هرگز جبران نشده است[۸]» شیوه‌ی حکومتی فتحعلی‌شاه قاجار که پس از آن این شیوه بدعتی برای سایر

شاهان قاجارگردید. بدین ترتیب بود که حکومت وی بر ایران محدود می‌شد به این که حکمرانی ولایات را معمولاً به یکی از بستگان خود واگذار می‌نمود و در مقابل سالانه مالیاتی دریافت می‌کرد. بنابراین مشخص است که در چنین ساختاری در آستانه‌ی ورود غربی‌ها به ایران، زمینه‌ی مساعدی فراهم گشته بود تا هرکدام از این حکام برای استحکام و ضمانت موقعیت خود به نیرویی بالاتر از حکومت مرکزی یعنی دول استعمارگر خارجی متوسل شدند. در واقع دستگاه حکومت قاجار بازگشت به دوران پرشکوه صفوی را آرزو می‌کرد، ولی «وضع عمومی مملکت در قیاس دوران صفویان و افشاریان و زندیان راه قهقرا سپرده بود[۹]». «در این زمان حکام... همه‌ی دفترخانه‌ها و صندوق‌های محاسبات گذشته را بر باد دادند و برآق آتش‌بازی ساختند[۱۰]».

اگرچه قاجار نتوانست شیوه کشورداری عصر صفوی را تجدیدکند، ولی متولیان اسلام که در دوران صفوی در خدمت شاهان صفوی پیشکاری می‌کردند، در این زمان موفق گشتند تا یک پایگاه تمام عیار حکومتی با تمام نهادهایی که لازمه‌ی شکل‌گیری یک دستگاه حکومتی است را در مقابل با دربار قاجار بنا نمایند. مهم‌تر از همه آن‌که ایران در این هنگام عرصه‌ی رقابت‌های سیاسی دول نیرومند خارجی به‌ویژه روس و انگلیس گردید. البته حریف انگلیسی زودتر از روس‌ها متوجه شدکه دربار ایران حاکم واقعی بر سرنوشت ایران نیست و برای دست‌یابی به منافع سیاسی و استعماری خویش می‌بایستی به پایگاه حکومت مذهبی مراجعه نماید. روی‌هم‌رفته می‌توان گفت که سیاست‌های استعماری و استثماری انگلستان نیز در ایران دست‌کم از زمان فتحعلی‌شاه قاجار به ویژه پس از جنگ‌های ایران و روس آغازگردید.

دلایل شروع جنگ‌های ایران و روس

دولت بریتانیا که تقریباً بعد از حمله‌ی نادرشاه به هند با نیرنگ‌ها و ترفندهای فراوان ابتدا به عنوان ایجاد روابط بازرگانی توسط کمپانی هند شرقی و سپس به بهانه‌ی

حمایت‌های سیاسی، موفق به تصرف و تملک شبه قاره‌ی ثروتمند و زرخیز هندوستان گردید و با غارت و بهره کشی آن کشور بر ثروت و قدرت خود روز به روز افزوده بود، ناگهان متوجه شد از چهار جانب مورد تهدید قرارگرفته است. امپراطوری‌های فرانسه و روسیه در پی آن بودندکه دست انگلیس را از هندکوتاه کرده و خود جانشین آن گردند، در افغانستان زمانشـــاه به قدرت رسیده بود و می‌رفت که پنجاب ثروتمندترین ایالت هند را تصرف کند. در ایران آقامحمدخان قاجار تا آن ســـوی گرجستان پیش رفته بود و احتمال داشت مانند آن‌چه در زمان نادرشاه اتفاق افتاده بود، بر هندوستان نیز حمله برد. به همین جهت دولت بریتانیا برای حفظ مســـتعمره‌ی زرخیز خود و رفع خطرات چهارجانبه، سیاســـتش را بر این پایه قـــرار دادکه بین چهار دولت منطقه، یعنی ایران، روس، عثمانی و افغانستان ایجاد نفاق و دشمن بنماید تا با یکدیگر به جنگ و ستیز بپردازند و قدرت‌شان کاهش یابد. در پی این هدف سرجان ملکم از طرف فرمانروای هندوســـتان و پادشاه انگلیس با همراهانش در ســـال ۱۸۰۰ م (۱۲۱۵) برای ترغیب و تشویق ایرانیان به جنگ با روس‌ها از طریق بوشهر وارد ایران شد و مبالغ گزافی هدایا و رشـــوه به فتحعلی‌شـــاه و درباریانش داد. ملکم در این سفارت به عقد قراردادی با فتحعلی‌شاه موفق گردیدکه بخشی از منافع استعماری انگلیس را برآورده می‌نمود.

سفیر انگلیس از طرف دولت متبوع خود تعهدکردکه هرگاه تجاوز به خاک ایران شود، از مساعدت وکمک به ایران خودداری نکند و در عوض ایران از تجاوز و تعدی افغانستان به خاک هندوستان جلوگیری کند. این سفارت که برای انگلستان دو میلیون روپیه تمام شد، خطری راکه از جانب زمانشاه فرمانروای افغانستان متوجه هندوستان می‌شد، مرتفع کرد چون حمله‌ی قوای ایران به هرات زمانشاه را از حمله‌ی به هندوستان منصرف ساخت[۱]. در این میان ناپلئون نیز به دلیل جنگ و درگیری با سایر دول اروپایی جهت کشورگشایی، نتوانست به شرق حمله‌ور شود. حال مانده بود ایران و روسیه.

در رابطه با ایران، انگلستان با توجه به تاریخ کشور ما می‌دانست که برای شاهان و ســـرداران ایرانی، کشور هندوستان یک اقلیم دست یافتنی و در عین حال یک گنج

شایگان است به جز آن، ایران نفوذ فرهنگی و اخلاقی و مدنی عجیبی در هندوستان داشت. از جمله آن‌که چند صد سال بود که زبان فارسی زبان رسمی و اداری شبه قاره‌ی هند شده بود. فکر ایرانی و تمدن ایرانی در سراسر هندوستان رواجی قطعی و مسلم داشت و برای دولت بریتانیا که می‌خواست برتری حتمی در هند به‌دست آورد رقیب بسیار خطرناک و نیرومندی محسوب می‌شد[۱۲]. به واقع انگلیسی‌ها تا دوره‌ی فتحعلی‌شاه از قدرت و امکان حمله‌ی ایران به هند وحشت داشتند، چنان‌که هنگامی که فتحعلی‌شاه حاجی خلیل‌خان قزوینی ملک‌التجار را به سفارت فوق‌العاده، مأمور هندوستان کرد حکومت بریتانیا در هند ۲۰۰ تن سرباز بومی را به نگهبانی اوگماشت[۱۳]. در نتیجه به دلیل نگرانی که بریتانیا از حمله‌ی احتمالی ایران به هندوستان داشت و همچنین برای تضعیف دولت نیرومند تزارها می‌کوشید بین ایران و روسیه جنگی به راه اندازد تا از قوای هر دوکشور کاسته شود. بهانه‌ی این جنگ هم تقریباً آسان به‌دست می‌آمد زیرا اختلاف روس‌ها و ایرانی‌ها بر سرگرجستان از زمان مرگ آقامحمدخان، کم و بیش باقی مانده بود، ولی نه روس‌ها که می‌رفتند تا با ناپلئون جنگ خونینی را آغازکنند و نه دربار بی‌پول و اسلحه‌ی فتحعلی‌شاه هیچ‌کدام مایل به درگیری نبودند. به همین دلیل دولت بریتانیا برای تشویق ایرانی‌ها به جنگ با روس‌ها وعده دادکه نه تنها بخش اعظمی از هزینه‌ی جنگ با روسیه را می‌پردازد بلکه افسرانی را هم برای آموزش و فرماندهی لشکریان ایران خواهد فرستاد[۱۴]. در حقیقت جنگ‌های دوره‌ی اول ایران و روس به تحریک انگلیس و تشویق معمّمین آغاز شد و پایان یافت، زیرا فتحعلی‌شاه در ابتدای بروز اختلافات کوشش کرد تا از راه مکاتبه و طریق سیاسی مشکل را حل کند و خیال جنگ با روس‌ها را نداشت[۱۵]. اما در دربار فتحعلی‌شاه غوغایی برپا شد و علما جنگ باکفار روس را تصویب نموده و حکم تجهیز سپاه را صادر کردند[۱۶]. تأسف‌آورتر آن‌که چون درگیر و دار این جنگ ناپلئون به روسیه حمله برد و ادامه‌ی جنگ در دو جبهه برای روس‌ها دشوارگردیده بود، با ایران از موضعی آشتی‌جویانه برآمدند و حتی حاضر شدند نواحی متصرف شده‌ی مسلمان‌نشین را به ایران مسترد سازند[۱۷]. اما از آن‌جایی که فتحعلی‌شاه توجه فوق‌العاده‌ای به «عظمت و

مقام روحانیت نشـــان می‌داد[۱۸]» تحت تأثیر نظریات آن‌ها هر بار به پیشنهادات صلح از طرف روس‌ها پاســـخ منفی می‌داد[۱۹]. وی که به شـــدت دچار اعتقادات و خرافات مذهبی بود، مهم‌ترین کارهای جهان را می‌خواست از این طریق پیش برد[۲۰]، به طوری که در کوران جنگ معمّمی به نام میرزامحمد اخباری که در عتبات درس خوانده بود به شـــاه قول داد که سر ژنرال روسی تیسیتیسیانوف را که در ایران به او اشپختر می‌گفتند و حملات پی‌درپی به ایران می‌کرد، پس از چهل روز که به چلّه نشـــیند به درگاه شاه بیاورند، و عجب آن‌که چنین نیز شـــد یعنی به وسیله علم غیب و قدرت ماوراءالطبیعه ژنرال تیسیتیسیانوف فرمانده لشکر روسی به قتل رسید! و سرش را برای فتحعلی‌شاه آوردنـــد. اما ماجرای این معجزه بدین ترتیب بود که درگیر و دار جنگ، طرف ایرانی خواســـتار مذاکره با تیسیتیسیانوف شد و هنگامی که ژنرال روسی به اردوی ایران آمد برخلاف مقررات جنگی به ناگه برســـرش ریخته او را کشتند و سرش را به تهران نزد فتحعلی‌شاه به ارمغان آوردند[۲۱]. روس‌ها نیز در قبال این عمل وحشیانه، دَمار از ایرانی‌ها برآوردند، بدان معنی که شهر دربند را به تصرف خود درآوردند که بسیار به زیان ایران تمام شد. زیرا این شهر نه تنها حکم دروازه‌ی ورودی خزر را دارد بلکه سواحل مرتفع دربند کاملاً به نواحی آذربایجان و موغان مشرف است و استیلای بر این نواحی، این شهر را در عملیات نظامی اهمیّت بسیار می‌بخشد[۲۲].

همان‌طور که پیش از این نیز اشـــاره شـــد جنگ‌های دوره‌ی اول ایران و روس به تحریک انگلیس و همدستی معمّمین به علت مذهب‌زدگی فتحعلی‌شاه آغاز شد و به مدت ده سال (۱۸۰۳ تا ۱۸۱۳)[۲۳] میلادی به طول انجامید و به شکست ایران و قرارداد گلســـتان (۱۲ اکتبر ۱۸۱۳) منتهی گردید. این قرارداد با پا در میانی و وساطت مستقیم دولت بریتانیا بین ایران و روسیه بسته شد اما «شاهکار انگلیسی‌ها در این میانجیگری این بود که اختلاف ایران و روسیه یکسره قطع نشود و سر حد دوکشور معلوم نباشد تا همیشه راهی برای جنگ دیگری باز بماند، چنان‌که شد[۲۴]».

رهبری شـــیعه که از همان ابتدای رســـوخ خارجیان در ایران دائماً به وجود آمدن

رابطه‌ی سالم و پایاپای میان حکومت وکشورهای خارجی را به عنوان همدستی با اجانب کافر جلوگیری می‌کرد، خود با برقراری بهترین روابط با آن‌ها در تضعیف حاکمیت سیاسی و به دست گرفتن تمامی قدرت کوشش نمود. آن‌چه مسلم است رابطه‌ی سالم با دنیای خارج می‌توانست به بالا رفتن سطح آگاهی "اُمت" کمک کند که این خود خطری برای سُست شدن پایه‌های حکومت مذهبی محسوب می‌شد. به همین جهت ملایان و آخوندها که از حمایت محرمانه وگاه آشکار مالی دولت فخیمه بریتانیا برخوردار بودند خیلی زود توانستند به این جنگ‌ها، صورت جنگ‌های مذهبی و جهاد اسلامی و نبرد با کفّار دهند و در شعله‌ور ساختن آتش کینه و نقار در دل مردم مسلمان ایران از دیدگاه مذهبی و اسلامی نقش موثری بازی کنند. استیلای معمّمین بر مردم نیز خیلی زود خواسته‌های سیاسی و استعماری انگلیس را برآورده کرد، زیرا از سویی مانع آن می‌شد تا مسلمانان با ملل اروپا درآمیزند و چشم‌شان بازگردد و در کار خود چاره‌جویی کنند و از سوی دیگر اعلام جهاد توسط معممین، شاه و دربارش را وادار به جنگ با روسیان و تضعیف ایران می‌نمود. چنان‌که جنگ‌های دوره‌ی دوم ایران و روس که از هر جهت خُسران‌آورتر از جنگ‌های دوره‌ی اول بود تنها به خواست انگلیس و فتوای "ارباب عمائم" صورت گرفت.

به واقع جنگ اول ایران با روسیه در مقایسه با جنگ دوم چندان زیان‌آور نبود. زیرا بیشتر به از دست رفتن مناطق مسیحی‌نشین منجرگشت که چندی پیش توسط آقامحمدخان به تصرف درآمده بود. اما جنگ دوم با روسیه و شکست فاحش از لشکر پاسکویچ سردار معروف روس و عهدنامه‌ی ترکمانچای نه تنها نام ایران را برای همیشه از زمره‌ی کشورهای قابل اهمیت جهان محوکرد، بلکه «ضرر معنوی بسیار بزرگی به ایران زدکه ما هنوزگرفتار آنیم... و آن این بودکه ایرانیان کاملاً مرعوب اروپا شدند[۲۵]».

جنگ‌های دوره‌ی دوم ایران و روس و نقش معمّمین

چهارده سال پس از پایان جنگ اول با روسیه، جنگ دوم (۱۸۲۶-۱۸۲۸) آغاز شد و شکست در آن پای لشکریان روس را به قلب ایران باز نمود، تبریز به تصرف آنان درآمد و روس‌ها در صدد حمله به پایتخت بودند[۲۶] که با اعتراض انگلیسی‌ها روبرو شدند و با گرفتن غرامت گزافی از حکومت ایران، عقب‌نشینی کردندکه اگر به تهران حمله می‌بردند، دولت ایران توانایی مقاومت در برابر آن‌ها را نداشت.

نتیجه این شکست پس از نادرشاه و آقامحمدخان که اولی به هندوستان حمله برد و دومی تا آن طرف گرجستان پیش رفت، آن شدکه ایران از یک قدرت منطقه‌ای به دست نشانده‌ی دو امپراطوری روس و انگلیس و میدان سخت‌ترین رقابت‌های این دو قدرت بدل گشت.

حال با توجه به شکست ایران در همان جنگ نخست با روس‌ها و فقر اقتصادی و نابرابری تسلیحاتی و تعلیماتی ایرانی‌ها و ناآشنایی سربازان و سرداران ایرانی با فنون جنگ‌های مدرن، چه کسی و یا چه عاملی را باید مسئول جنگ‌های دوره‌ی دوم ایران و روس دانست؟ به‌ویژه آن‌که این جنگ پس از پیروزی سپاه روس بر ارتش نیرومند ناپلئون صورت گرفت. آن‌چه مسلم است طرف روسی هیچ تمایلی به شروع این جنگ را نداشته است بطوری که سعید نفیسی می‌نویسد: «چنان‌که اسناد معتبر نشان می‌دهد دولت روسیه به همان عهدنامه‌ی گلستان قانع شده بود و دیگر در اندیشه‌ی جنگ با ایران نبوده است[۲۷]». و در روضة الصفای ناصری در این‌باره نوشته شده است: «سفیر دولت بهیه‌ی روس با امنای دولت علیه‌ی عالیه مجالس ملاقات و مکالمه آراست و سخن از ترک خلاف راند و مفید نیفتاد[۲۸]».

بنابراین اگر طرف ایرانی را مسئول این جنگ بدانیم، باید مسئولیت را به گردن آن گروهی گذاشت که قدرت واقعی در دستش بود یعنی "شریعتمداران شیعه" درست

است که انگلستان در پی به راه انداختن جنگ دوم ایران و روس بود و قراردادی هم با ایران بسته بود که تا هنگامی که ایران در جنگ با روس‌ها باشد سالانه ۲۰۰ هزار تومان در اختیار دولت ایران قرار دهد[۲۹]. ولی فتحعلی‌شاه هیچ علاقه‌ای به شروع این جنگ نداشت و تنها معمّمین بودندکه خاقان را وادار به جنگ‌های دوره‌ی دوم ایران و روس نمودند.

بسیاری از مورخین بر این باورندکه دربار فتحعلی‌شاه در صدد بود تا از لشکر مذهب سود برد، در حالی‌که برای شاه و دربارش نمی‌توان چنان قدرتی قایل شدکه معمّمین را به خدمت بگیرد.

واقعیت امر آن است که جنگ می‌بایستی به دستور ارباب بزرگ* آغاز می‌شد. بنابراین آخوندها به هیچ سخنی گوش نمی‌دادند، چنان‌که در روضة‌الصفای ناصری آمده: «الحاصل رأی تمام پیشوایان شریعت که حامیان ملت و دین مبین اسلام بودند، بر این مقرر شدکه باید حضرت صاحب** قران با دولت بهیه‌ی روسیه ترک مصالحه و مدارا کند و لازم است و واجب شرعی که عداوت و منازعت آشکار سازد[۳۰]».

تا حتی سفیر روس خود حاضر شد با معمّمین دیدارکند تا شاید آن‌ها را از اندیشه‌ی جنگ باز دارد اما سودی نبخشید. در این‌باره نویسنده‌ی ناسخ‌التواریخ می‌نویسد:

«مجتهدین، که انجمن بودند به اتفاق فتوا راندندکه: هرکس با جهاد از روسیان بازنشیند از طاعت یزدان سر بر تافته، متابعت شیطان کرده باشد... از آن سوی سفیر روس نیز چندان که سخن از در صلح راند... سخنان او را نیز وقعی نگذاشتند... **سفیر روس خواست تا مجتهدین را دیدارکند، بلکه ایشان را از اندیشه‌ی جدال فرود آورد و خویشتن برگردن نهدکه دست روسیان از حدود ایران باز دارد و مجتهدین در پاسخ گفتندکه: در شریعت ما باکفّار از در مهر حقارت سخن کردن گناهی بزرگ باشد.**

*ـ اسناد انگلیس نشان می‌دهدکه جنگ دوم ایران و روس را آن‌ها آفریدند. (ایران در راه‌یابی فرهنگی، هما ناطق، صفحه ۸۲)

**ـ منظور از "حضرت صاحب قران" فتحعلی شاه قاجار است.

اگر چه روسیان از حدود ایرانیان بیرون شوند، هم جهاد با ایشان را واجب دانیم[۳۱]».

با این‌حال تعدادی از درباریان فتحعلی‌شاه جنگ با روسیه را صلاح نمی‌دانستند و مخالفت می‌کردند: «معتمدالدوله و میرزا عبدالوهاب و حاجی میرزا ابوالحسن‌خان وزیر دول خارجه رزم روسیه را پسند نمی‌دانستند و رضا نمی‌دادند **مجتهدین ایشان را پیام‌های درشت فرستادند و گفتند همانا شما را در عقیدت و کیش خود فتوری است و اگر نه چگونه جهاد با کافران راه مکروه می‌شمارید، لاجرم ایشان دَم در بستند**[۳۲]» **«عباس میرزا ولیعهد هم با جنگ روسیه مخالف بود و هم‌صدا و هم‌نوا با میرزا ابوالحسن‌خان ایلچی و میرزا عبدالوهاب معتمدالدوله بود**[۳۳]».

بنابراین شاه و ولیعهد و دربار هیچ‌کدام حاضر به آغاز این جنگ نبودند، زیرا حتی برای فتحعلی‌شاه اسلام‌پناه نیز شکست و از دست رفتن خاک کشورش بسیار مهم بود و با توجه به شکست نخست می‌دانست که نتیجه‌ی این جنگ چیزی جز شکست به ارمغان نمی‌آورد. ولی آن‌طور که مشخص است فتنه‌ای بزرگ توسط "رهبری شیعه" در ایران برپا گشته بود.

«فتنه‌ی خفته از خواب بیدار آمد... و تمامیت ایران برآشفته شد و دل‌های عموم رعایا و برایا از مواضع علما به هم برآمده گشت و زمام رفع این فتنه‌ی عظمی از دست تصرف پادشاه دانش آگاه اسلام به در رفت و کار ملک به کف کفایت گروهی بی‌کفایت در افتاد. **عوام کالانعام را کار به جایی رسید که: احکام علما بر اوامر سلطان ایران رجحان دادند و گوش جان و دل بر طاعت و اطاعت مجتهدین نهادند و کمر همت بر جهاد بر بستند و بر در ارباب اجتهاد نشستند**[۳۴]».

نتیجه آن‌که "متولیان مذهبی" چنان فتنه و آشوبی برای جنگ با کفار روس برپا کردند که زمام امور از دست شاه "قاجار" خارج گشته و چاره‌ای جز آن‌که به فرمان معمّمین گردن نهد نداشته است.

«همه‌ی علمای ایران در تهران گرد آمدند و در امر جهاد با روسیه‌ی بد نهاد

هم‌داستان شـــدند. پادشاه ذی‌جاه قاجار ناچار بدان گروه شریعت‌پژوه موافقت کرد و آنان را به قصد موافقت درآورد و اگر نعوذبالله چنین نکردی بلوای عام شـــدی و کار سلطنت خاصه تمام[۳۵]».

در واقع چنان عرصه بر فتحعلی‌شاه تنگ گشته بود که اگر بدین جنگ بدفرجام تن نمی‌داد "کار سلطنتش تمام" می‌گشت. حال اگر کار "متولیان اسلام" بدین‌جا خاتمه می‌یافت می‌توان تصور کرد که جنگ با دشـــمن کافر وظیفه مذهبی مســـلمانان بود و معمّمین نمی‌توانستند از انجام این وظیفه سرباز زنند، ولی متأسفانه کار "رهبری شیعه" بدین‌جا پایان نیافت، زیرا آن‌چه "اهل منبر" پس از آغاز این جنگ انجام داد نمایانگر ابعاد خیانت "متولیان مذهبی" به ایران و ایرانی است. چگونگی این ماجرا را از قول دو مورخ نقل می‌کنیم.

نویسنده‌ی ناسخ‌التواریخ می‌نویســـد: «**از میان بلـده‌ی تبریز پسر حاجی یوسف مجتهد که میرفتاح نام داشت به تسویلات نفسانی و تخیلات شیطانی چنان دانست که اطاعت امپراتور روس مورث متابعت عوام‌الناس خواهد شد و محراب و منبر او رونق و رواج دیگـر خواهد یافت. پس به منـبر برآمد و دعای دولت امپراتور بگفت و مردم را به خدمت او دعوت کرد.** به یک‌بار مردم برشوریدند و غوغا درانداختند و حفظه و حرسه‌ی برج و بارو را به زیر انداختند... از آن سوی چون بانگ توپ روسیه از ارض آجی‌چای که دو فرسخی تبریز است بلندآوازه شد. **میرفتّاح عَلَمی افراشته کرد و مردم شهر را برداشته به استقبال روسیه رهسپرگشت... جماعت روسیه را به ارگ شهر تبریز درآورد...** در این هنگام نایب‌السلطنه که به آهنگ تبریز می‌تاخت چون به دو فرسنگی شهر رسید، این قصه بشنید... ناچار سر بر تافت و به جانب سلماس شتافت[۳۶]».

سعید نفیسی می‌نویسد:

«سرانجام پاسکویچ مصمم شد شـــهر تبریز را که پیداست برای دولت ایران چه اهمیتی داشته است تصرف کند و به سوی طهران بتازد و دولت ایران را یکسره از پای

درآورد... در این گیر و دار آقا میر فتّاح از پیشوایان روحانی شهر در برابر احکام جهادی که رقیبانش داده بودند، همین‌که کار را سخت دید... شرحی درباره‌ی بیدادگری‌ها و تاراج‌گری‌های قاجارها بر منبرگفته... عده‌ی کثیری از روحانیون شهر با گروهی از مردم به پیش‌باز آمدند و هلهله کردند و استحکامات شهر تبریز و انبارهای اسلحه و کارخانه‌های اسلحه‌سازی را روس‌ها فوراً تصرف کردند و چند ساعت بعد همه‌ی آن سپاهیان با موزیک وارد شهر شدند... مردم شهرکاخی را که مسکن عباس‌میرزا بود تاراج کرده... اما انبارهای اسلحه و قورخانه وکارخانه‌ی توپ‌ریزی را دست نخورده به کارگزاران روسیه دادند. در انبارهای شهر به اندازه‌ی خوراک پنج ماه لشکریان روسیه آذوقه بود[۳۷]».

«در میان مجتهدان تبریز تنها یک تن از در سازش با روسیان در نیامد[۳۸]» که به قول هما ناطق «باز جای شُکرش باقی بود[۳۹]». به واقع وسعت خیانت معممین به حدی گسترده است که نمی‌توان به رشته‌ی تحریر درآورد "شارعین شرع انور" که خود به خواست ارباب انگلیسی فتوای جهاد باکفّار روس را صادرکردند و شاه و دربارش را در موقعیتی قرار دادندکه راهی به جز جنگ با روس‌ها برای‌شان باقی نمانده بود، اینک خود به پیش‌باز "کفّار روس" رفته و انبارهای اسلحه و آذوقه را در اختیار "دشمن کافر" قرار دادند! دردناک‌تر آن‌که همکاری متولیان اسلام با روس‌ها بدین‌جا پایان نیافت، زیرا پانزده روز پس از ورود سپاهیان روس به تبریزکه مردم قیام کردند، همین آقا میرفتّاحِ معمّم سبب سرکوب آن قیام گردید.

«روز ۱۵ نوامبر... روس‌ها در تبریز اعلانی منتشرکردند و مقدار مالیاتی را که اصناف مختلف می‌بایست بپردازند... به اطلاع مردم رساندند. مردم شهر پرخاش کردند و دکان‌ها را بستند و در میدان ازدحام کردند و شهرت دادندکه سپاهیان روس و فرمانده آن‌ها را خواهندکشت. میرفتّاح فوراً نزد پاسکویچ رفت و اطلاع دادکه کارگزاران دولت ایران مردم را تحریک کرده‌اند... میرفتّاح صورتی از نام‌های ایشان به پاسکویچ داد و چون آن‌ها را زندانی کردند، فتنه فرو نشست[۴۰]».

جنگ‌های دوره‌ی دوم ایران و روس چنان‌که از همان ابتدا، فاتح و مغلوب جنگ معلوم بود، به شکست ایران و قرارداد ترکمن‌چای (۲۲ فوریه ۱۸۲۸) بین ایران و روسیه با پا درمیانی انگلیس منتهی گردید و ایرانیان سرسبزترین و آبادترین ولایات خود را در شمال رود ارس از دست دادند.

در این میان انگلیس‌ها که نیز در پی فرصتی بودند تا «از زیر بار مسئولیت مواد ۳ و ۴ قرارداد نوامبر ۱۸۱۴ که با دولت ایران داشتند فرار نمایند[۴۱]» یعنی ۲۰۰ هزار تومانی را که تعهد داشتند نپردازند، پس گفتند «مبادرت به جنگ از جانب ایران بوده و دولت روس تقصیری در این جنگ نداشته[۴۲]».

به هر روی این عهدنامه در تاریخ ایران عنوان خاصی دارد زیرا امتیازاتی که در این قرارداد به روسیه داده شده، پس از آن به سایرکشورهای اروپایی نیز داده شد، به همین جهت تا پایان عصر قاجار هر دولت اروپایی که عهدنامه‌ای با ایران امضاء نموده از حق کاپیتولاسیون* برخوردارگشته و اتباع آن‌ها از این امتیاز بهره‌مندگردیدند.[۴۳]

متأسفانه درست در قرنی که ایران می‌بایست خود را با کاروان ترقیات علمی و صنعتی و اجتماعی جهان غرب همگام سازد، روزبه‌روز بیشتر از این کاروان ترقی و تمدن فاصله گرفت و این کاری بود که با همّت روحانیت مبارز و دستگاه حاکمه در ایران انجام گرفت.[۴۴] سیاست استعماری انگلستان هنگامی که نفوذ وکارآیی ملاها و آخوندها را در پیشبرد اهدافش دید، متوجه شدکه کیمیای سعادت وکلید فتح شرق در دست آنان است و آن‌ها هستندکه با بی‌خبر نگهداشتن مردم از واقعیت‌ها و اشاعه‌ی جهل و خرافات و استفاده از حربه‌ی تکفیر و تهمت الحاد هر زمان که لازم باشد می‌توانند سرکشان را به زانو درآورند و نافرمان‌ها را حتی اگر شاه و ولیعهد و بزرگان و سرداران باشند به اطاعت وادارند. به‌ویژه آن‌که چون به دستگاه حکومت مرکزی

*ـ کاپیتولاسیون یا "قضاوت کنسولی" حق حاکمیت ملی را از ایران سلب می‌کرد. زیرا اتباع کشورهایی که این قرارداد را با ایران داشتند، چنانچه درکشور ما مرتکب جرم و یا جنایتی می‌شدند، دولت ایران حق دستگیری و محاکمه و مجازات آن‌ها را نداشت و می‌بایست مجرم را تحویل سفارت یاکنسولگری متبوع خویش می‌داد.

که روسیه نیز در آن به اندازه‌ی انگلستان نفوذ داشت به طور انحصاری نمی‌شد اتکاء داشت این بود که دولت بریتانیا به سراغ "روحانیت مبارز" رفت. در نتیجه در عصر قاجار به غیر از "حکومت سیاسی" و "حکومت مذهبی" عامل تازه نفس دیگری به نام "استعمار" در صحنه راه یافت و هرگاه «در امری مصالح دستگاه حکومتی ایران با مسائل استعماری انگلستان هماهنگ نبود "روحانیت مبارز" تقریباً همیشه جانب مؤتلفین تازه نفس خود را می‌گرفت[۴۵]» سیاست رهبری شیعه از این پس جلوگیری از تجدد و تحول و مخالفت با تأسیس مراکز علمی و فرهنگی نوع غربی در ایران و تقویت تعصب و جهل و خرافات بود. از دوران فتحعلی‌شاه به بعد به ویژه پس از جنگ‌های دوره‌ی دوم ایران و روس، نفوذ طبقه‌ی آخوند در تمام شئون زندگی مردم ایران از یک سوء و از سوی دیگر نفوذ استعماری دولت انگلیس، جامعه‌ی ایرانی را منحط‌تر، عقب افتاده‌تر، فقیرتر، جاهل‌تر، یعنی ملاپسندتر و استعمارپسندترکرد.[۴۶]

آن‌طور که تاریخ استعمار در خاورمیانه نشان می‌دهد، تنها قدرت نظامی و یا صنعت برتر اروپائیان نبوده است که توانسته کشورهای این سوی جهان را زیر نفوذ و قدرت خود درآورد، بلکه نیروی برتر فکری آن‌ها موفق به انجام چنین کاری گردید، بدین معنی که قدرت‌های استعمارگر با تکیّه بر نیروهای ارتجاعی در زیر سایه‌ی مذاهب قرون وسطایی بر این جوامع سوارگشتند.

دوگانگی قدرت حاکمه در جامعه‌ی ایرانی و رقابت میان این دو، زمینه‌ی مساعدی برای نفوذ استعمارگران فراهم کرد. به همین جهت از دوران فتحعلی‌شاه به بعد در به وجود آوردن کشاکش‌های تند اجتماعی و سیاسی همواره دست خارجی را می‌توان دید. در واقع این نفوذ گسترده، به دلیل ساختار اجتماعی ایران بود. چرا که تسلط مذهب فلج کننده و فسادانگیز مسلط بر جامعه ایران مانع برآمدن خود آگاهی ملّی و حس وطن‌دوستی حتی در میان دولت‌مردان بود. چنان‌که «سرجان ملکم (سفیر انگلیس در دربار فتحعلی‌شاه) مأموریت داشت از دو طریق با دادن رشوه وکمک به ایران، وارد مذاکره شود، اول این‌که سالی سیصد یا چهارصد هزار روپیه برای مدت

سه‌سال به دولت ایران بدهد، دوّم با دادن رشوه به شاه و وزراء آن‌ها را با خود همراه گرداند. ملکم راه دوم را پیش گرفت و به مقصود خویش نایل آمد[۴۷]» به این ترتیب بود که دول خارجی به ویژه روس و انگلیس متوجه شدندکه در ایران با حکومتی روبرو نیستندکه دست‌کم در خدمت به منافع خود هم که شده، در مقابل بیگانگان متحد عمل کند. بلکه با دادن رشوه به این وزیر و به آن حاکم می‌توانند به سادگی به مقاصد استعماری خود دست یابند.

متأسفانه تسلط واپسگرای مذهب قرون وسطایی تا به امروز موفق گردید تا پیشرفت کل جامعه ایرانی را با تمام قوا متوقف سازد. به عنوان نمونه هنگامی که فتحعلی‌شاه «دنبال کسی می‌گشت که او را برای سفارت و ایلچی‌گری به انگلستان بفرستد و این مأموریت از آن‌جا که مقصد نهایی آن، دربار یک پادشاه کافر خارجی بود در نظر امرا و رجال محترم ایران چنان ناخوش‌آیند و حتی خوفناک جلوه می‌کرد که هیچ‌کدام از آن‌ها حاضر به قبول آن نمی‌شدند[۴۸]». بنابراین اسارت حکومت سیاسی ایران در دست "فرهنگ فلج کننده‌ی مذهب قرون وسطایی" بود که راه را برای نفوذ و استعمار دول خارجی بازگزارد. با این حال اگر دولت‌مردی در جهت پیشرفت مملکت دست به اصلاحات می‌زد با مخالفت و توطئه معمّمین روبرو می‌گشت. چنان‌که هنگامی که عباس میرزا ولیعهد و نایب‌السلطنه، البته خیلی دیر سیاست ملاپروری را کنارگذارد و به تقلید از عثمانی به نوسازی سپاه پرداخت و اقدام به فرستادن دانشجو به فرنگ و گشایش میخانه برای فرنگیان تبریز و اجازه‌ی برپایی مدارس مسیحی و درخواست از صاحبین صنایع و سرمایه‌داران اروپایی به استقرار درآذربایجان در جهت آبادانی منطقه نمود. علما او را "مسیحی" خواندند و روی‌گردان شدند[۴۹]. «توطئه علیه او (عباس میرزا) را در قتل گریبایدوف، شاعر و دکابریست روس و نخستین وزیر مختار روسیه در ایران به سرکردگی میرزا مسیح مجتهد، در فوریه ۱۸۲۹، می‌توان خیانت دیگر، به دنبال ماجرای میرفتّاح دانست.

در واقع قتل آن سفیر برخلاف نوشته‌های مورخان درباری نه در اعتراض به

ترکمن‌چای بود و نه به قول حامد الگار، نخستین جنبش مذهبی به شمار می‌رفت. گریبایدوف را کشتند تا از سلطنت عباس میرزا جلوگیر شوند... قتل هیأت سفارت روس در ایران طبق نقشه‌ی قبلی انجام شد و محرکین کسانی بودندکه می‌خواستند جنگ سوم را آغازکنند و عباس میرزا را از ولیعهدی بیندازند و حسنعلی میرزا شجاع‌السلطنه را بر جای او نشانند[۵۰]».

چگونگی قتل گریبایدوف نخستین سفیر دولت روس در ایران

پس از امضای قرارداد ترکمن‌چای "الکساندر سیرگیتیویچ گریبایدوف" نویسنده معروف روسی به عنوان نخستین سفیر روسیه به ایران آمد، در مواد ۱۳، ۱۴ و ۱۵ عهدنامه‌ی ترکمن‌چای قیدهایی درباره استرداد اسیران جنگی به میان آمده بود، در میان اسیران گروهی بودندکه خواستار بازگشت به میهن خود شدندکه دچار موانعی گشتند از آن جمله زنانی بودندکه آن‌ها را به اسارت به تهران آورده بودند و به این و آن فروخته و یا به زور به عقد این و آن درآورده بودند، گویا برخی از آن‌ها فرزندانی هم داشتند اما بازگشت به سرزمین خود را به سرشکستگی و اسارت و بردگی ترجیح می‌دادند. در میان آن‌ها زنان گرجی و ارمنی هم بودندکه از ترس جان‌شان به ناچار مسلمان گشته بودند، زیرا رفتارهای خشن در آن روزگار بسیار رایج بود و برای ایشان هیچ آزادی و حقی قایل نمی‌شدند. در هر حال گریبایدوف سفیر روسیه برای آزادی این اسیران می‌بایست کارهایی انجام می‌داد. در این میان «چند تن ازگرجیان و ارمنیان که در شمار همان اسیران آرزوی بازگشت به دیار خود را داشتند و بازگشت‌شان به موانعی برخورده بود گریخته و به او پناه برده بودند و در سفارت روسیه می‌زیستند[۵۱]». در اسناد ایرانی آمده که دو زن ارمنی که گویا به زور با ایرانیان ازدواج کرده بودند و در خانه‌ی الهیار آصف‌الدوله زندگی می کردند راگریبایدوف به سفارت روس برده بود تا به میهن خود بازگرداند. اما معمّمین به سرکردگی میرزا مسیح مجتهد احساسات

مردم را علیه روس‌ها تحریک کردند و مردم به سفارت روس حمله برده وگریبایدوف و همراهان او را کشتند[۵۲]. «دولت روسیه از این پیشامد سخت خشمگین شد و چیزی نمانده بود که جنگ ســوم در بگیرد[۵۳]» که عباس میرزا یکی از پسران بزرگ‌تر خود خسرو میرزا را همراه هیأتی که میرزا تقی‌خان فراهانی (امیرکبیر بعدی) نیز همراه آن‌ها بود برای عذرخواهی نزد تســار روسیه فرستاد و خوشبختانه از شروع جنگ ایران و روس جلوگیری نمود[۵۴]. اما از آن روز به بعد رفتار عباس‌میرزا ولیعهد با نیکلا، تســار روســیه به رابطه‌ی عبد و عبید بدل گشت حتی وی مجبور شد به خواست روس‌ها بر ترکمانان سرخس حمله کند و آنان را از ییلاق و قشلاق در سر حدات روسیه باز دارد.[۵۵]

هما ناطق درباره‌ی توطئه‌ی قتل گریبایدوف می‌نویسد:

«رقبای عباس‌میرزا که سرکردگی‌شــان با آصف‌الدولــه بود، مجتهد تهران میرزا مســیح را با خود یارکردند. روز اول ژانویه سحرگاهان میرزا مسیح وجمعی چماقدار بازار به سرای گریبایدوف ریختند. از آن‌جایی که سفیر را از دیگران تمیز ندانند، هر سی و هفت اعضاء سفارت را تکه پاره کردند. بعدها "بارون دوبو" در سفر به ایران دست و پای گریبایدوف را ازگورســتان ارامنه و از میان چال عمومی به درآورد و به تفلیس فرستاد... داستان آن کشتار یکی از رویدادهای مهم تاریخی ایران به‌شمار است، به‌ویژه در ربط با واکنش روحانیون در برابر تجدد طلبی. بدیهی اســت مورخان سرسپرده‌ی اســلامی و درباری همه داستان را به مسئله ناموس و زن وکنیز و غیره کشانده‌اند و یا از "بدطبیعتی" و "خلق خشن" گریبایدوف سخن گفته‌اند تا سر مطلب را درز بگیرند. تنها محمد هاشم آصف رستم الحکما در "احکام و اشعار" خود پرده از روی واقعیت برداشــت، سخن از دسیسه و همدســتی درباریان و روحانیون راند و از جمله نوشت: ملاهای خالی از حکمت تهران از روی سفاهت... به اتفاق اوباش و رند بازاری، سفیر روس با سی و شش نفر از ملازمانش کشتند[۵۶]».

در ستایش اسلام، حامدالگار مدعی است که از ۱۸۲۹ و از پی قتل گریبایدوف و

همراهانش "نقش دوگانه" علمای ایران تجلی‌گاه خود را یافت، چه در "اعتراض به دولت" چه در "پیکار با سلطه‌ی بیگانگان" می‌پرسیم تکه پاره کردن خدمه‌ی بی‌گناه سفارت و بریدن دست و پای اجساد درکدامین فرهنگ والا دلالت بر مبارزه ضد استعمار دارد؟ «کجا می‌توان جانبداری از حسنعلی میرزا و آصف‌الدوله مزدور انگلیس را، علیه نایب‌السلطنه، حمل بر دفاع از دولت حقّه علیه دولت باطل دانست. چه بسا بتوان در تحلیل بی‌غرضانه به نتیجه‌ی عکس رسید. می‌بایست گفت قیام لوطیان و اوباش درآمدی شد بر شورش علیه آزاداندیشی به دوران میرزا آغاسی و اصلاحات به عهد میرزا تقی خان امیرکبیر، به تعبیر دیگر، از این تاریخ بود که ملایان به یاری الواط برخاستند و احکام اسلامی را در برابر نوآوری برافراشتند و عَلَم کردند. اما در هر بار با بیگانگان موافق آمدند و نه منافق[۵۷]».

متأسفانه در طول تاریخ معمّمین با برانگیختن حساسیت‌های مذهبی جامعه که به صورت وحشی‌گری‌های سازمان یافته نمودار می‌گشت، نه تنها رابطه‌ی «امّت» را با خارجیان زهرآلود کردند بلکه از به وجود آمدن هرگونه تبادلی که در طولانی مدت می‌توانست زایا باشد جلوگیری نمودند. تقریباً نیم قرن بعدکه ارتباط ایران به‌طور غیرقابل توقف با دیگرکشورها افزایش یافت و بخشی از جامعه‌ی مذهب زده‌ی ایرانی کم‌کم متوجه دو رنگی‌های "ارباب عمائم" می‌گشت، رهبری شیعه به این توهم دامن زدکه اگر دست خارجی از ایران کوتاه گردد، ایران یک شبه ره صد ساله خواهد پیمود. این طرز تفکر سیاسی موقعی مورد قبول عام قرارگرفت که چپ‌های ایران نیز دقیقاً بر همین موضوع پای فشردند و با معمّمین قشری هم‌صدا گشته و "مبارزه‌ی ضد امپریالیستی" را داروی همه‌ی دردهای ایران دانستند، غافل از این‌که بیگانه ستیزی ملایان از آن ناشی نشده بودکه اجنبی را مانع پیشرفت خود بدانند، بلکه تماس با خارجیان می‌توانست آگاهی‌هایی به "امّت" بدهدکه توسط آن بتوانند خود را از اسارت حکومت ۱۴۰۰ ساله‌ی مذهبی خلاص کنند. البته این توهم با برقراری حکومت جمهوری اسلامی "ضد امپریالیستی" در ایران از میان رفت و تقریباً برای همگان روشن

گشت که "روشنفکران" ایران چقدر در اشتباه بوده‌اند.

* * * * *

همان‌طورکه پیش از این نیز آوردیم "متولیان مذهب شیعه" که مرتباً به اجنبی‌پرستی دربـــار حمله می‌بردند، خود با برقراری بهتریـــن روابط با آن‌ها در تضعیف حاکمیت سیاســی تلاش کردند. چنان‌که در کشته شدن قائم مقام فراهانی نخستین صدراعظم محمدشاه قاجار نیز به‌کمک انگلیسی‌ها شتافتند و سبب صدور فرمان قتل قائم مقام از سوی محمد شاه گردیدند.

ماجرا از این قرار بود که میرزا ابوالقاسم قائم مقام فراهانی صدراعظم محمد شاه قاجار با قرارداد سیاسی و بازرگانی انگلیس و همچنین با دائر شدن کنسولگری آن‌ها مخالفت کرد و زیر بار نرفت. در واقع از همان ابتدا بین او و عمال انگلیس اختلاف افتاد، در نتیجه انگلیســـی‌ها در پی براندازی قائم مقام برآمدند.* و از ســـویی توسط پزشک انگلیسی محمدشاه "دکترکمپل" به شـــاه وانمود کردندکه قائم‌مقام جاسوس روس‌ها اســـت و از سوی دیگر برای برانگیختن اذهان عمومی علیه قائم مقام، توسط یاران وفادار خود معمّمین اقدام نمودند. بطوری که:

«ملایان بالای منبر علیه او (قائم مقام) به درشـــتی ســـخن می‌گویند و در همه جا "دشـــنام" می‌دهند... تا سرانجام در ۲۲ ژوئن نماینده‌ای از سوی "امام جمعه" آمد و دســـتگیری قائم‌مقام را به "کمپل" تبریک گفت. در ۲۶ ژوئن ۱۸۳۶ آن صدراعظم فرهنگ دوست کشته شد[۵۸]».

در این بخش برای درک بهتر خواننده از "قدرت متولیان مذهبی" در عصر قاجار نگاهی به چهره‌ی تاریخی یکی از حکومتگران بی‌تاج و تخت شیعه، "سیّد باقر شفتی" در دوران فتحعلی‌شاه و محمد شاه قاجار می‌اندازیم:

---

*ـ برای آگاهی بیشتر در باره نقش انگلیس‌ها درکشته شدن قائم‌مقام فراهانی، بنگرید به مقالات تاریخی دکتر فریدون آدمیت، تهران، چاپ دوم، انتشارات دماوند ۱۳۶۲.

سیدباقر شفتی در اصفهان می‌زیست و ثروتش به قولی به دو میلیون و پانصد هزار فرانک می‌رسید[۵۹]. شفتی در اصل از خانواده تنگدستی بود که بعدها ثروتش چنان افزایش یافت که به گفته‌ی تنکابنی در "قصص العلما" «هرگز از زمان ائمه اطهار تا آن عهد، هیچ‌یک از علمای امامیه... به آن اندازه ثروت و مکنت[۶۰]» نداشته «برخی شنیده بودند که "گنجی" در خانه یافته بود. یا بازرگانی دارایی‌اش را بدو سپرده و شفتی بالا کشید. گروهی هم "کیمیاگری" و "عمل قرطاس" را سرچشمه‌ی آن ثروت می‌انگاشتند. هر چه بود از دیدگاه مردم، آن بساط شگفت‌آور می‌نمود[۶۱]».

چهارصدکاروانسرا و بیش از هزار باب دکان داشت. دامنه‌ی املاکش تا بروجرد و یزد می‌کشید[۶۲] «جمعاً سالی هفده هزار تومان مالیات دیوانی دهات آن جناب تنها در اصفهان بود[۶۳]» درباره‌ی قدرتش نوشته‌اند:

فتحعلی‌شاه با میرزا محمد نوری بر سر فتوای وی که قلیان حرام است، محاجه کرد. «میرزا عرض کرد که اعلم‌العلماءِ شما آقا سیدباقر شفتی است بفرستید بیاید در طهران و در باب قلیان با من گفتگو کند، سلطان گفت آخوند تو مخبوط و مصروعی آقا سیدباقرکذایی از اصفهان از برای من و تو می‌آید به طهران[۶۴]؟»!

بایدگفت که قدرت و ثروت سید شفتی بیش از فتحعلی‌شاه و دربارش بود چنان‌که «در سال طاعون در شهر رشت اموال بلاوارث و مالک بسیار جمع کرده بودند. فتحعلی‌شاه به دیدن سیّد رفت وگفت که پادشاه صاحب عیال و بسیار فقیر شده است. شما از آن اموالی که در رشت جمع شده به ما برات کرده باشید. سیّد مبلغ بیست هزار تومان به شاه برات کرد[۶۵]».

درباره‌ی کرامت سیّد پرسیدند:

«سیّد گفت... سبب اشتهارکرامت من از آن است که، هرکسی از مادر متولد می‌شود در میان طائفه‌ی اَجنه نیز در آن حین کودکی از مادر متولد می‌شود و آن کودک

را همزاد این شـــخص می‌نامند و مرا همزادیســـت که آن همزاد چنان اتفاق افتاده که پادشاه طبقه‌ای از طایفه‌ی جنیان است. و او همزاد من، پنج شش نفر از اجنه را برایم فرســـتاده که در خانه‌ی من باشـــند و مرا خدمت نمایند، مثلاً گاهی ظرف خانه‌ی من خالی از آب اســـت، به یک دفعه ملاحظه می‌کنی، پر آبست وگاهی طفل در گهواره گریه می‌کند و بسا باشدکه گهواره می‌جنبد، بدون این‌که کسی او را بجنباند، یا این‌که هیزم نیست، پس ناگاه هیزم‌آورده می‌شود[۶۶]...».

درباره‌ی سلوکش با خلق خدا نوشته‌اند: «متهمین را ابتدا به اصرار و ملایمت و به تشویق این‌که خودم در روز قیامت پیش جدّم شفیع گناهان شما خواهم شد، به اقرار و اعتراف واداشته، سپس غالباً به گریه ایشان راگردن می‌زده و خود برکشته آنان نماز گـــزارده وگاهی هم در حین نماز غش می‌کرده اســـت[۶۷]» گویا «هفتاد نفر را بحدود شـــرعیه قتل نمود و اما حدّ غیر قتل بس بسیار بود[۶۸]». دولت آبادی نیز درباره قدرت شفتی در این عصر می‌نویسد:

«در سلطنت فتحعلی‌شـــاه، در این شهر هم حاکم بود و هم اجرا کننده‌ی حکم، چنان‌که بعضی ازکسان راکه محکوم به قتل می‌کرد، به دست خود رشته‌ی حیات آن‌ها را قطع می‌نمود، بی‌آنکه حکومت محل را دخالت در آن کار داده باشد[۶۹]».

شـــفتی جدا از حکومت، لشـــکری از اوباش و الواط داشـــت که «بیشتر باعث خرابی ولایات همین الواط بودند... خونخوار، شارب‌الخمر، قمارباز، زانی و دزد و نیز بی‌شمار[۷۰]». حتی سپهر مورخ دربار قاجار و نویسنده‌ی ناسخ‌التواریخ نیز با آن‌که تلاش کرده ســـر مطلب را درز بگیرد ولی از روی ناچاری، توصیفی از لوطیان و آدمکشـــان شفتی بدین شرح نوشته:

«بســـیار وقت بود که اشرار حربه‌ای که مســـلمین را بدان مقتول ساخته بودند در آبگیرهای مساجد غسل می‌دادند و شستن می‌فرمودند و بدان افتخار می‌کردند[۷۱]».

این الواط در ازای مزدی که دریافت می‌کردند به جان و مال مردم دســـت‌درازی

کرده و هر یک چندی به بازار و روستاها یورش برده و دَمار از روزگار مردم برمی‌آوردند «اما زیر سایه‌ی مجتهدی بودندکه هیچ قدرتی را به رسمیت نمی‌شناخت[۷۲]». تعداد مزدوران سید شفتی در آغاز حکومت محمدشاه قاجار به ۳۰ هزار تن رسیده بود[۷۳]. اکنون با قدرتی که سید شفتی به دست آورده بود به فکر برکناری محمدشاه افتاد و برای حکومت اسباب زحمت شد. با مدعیان حکومت محمدشاه هم‌پیمان شد، هرکس با شاه درافتاد، یا آدم کشت و یا شورید به مساجد شفتی پناه برد و بست نشست. در ابتدا با امین‌الدوله، وزیر سابق فتحعلی‌شاه همدستی کرد تا ظل‌السلطان (پسر فتحعلی‌شاه*) را به پادشاهی برساند. سپس در طغیان حسینعلی‌میرزا فرمانفرما که به نام "عادل شاه" خطبه خواند، شفتی جانب او و آصف‌الدوله را گرفت زیرا او به خواست علما، حاجی زین‌العابدین شیروانی را از شیراز بیرون رانده بود «به عبارت دیگر متشرع‌تر از محمدشاه جلوه‌گر آمد و برای پادشاهی مناسب‌تر و دین‌دارتر[۷۴]». از آن مهم‌تر و بدتر آن‌که به سال ۱۸۳۷. **سید شفتی با سفیر انگلیس علیه حکومت پیمان بست و همراه با "روحانیون" دیگر فتوا دادندکه لشکرکشی محمدشاه به هرات خطاست. «حتی با این امرکه حکومت از تمامیت ارضی و استقلال ایران دفاع کند به مخالفت برآمدند. ترجیح دادند هرات را به انگلستان واگذارند[۷۵]...».**

سرانجام در پایان ۱۸۳۹، محمدشاه و حاجی میرزا آغاسی مجبور شدند با چهل عرّاده توپ و چهل هزار قشون راهی اصفهان شده، به ضرب توپخانه دروازه‌های شهر را بگشایند. با این همه محمدشاه با آن‌که با هدف براندازی سیّد شفتی به میدان آمده بود، ولی باز هم به او آسیبی نرساند. فقط این شدکه «مجتهدکزکرد و به‌گوشه‌ای خزید[۷۶]». در واقع مجازات نکردن مجتهد به دلیل دل‌رحمی محمدشاه نبود، بلکه به جهت پایگاه قدرت سیّد شفتی بود. چنان‌که همین سیّد شفتی سه سال بعد (۱۸۴۳) زمانی که نجیب پاشا، حکمران بغداد از جانب عثمانی، شیعیان کربلا را قتل عام نمود،

*ـ محمدشاه نوه فتحعلی‌شاه می‌شدکه چون پدرش عباس میرزا، ولیعهد بود پس از مرگ پدر، او بجای پدر جانشین فتحعلی شاه‌گشت. به همین جهت پسران فتحعلی‌شاه با او دشمنی می‌ورزیدند و خود را وارث تاج و تخت می‌دانستند.

بر علیه امپراطوری عثمانی فرمان جهاد داد و به سفیر روس نوشت «که قصد دارد، فی‌سبیل‌الله به "بسیج شیعیان" در جهاد باکفار دستور دهد. «شاه هم هر چه می‌خواهد بگوید[۷۷]». گویا روس‌ها خودی‌تر بودندکه شفتی به جای آن‌که حکومت ایران را از قصد جهاد آگاه کند، برای سفارت روس نامه می‌نوشت. به هر روی اگر حاجی میرزا آغاسی به موقع جلوگیری نکرده بود. فرمان جهاد شفتی ایران را به جنگ با عثمانی می‌کشاند[۷۸]. و با توجه به موقعیتی که ایران پس از شکست در جنگ‌های ایران و روس پیداکرده بود. درگیری با امپراطوری عظیم عثمانی می‌توانست موجودیتش را به خطر اندازد! در واقع از این پس "دستگاه حکومت مذهبی" همواره لشکری از اوباش و الواط در اختیار داردکه در برخورد با اصلاحات حکومت یا سرکوب دگراندیشان به میدان آورده است، به عنوان نمونه شورش لوطیان اصفهان بر علیه اصلاحات امیرکبیر، حمله‌ی اوباش توپخانه به مجلس شورای ملی، شورش بر علیه رفع حجاب از زنان در دوران رضاشاه و قیام‌دار و دسته‌ی طیب رضایی در (خرداد ۱۳۴۲) بر علیه آزادی زنان. تاریخ لشکرکشی‌های اوباش و لوطیان معمّمین را علیه آزادی و پیشرفت و اصلاحات دولت نشان می‌دهد.

در رابطه با محمدشاه قاجار و صدراعظمش "حاجی میرزا آغاسی" خانم هما ناطق پژوهشگر و دانشمند ارزشمند ما، این دوران را سخت روشنگر می‌یابد[۷۹]. چراکه حاجی و محمدشاه در مقایسه با شریعت‌پناهی فتحعلی‌شاه و ناصرالدین‌شاه راه را تا حد زیادی بر آزاد اندیشان بازگشودند، اما روی هم‌رفته مذهب‌زدگی عمیق حکومت‌های ایران اصولاً مانع اصلی در راه رفرم‌ها و اقدامات مثبت بوده است. چنان‌که محمدشاه پس از آن‌که "قائم مقام" صدراعظم خود را زیر فشار و دسیسه‌ها و بلوای "معمّمین" و "سفیر انگلیس" خفه‌کرد، معلم و "مراد" خود، حاجی را صدراعظم نمود و او را در عالم صوفی منشی از "اولیای الله" می‌دانست! و تأسف‌آورتر آن‌که هنگامی‌که محمدشاه از درمان درد پای خود توسط حاجی ناامیدگشت، می‌گفت: «این درد پای مرا حاجی نمی‌خواهد خوب شود. از این‌که زحمت را در دنیا بکشم و در آخرت به

بهشت بروم[۸۰]».

بنابراین فرمانروایی چنین خرافی و بیچاره‌ی اسلام، چگونه می‌توانسته در حفظ منافع ملی و یا حفظ قدرت خود، کوشا باشد و در برابر پایگاه حکومت مذهبی مقاومت نماید؟

در حقیقت دوران محمدشاه را می‌توان مظهر دوگانگی تجددخواهی و اسلام‌زدگی دانست. چرا که همین محمدشاهی که چنین دچار خرافات مذهبی بود، منشور آزادی و برابری ادیان را نوشت[۸۱]. و خود از مادام لاماری فرانسوی، زبان و تاریخ فرانسه می‌آموخت[۸۲].

درواقع عصر محمدشاه و حاجی را نمی‌توان تهدید جدی بر حکومت شریعتمداران دانست. چنان‌که شورش علنی مجتهد شفتی که شاه برای سرکوبش مجبور به لشکرکشی گشت خود نمایانگر ابعاد نفوذ و قدرت معمّمین در این عصر می‌باشد. سید شفتی که از اواخر سلطنت فتحعلی‌شاه و در تمامی دوران محمدشاه عملاً بر اصفهان و اطراف حکمرانی می‌کرد، تنها یکی از قدرتمندان دستگاه حکومت مذهبی بود. در این زمان در تمام روستاها و شهرهای بزرگ قدرت واقعی در دست شریعتمداران بود و هر عمامه به‌سری ادعای قدرت داشت و خود پایگاه بی‌قانونی و هرج و مرج. به‌عنوان نمونه نگاهی به درگاه آقا محمدعلی، یکی دیگر از حکومتگران بی‌تاج و تخت می‌افکنیم:

«در وقتی از اوقات شیخ جعفر نجفی درکرمانشاه بر"آقا محمدعلی" وارد شد، دید که ده بیست نفر ازکسانی که قباهای ماهوت و شال‌های ترمه برکمر داشتند ایستاده‌اند. شیخ به آن‌ها گفت بنشینند، آن‌ها اِبا و امتناع از نشستن کردند، پس شیخ به آقا محمدعلی گفت اذن بده که این‌ها بنشینند. آقا محمدعلی گفت که این‌ها ملازمان منند و در مجلس من باید بایستند زیرا که من چندین قتل و حدّ در اغلب از اوقات باید جاری کنم، اگر این‌ها بنشینند مرا آن قدرت و سطوت نخواهد بود[۸۳]».

هدف آن است که خواننده تصویر ملموسی از وضعیت پایگاه حکومت مذهبی

در ایـــران آن روزگار به دســـت آورد و متوجه این نکته گردد که چگونه تســـلط فراگیر شـــیعه گری، حاکمیت سیاســـی را فلج کرده بود. با این حال باز هـــم می‌توان دوران محمدشاه و حاجی را در مقایســـه با دوران ناصرالدین‌شاه، زمانه‌ای دانست که دربار با اجازه‌ی معممین حکم نمی‌راند. اما در دوران پادشـــاهی ناصرالدین شاه بار دیگر روزگار برگشـــت به گفته‌ی دولت‌آبادی: «کمـــتر روحانی متنفذی بود که "لوطیان" و "چماقداران" خود را نداشـــته باشد. حکومت خود مشوق بود تا به یاری قشون دین "شـــورش عوام" را بخواباند[۸۴]». و یا حاج ســـیاح که از اصفهان می گذشت، گواهی می‌داد، ملایان مســـاجد را گرفته‌اند و هرکدام گروهی قمه کش و اوباش و «جمعی از جوانان قوی پر زور را به اســـم طلبه در آن گذاشتند... و ایشان لشکر و قُلچُماق آقایان هســـتند و گاه در همدستی با حکومت با مردم طرف شده و پیش می‌برند[۸۵]». و یا در مشهد «قریب دو هزار سید و ملای مفتخور، به جان مردم افتاده‌اند و با شمشیر و تکفیر و نیزه و تیر حســـاب مخالفان را می‌رسند[۸۶]». ناصرالدین‌شاه به همت وکوشش میرزا تقی‌خان امیرکبیر به تخت ســـلطنت نشست. «سیاست مذهبی امیر دو جهت ثابت و مشخص داشت: کاستن نفوذ روحانی و منع دخالت در سیاست[۸۸]» زیرا «تجربه آموخته بود که ظلمت روحانی و دخالت ملایان در امر مملکت‌داری، ســـدّ راه اصلاح‌طلبی و نوجویی اســـت. و آن‌چه بیشـــتر در ذهن امیر تأثیرکرده بود، همین بود... امیر دشمن کهنه‌پرستی و خرافات‌دینی بود و خواست آئین قمه‌زدن و عزاداری ایّام محرم به نحوی که جاری بود، براندازد. قانون بســـت نشستن در امام‌زاده و مسجد و سرای ملایان را نیز منســـوخ کرد. واتسون می‌نویســـد: امیرنظام پی برده که هیچ اصلاح دامنه‌داری در ایران سر نمی گیرد مگر این که ذهن مردم از وحشت موهومی که از ملایان خودپرست و جاه‌طلب داشتند، آزادگردد. به همین جهت می‌خواست از نفوذ علما بر افکار مردم بکاهد[۸۹]». اما چنان که پیش از آن اشاره شد دول انگلیس و روس پشتیبان یاران وفادار خـــود ملایان بودنـــد و ابداً مایل نبودندکه امیرکبیر قـــدرت و نفوذ معمّمین راکاهش دهد[۹۰]. زیرا توسط آن‌ها خیلی زودتر به منافع استعماری خود دست می‌یافتند. به همین جهت سرانجام فشار مستقیم رهبری مذهبی و دسیسه‌های سیاسی، سبب سرنگونی و

مرگ امیرکبیر گردید. روی‌هم رفته دوام چنین مردانی در جامعه‌ی شیعه‌زده‌ی ایرانی غیرممکن بود. پس ازکشته شدن امیرکبیر، ناصرالدین‌شاه "تصویر علی" را بر دیوار کاخ خود آویخت و با روحانیت مطرود از در آشتی درآمد. ملایان جان گرفتند[۹۱]. «در همان سال‌های نخستین پادشاهی ناصرالدین‌شاه نخست، یهودی آزاری شروع شد. خبر رسیدکه "همه‌ی یهودیان شیراز را کشته‌اند" اگر چه به‌گزاف گفتند... آن‌گاه فرنگیان را تهدید به مرگ کردند. ملایان برای "سرهای بریده" فرماندهان فرنگی و فرانسوی سپاه "جایزه" تعیین کردند... در۱۸۵۲ به بهانه سوءقصد بابیان به ناصرالدین‌شاه، و به فتوای روحانیون، جمله معارضان را از پای درآوردند و باقی روانه تبعید شدند.

هر چه گذشت از آزاداندیشی کاست و بر فشار مذهبی افزود، رفته‌رفته مقررات از یاد رفته زنده شدند، سنگسار زنان از نو باب شد، نمونه مجتهد رشت بودکه ۳۰۰ تن از مریدان خود را در پی قتل زنی بسیج کرد و به جرم این‌که با یک پسر ارمنی هم آغوش شده بود، هر دو را "سنگسار" کردند.

اندک اندک "تظاهرات مذهبی" علیه ترسایان و فرنگیان در اصفهان و تبریز پا گرفت، گفتند: فرنگی "عامل وبا و قحطی" است. جنازه ازگور درآوردند و بر دوش گرفتند و به راه افتادندکه فرنگی مسلمان‌کشته تا "از چربی بدنش قرص طبی بسازد" پس علم و طب فرنگی مکروه!

بازتاب روزافزون نیروی روحانیت را به دوران ناصری می‌شد حتی در صنعت و کارگاه دید. نمونه شهر صنعتی اصفهان بود و برآورد میرزا حسین‌خان تحویلدار در ۱۸۷۰ ازگسترش اصناف نوینی‌که بر ویرانه‌های صنایع دیرین، پاگرفتند. گواهی داد که دو صنف تازه نفس رو به افزایش بودند، یکی "عبا دوزان" که سابق بر این قلیل بودند و ضعیف، ولی در این زمان زیادند و قوی و متاع‌شان در همه ولایات ایران می‌رود. دیگر "قمه‌سازان" چنان‌که در قدیم قمه و قداره در اصفهان چندان معمول نبود. چند سال قبل شیوع کرد و ساختنش رواجی گرفت. بدیهی است تکیه و سینه‌زنی

پیش از پیش باب شـــد. ناصرالدین‌شاه برای نخستین بار "تکیه دولت" را گشود و به روضه‌خوانی و تعزیه‌داری جنبه‌ی رسمی داد.

اکنون بر همگان معلوم و روشـــن بود که "دشـــمنی با پیشـــرفت" و اصلاحات، برانگیختن "خرافات" و "احساسات ضدمسیحی" و فرنگی جملگی از سوی "ملایان" بود... با ســـرآغاز دوران ناصری عصر "ناسیونالیســـم اسلامی" فرا می‌رسید... دولت ناصری اســـتبداد حکومتی را با اســـتبداد دینی درآمیخت... روحانیـــون را به جای اندیشگران برکشید. روشنفکران و درس‌خوانده‌ها یا حامی مطلقیّت حکومت شدند و یا در جهت جلب وجهه، پشتیبانی از پیشوایان دین جستند. چنین بود که نخستین طرح "حکومت اسلامی" با شعار "الله‌اکبر" و به یاری نیروی "حزب‌الله" به دست ملکم‌خان آفریده شد و برای اولین بار چنین واژه‌هایی به مدونات سیاسی ایران راه یافتند... تنها به دوران کوتاه میرزاتقی‌خان امیرکبیر بود که دگراندیشان امان یافتند[۹۲]».

هما ناطق اندیشـــمندی است که به‌درســـتی دلائل عقب‌ماندگی ایران را دریافته می‌نویسد:

«تاریخ صدساله ایران نشان می‌دهدکه واماندگی ما از پیشرفت تنها به‌گناه استعمار و اســـتثمار نبود... چه بسا آبشـــخور این واماندگی فرهنگی باشدکه همواره ما را پس می‌راند... هرگاه با این جهان‌بینی درافتاده‌ایم، همزمان راه را بر دگراندیشی و اندیشه پیشرفت هم‌گشوده‌ایم. با فرهنگ و دیدگاه مذهبی نمی‌توان روزنی به جهان دانش و معرفت‌گشود[۹۳]».

برخی از مورخین بر این باورندکه انگلیسی‌ها با مکر و حیله، فساد و سست نهادی را در کشور ترویج دادند، بطوری‌که نویسنده‌ی "از صبا تا نیما" در این‌باره می‌نویسد: «انگلیس‌ها برای حفظ منافع خود... فســـاد را در کشور ترویج دادند وکسان پست و نالایق و بی‌شـــخصیت را بر ســـرکارهای مهم آوردند و با دادن پول و وعده‌ی مقام و منصب... دربار و دولت‌های ایران را در اختیار خودگرفتند[۹۴]». پرســـیدنی اســـت که

انگلیس‌ها به چه وسائلی فساد و سست نهادی را در کشور ترویج دادند و باکدام ابزار مغزشویی از دولت مردان چنین فرومایگان وگدا صفتانی ساختند؟

آیا در مرحله‌ی نخست تسلط فلج کننده و فسادانگیز مذهب واپسگرای قرون وسطایی بر جامعه نبود که مانع برآمدن خودآگاهی ملی در میان دولتمردان ایرانی گردیده و از آنان چنین فرومایگی ساخته بود؟

اصولاً در چهارچوب خودکامگی شیعه‌گری، مبانی اخلاقی و انسانی هدف نیست، در مذهبی که "تقیّه" به دین‌داری تعبیر می گردد، درست‌کاری لازمه‌ی رستگاری نیست.

«تاکی می‌توان در توجیه بداندیشی وکج‌رفتاری خویشتن‌گناه را به "دیگری" بست. این درست که استعمار و استثمار ما را به خاموشی محکوم‌کردند، اما این هم درست که در آزادی و یا کشورهای آزاد، مسلمانان "هنوز حرفی برای گفتن ندارند" و چه بسا خاموشی از همین جاست[۹۵]».

* * * * *

چنان‌که پیش‌تر نیز آوردیم پس از مرگ امیر، شاه جوان معمّمین را به خود برکشیده در این دوران بود که از روی "خمس" مبلغی به نام "سهم امام" به اهل منبر می‌رسید. (در دوره‌های قبل چیزی به‌نام "سهم امام" به معمّمین تعلق نمی‌گرفت[۹۶]). واگذاری املاک خالصه و بخشایش تیول به ملایان، آن‌ها را در صف مالکان بزرگ قرار داد. به‌طوری‌که در اکثر نقاط ایران، انحصارگندم را در دست‌گرفتند. اکنون حرص و آز این نودولتان حدّ و مرزی نمی‌شناخت، بارها به روزهای سختی و خشکسالی گندم را احتکارکردند، نرخ غلات را بالا بردند و مردم را ازگرسنگی کشتند، یک نمونه قحطی بزرگ عهد سپهسالار صدراعظم تجدد خواه و میهن دوست ناصرالدین‌شاه بود. در این سال حاجی ملاعلی کنی مجتهد تهران و نظام‌الدوله معیرالممالک وزیر دربار، به شرکت غلّه را انبارکردند و بهای گندم را از خرواری ۱۵ تومان به ۶۴ تومان

رساندند. سپهسالار هر چه تلاش کرد نتوانست گندم مجتهد را خریداری کند و نوشت: «اگر وجود نظام‌الدوله و حاجی ملاعلی کنی و غلّه این دو نبود، هرگز گندم از پانزده و هیجده تومان بالاتر نمی‌رفت... هر وقت شترهای زنبورکخانه بار آوردند، اگر گندم پانزده تومان بود، نظام‌الدوله گفت: حتماً کمتر از ۲۰ تومان نمی‌دهم. ما هم مجبوراً ناچاراً خریدیم، فوراً حاجی ملاعلی کنی شنید و گفت: نرخ در ۲۵ تومان است. همین قسم مندرجاً به پنجاه تومان رسید[۹۷]». و یا در نامه‌ای دیگر به شاه شکایت کرد که «راست است، من مداخله‌ی امور را به ایشان (ملایان) تجویز نمی‌کردم همین است که فَدَوی را زندیق می‌گویند. اما به سال قحطی حاجی ملاعلی کنی که غلّه انبار داشت و مردم ازگرسنگی می‌مردند... او خروای پنجاه تومان پول می‌برد. غلّه را به امیدگران‌تر فروختن نمی‌داد و بندگان خدا تلف می‌شدند. حالا آن‌ها حافظ شریعت و فَدَوی مخّرب دین است[۹۸]».

اصلاحات صدراعظم بسیاری را خوش نیامد زیرا منافع محتکران و مفت‌خواران را به خطر می‌انداخت. به همین جهت معممین در پی آن بودند تا میرزا حسین‌خان سپهسالار را که سد راه بود برکنارکنند. در این میان جانب‌داری او از اقلیّت‌های مذهبی هم بهانه‌ی خوبی به دست داد. بدین ترتیب که به روزهای قحطی در تبریز شایع کردندکه خداوند به علّت وجود مسیحیان بر مردم "خشم" گرفته است. خبر آوردند که "ساطورخان ارمنی" پول و پله انباشته دارد. بهانه‌ای آوردند و عوام را بسیج کردند. ساطورخان بیچاره را تکه‌تکه کردند و دارائی‌اش را به تاراج بردند. صدراعظم دستور دستگیری قاتل را داد و وی را به جوخه اعدام سپردند. هیاهو و هنگامه برپا شدکه جان ارمنی چه ارزشی داشت که گناهکار را به سزایش برسانند. حیرت‌انگیز این‌که سفارت‌خانه‌های روس و انگلیس هم که از اصلاحات سپهسالار، کاهش سلطه‌ی خود را می‌دیدند، به جای آن‌که حامی مسیحیان باشند، جانب اوباش و الواط را گرفتند[۹۹]. «کاپیتن جونز قنسول انگلیس در تبریز چنان به خشم آمدکه کردار "زشت" حکومت را نکوهید و ندا در دادکه چرا کشنده‌ی یک ارمنی را اعدام کرده‌اند. سپس نوبت به

دولت روسیه رسیدکه به طرد آن دادرسی برخاست و سپهسالار را سرزنش کرد[۱۰۰]». باز در همان قحطی که ازکمبود ارزاق کار به "آدمخواری" و خوردن گوشت "سگ وگربه" کشید، به تحریک معمّمین، اجساد یهودیان را ازگورستان بیرون کشیدند و خوردند[۱۰۱]. سرانجام به دسیسه‌ی معمّمین میرزا حسین‌خان سپهسالار به سال ۱۸۸۰ ازکار برکنار شد و به مشهد تبعیدگشت و «میدان برای خودنمایی لوطیان و معرکه‌گیران هموار آمد. از این برکناری مانند همیشه اقلیت‌های مذهبی بیشتر زیان دیدند[۱۰۲]».

روی‌هم رفته دفاع بی‌چون و چرا از باورهای اسلامی وکینه‌توزی بی‌حدّ و مرز نسبت به مخالفان و سایر ادیان، محور اعتقاد به این دین گردیده است. به‌ویژه شیعیان‌که خودکامگی این مذهب و مراتب مقامات مذهبی، به حدّ نهایت رسیده و در واقع ایمان به خدا و پیامبرش و اجرای دستورات‌شان لازمه‌ی مسلمانی و عافیت نیست، بلکه خیل عظیم امامان و نواب ایشان (از مجتهدگرفته تا پیش‌نماز) و اجرای آن‌چه ازگفتاری که به آن‌ها نسبت داده شده از ضروریات اولیّه ایمان شیعیان گشته، معمّمین‌که خود را نواب امامان می‌دانند چنان در بالا بردن مقام امامان غلوکرده‌اندکه حتی از پیغمبر نیز بالاتر برده‌اند. چنان‌که کسروی به درستی متوجه‌ی این نکته گشته و می‌نویسد:

«پیغمبر در چهل سالگی به پیغمبری رسیده، آن‌هم بایستی پیاپی جبرئیل بیاید و برود و دستورها بیاورد. ولی امامان ازکودکی امام می‌بوده‌اند و بی‌آن‌که نیازمند جبرئیل باشند. همه‌چیز را می‌دانسته‌اند در یاوری به خدا وگردانیدن جهان نیز آن توانایی و کوشایی‌که از امامان و از "حضرت عباس" نمایان است از پیغمبر نمایان نمی‌باشد[۱۰۳]».

بنابراین مشخص است‌که فرد شیعه هر چه تلاش کند، نمی‌تواند خواست و اراده‌ی این همه‌کس را برآورده نماید. در نتیجه همیشه غرق در احساس گناه است چنان‌که «اگر شما با یک شیعی که برکربلا می‌رود به سخن پرداخته بپرسید: چرا به کربلا می‌روید؟ پاسخ خواهد داد: آقا، ماگناهکاریم باید برویم و ازگناهان پاک شویم. اگر بگوئید: بهتر است‌که‌گناهی نکنی تا نیازمند پاک شدن نباشی؛ با شگفتی پاسخ

خواهد داد: مگر آدم می‌تواندگناه نکند[۱۰۴]؟!». به همین جهت احساس غم و دلمردگی نزد مؤمنان از مشخصات شیعیان است. بطوری‌که به باور این مذهب «هرکه بگرید و بگریاند و خود را گریان وانماید بهشت بر او ارزانی گردد[۱۰۵]».

از آن‌چه گذشـــت مشخص می‌شود که شـــیعه بودن به معنای اجرای احکام دین نیست، بلکه اطاعت از پیشوایان، ضامن ورود به بهشت است! و هرکس کوچک‌ترین شـــکّی در مقام این پیشوایان بکند، خونش حلال است. این تاریک‌اندیشی به حدّی است که هر نوع کوشش برای بحث منطقی و خردمندانه درباره‌ی باورهای شیعی به موضع مخالفت تلقی می گردد، چنان‌که به عنوان مثال کوشش‌های کسروی منجر به این گشت که اعلام کردندکسروی سنّی شده است و عاقبت خونش را ریختند.

فهرست منابع

۱. نفیسی، سعید، تاریخ اجتماعی و سیاسی ایران در دوره‌ی معاصر، انتشارات سعید نو، چاپ دهم، پائیز ۱۳۷۶، جلد اول، صفحه ۷۱
۲. همانجا، همان جلد، صفحه ۹۹
۳. همانجا، جلد دوم، صفحه ۵۴-۵۵
۴. ناطق، هما، ایران در راه‌یابی فرهنگی ۱۸۴۸-۱۸۳۸، انتشارات خاوران، چاپ دوم، پاریس، اسفندماه ۱۳۶۸، صفحه ۳۴
۵. همانجا، همان صفحه
۶. همانجا، صفحه ۳۶
۷. همانجا، همان صفحه
۸. نفیسی، سعید، تاریخ اجتماعی و سیاسی ایران در دوره‌ی معاصر، یاد شده، جلد اول، صفحه ۱۱۰
۹. ناطق، هما، آدمیت، فریدون، افکار اجتماعی و سیاسی و اقتصادی در آثار منتشر نشده‌ی دوران قاجار، انتشارات نوید، آلمان، فروردین ۱۳۶۸، مارس(۱۹۸۹)، صفحه ۲۹
۱۰. همانجا، همان صفحه
۱۱. شمیم، علی‌اصغر، ایران در دوره‌ی سلطنت قاجار، قرن سیزدهم و نیمه اول قرن چهاردهم، انتشارات زریاب، چاپ اول ۱۳۷۹، صفحه ۷۱-۷۰
۱۲. نفیسی، سعید، تاریخ اجتماعی و سیاسی ایران در دوره‌ی معاصر، یاد شده، جلد اول، صفحه ۱۰۲
۱۳. شمیم، علی‌اصغر، ایران در دوره‌ی سلطنت قاجار، یاد شده، صفحات ۷۱-۷۲
۱۴. نفیسی، سعید، تاریخ اجتماعی و سیاسی ایران، یاد شده، جلد اول، صفحه ۱۱۹
۱۵. شمیم، علی‌اصغر، ایران در دوره‌ی سلطنت قاجار، یاد شده، صفحه ۸۴
۱۶. همانجا، صفحه ۸۷
۱۷. نفیسی، سعید، تاریخ اجتماعی و سیاسی ایران، یاد شده، جلد ۲، صفحه ۱۱۵
۱۸. ناطق، هما، ایران در راه‌یابی فرهنگی، یاده شده، صفحه ۳۷
۱۹. نفیسی، سعید، تاریخ اجتماعی و سیاسی ایران، یاد شده، جلد اول، صفحه ۳۰۵
۲۰. همانجا، صفحه ۱۰۷
۲۱. همانجا، صفحات ۳۰۰ تا ۳۰۳
۲۲. همانجا، صفحه ۳۰۴
۲۳. همانجا، صفحه ۱۱۸
۲۴. همانجا، صفحه ۳۰۶
۲۵. نفیسی، سعید، تاریخ اجتماعی و سیاسی ایران، یاد شده، جلد اول، صفحه ۱۱۰-۱۰۹
۲۶. شمیم، علی‌اصغر، ایران در دوره‌ی سلطنت قاجار، یاد شده، صفحه ۱۰۱

۲۷. نفیسی، سعید، تاریخ اجتماعی و سیاسی ایران، یاد شده، جلد ۲، صفحه ۱۰۷
۲۸. همانجا، صفحه ۱۰۲
۲۹. ناطق، هما، ایران در راه‌یابی فرهنگی، یاد شده، صفحه ۸۲
۳۰. نفیسی، سعید، تاریخ اجتماعی و سیاسی ایران، یاد شده، جلد دوم، صفحه ۱۰۲
۳۱. سپهر، محمدتقی لسان‌الملک، به اهتمام جمشید کیانفر، ناسخ‌التواریخ، چاپ اول ۱۳۷۷، نشر اساطیر، صفحات ۳۶۵ و ۳۶۶
۳۲. همانجا، صفحه ۳۶۶
۳۳. همانجا، زیرنویس صفحه ۳۶۶
۳۴. نفیسی، سعید، تاریخ اجتماعی و سیاسی ایران، یاد شده، جلد ۲، صفحه ۱۰۲ و ۱۰۳
۳۵. همانجا، جلد۲، صفحه ۱۰۱
۳۶. سپهر، محمدتقی لسان‌الملک، ناسخ‌التواریخ، یاد شده، صفحات ۳۸۶-۳۸۷
۳۷. نفیسی، سعید، تاریخ اجتماعی و سیاسی ایران، یاد شده، جلد ۲، صفحات ۱۹۴ تا ۱۹۸
۳۸. ناطق، هما، ایران در راه‌یابی فرهنگی، یاد شده، صفحه ۳۵
۳۹. همانجا، همان صفحه
۴۰. نفیسی، سعید، تاریخ اجتماعی سیاسی ایران، یاد شده، جلد ۲، صفحه ۱۹۸
۴۱. محمود، محمود، تاریخ روابط سیاسی ایران و انگلیس در قرن نوزدهم میلادی، انتشارات اقبال، چاپ هفتم، تهران ۱۳۷۸، جلد یک، صفحه ۲۷۶
۴۲. همانجا، همان صفحه
۴۳. نفیسی، سعید، تاریخ اجتماعی و سیاسی ایران یاد شده، جلد ۲، صفحه ۲۵۷
۴۴. شفا، شجاع‌الدین، توضیح‌المسائل، پاسخ‌هایی به پرسش‌های هزارساله درباره تشیع و دین و تشیع و دکان داران دین، پاریس، چاپ اول، امرداد ۱۳۶۲، صفحه ۱۸۵
۴۵. همانجا، صفحه ۱۸۶
۴۶. همانجا، صفحه ۱۸۸
۴۷. راوندی، مرتضی، تاریخ اجتماعی ایران، یاد شده، جلد ۲، صفحه ۴۹۸
۴۸. رائین، اسماعیل، حقوق‌بگیران انگلیس در ایران، چاپ ششم ۲۵۳۶، انتشارات جاویدان، صفحه ۳۹
۴۹. ناطق، هما، ایران در راه‌یابی فرهنگی، یاد شده، صفحه ۳۷
۵۰. همانجا، صفحه ۳۷
۵۱. نفیسی، سعید، تاریخ اجتماعی و سیاسی ایران، یاد شده، جلد ۲، صفحه ۲۸۲
۵۲. همانجا، صفحات ۲۸۳ و ۲۸۴
۵۳. همانجا، صفحه ۲۸۵
۵۴. همانجا، همان صفحه
۵۵. ناطق، هما، ایران در راه‌یابی فرهنگی، یاد شده، صفحه ۳۹
۵۶. همانجا، صفحه ۳۸
۵۷. همانجا، صفحه ۳۹
۵۸. ناطق، هما، ایران در راه‌یابی فرهنگی، یاد شده، صفحه ۱۷

۵۹. همانجا، صفحه ۵۳
۶۰. همانجا، همان صفحه
۶۱. همانجا، همان صفحه
۶۲. تنکابنی، میرزا محمد، قصص‌العلما، انتشارات علیمه‌ی اسلامیه، بازار شیرازی، جنب نوروزخان، صفحه ۱۴۱
۶۳. همانجا، همان صفحه
۶۴. همانجا، صفحه ۱۴۶
۶۵. همانجا، صفحه ۱۴۸
۶۶. نفیسی، سعید، تاریخ اجتماعی و سیاسی ایران، یاد شده، جلد دوم، صفحه ۸۱
۶۷. ناطق، هما، ایران در راه‌یابی فرهنگی، یاد شده، صفحه ۵۳
۶۸. تنکابنی، میرزامحمد، قصص‌العلما، یاد شده، صفحه ۱۴۵
۶۹. دولت‌آبادی، یحیی، حیات یحیی، انتشارات فردوسی، چاپخانه رنگین، چاپ چهارم ۱۳۶۲، تهران جلد یک، صفحه ۸۷
۷۰. ناطق، هما، ایران در راه‌یابی فرهنگی، یاد شده، صفحه ۵۴
۷۱. سپهر، لسان‌الملک، ناسخ‌التواریخ، یاد شده، جلد ۲، صفحه ۷۴۱
۷۲. ناطق، هما، ایران در راه‌یابی فرهنگی، یاد شده، صفحه ۵۵
۷۳. همانجا، همان صفحه
۷۴. همانجا، همان صفحه
۷۵. همانجا، صفحه ۵۶
۷۶. همانجا، صفحه ۵۷
۷۷. همانجا، صفحه ۱۵۰
۷۸. همانجا، صفحه ۱۵۱
۷۹. همانجا، صفحه ۶
۸۰. اعتمادالسطنه، محمد، صدرالتواریخ، به کوشش محمد مشیری، صفحه ۱۸۸
۸۱. ناطق، هما، ایران در راه‌یابی فرهنگی، یاد شده، صفحه ۴۷
۸۲. ناطق، هما، ایران در راه‌یابی فرهنگی، یاد شده، صفحه ۱۰۷
۸۳. تنکابنی، میرزامحمد، قصص‌العلما، یاد شده، صفحه ۱۹۹
۸۴. ناطق، هما، ایران در راه‌یابی فرهنگی، یاد شده، صفحه ۵۹
۸۵. خاطرات حاج سیاح یا دوران خوف و وحشت، به کوشش حمید سیّاح، انتشارات ابن‌سینا، ۱۳۴۶، صفحات ۴۲ و ۴۶
۸۶. همانجا، صفحه ۱۳۳
۸۷. آدمیت، فریدون، امیرکبیر و ایران، چاپ پنجم ۲۵۳۵، انتشارات خوارزمی، صفحات ۱۹۳-۱۹۲
۸۸. آدمیت، فریدون، امیرکبیر و ایران، یاد شده، صفحه ۴۲۵
۸۹. همانجا، صفحه ۴۲۶، ۴۲۷
۹۰. همانجا، صفحه ۴۳۱
۹۱. ناطق، هما، ایران در راه‌یابی فرهنگی، یاد شده، صفحه ۲۴۹

۹۲. همانجا، صفحات ۲۵۰-۲۴۹
۹۳. همانجا، صفحه ۲۵۰
۹۴. آرین‌پور، یحیی، از صبا تا نیما، تاریخ ۱۵۰ سال ادب فارسی، تجدید چاپ ۱۳۶۷، انتشارات نوید، صفحه ۲۲۳
۹۵. ناطق، هما، ایران در راه‌یابی فرهنگی، یاد شده، صفحه ۲۵۱
۹۶. ناطق، هما، مجله‌ی الفبا، ویژه‌نامه هما ناطق، به همت غلامحسین ساعدی، دوره‌ی جدید، جلد دوم، بهار ۱۳۶۲، صفحه ۴۷
۹۷. همانجا، صفحه ۴۹-۴۸
۹۸. همانجا، صفحه ۴۹
۹۹. ناطق، هما، کارنامه فرهنگی فرنگی در ایران، انتشارات خاوران، چاپ اول، پاریس، بهار ۱۳۷۵، صفحه ۱۸۷
۱۰۰. همانجا، همان صفحه
۱۰۱. همانجا، همان صفحه
۱۰۲. همانجا، صفحه ۱۹۳
۱۰۳. کسروی، احمد، شیعه‌گری، انتشارات گاوه، صفحه ۶۲
۱۰۴. همانجا، صفحه ۷۷
۱۰۵. کسروی، احمد، شیعه‌گری، یاد شده، صفحه ۴۴

گفتگو بر سر موهوم بودن فتوای میرزای شیرازی در تحریم دخانیات، و تحریک روس در برهم زدن بساط "رژی"... و مخالفت میرزا حسن آشتیانی با آن انحصار نامه نیست. بلکه نشر آن حکم "مرجع تشیع" دروغ سیاسی بود... روس در رقابت با حریف انگلیسی‌اش فعال بود... آن ملای آشتیانی هم مجتهد پرهیزکاری نبود... همچنان که رشوه‌ی "ظاهر و آشکارا" گرفتن از بدعت‌های او شناخته‌اند.

دکتر فریدون آدمیت

انقلاب توتون و تنباکو «رژی»

از آن‌جایی که اغلب مورخین ما "انقلاب توتون و تنباکو (رژی)" را نخستین جنبش مردمی علیه ظلم و ستم شاه قاجار به سرکردگی معمّمین می‌دانند. در این بخش ازکتاب می‌پردازیم به انقلاب توتون و تنباکو "رژی" و چگونگی آن.

در اواخر سلطنت ناصرالدین شاه، امتیاز خرید و فروش توتون و تنباکو در داخل و خارج از ایران به انگلیسی‌ها بخشیده شد و سبب به وقوع پیوستن "انقلاب توتون و تنباکو (رژی)" گشت. این جنبش یکی از مهم‌ترین رویدادهای دوران سلطنت قاجار است و واقعیت امر آن است که ملایان در این انقلاب ابتداً پیش قدم نبودند، بلکه جنبش رژی از سوی توده‌ی مردم یعنی تجار، بازرگانان، کشاورزان، اصناف وکارگران صورت گرفت و اولین گروهی که علیه این امتیازنامه به پاخاست صنف کاسب و تاجر توتون و تنباکو بود، سپس با مشارکت سایر طبقات به صورت یک حرکت اجتماعی کما و بیش متشکل درآمد.

برای درک بهتر چگونه به وقوع پیوستن این انقلاب، ابتدا باید به شرح امتیازات

گوناگونی که توسط دولت ناصری به بیگانگان داده شد و سبب نارضایتی مردم در هر صنف و طبقه‌ای گشت، بپردازیم.

نخست توضیحاتی درباره‌ی امتیاز بانک شاهی می‌دهیم. زیرا این امتیاز به‌عنوان امتیاز مادر شناخته شده و سایر امتیازاتی که انگلستان پس از آن یعنی از سال (۱۸۸۹-۱۸۹۰) از دولت ناصری گرفت، همه در دل این امتیاز جا داشتند از جمله دادن امتیاز خرید و فروش تنباکو در داخل و خارج از ایران به شرکت انگلیسی "رژی".

در ۳۰ ژانویه ۱۸۸۹ توسط وزیر مختار انگلیس "دراموند ولف*" امتیاز بانک، با دولت ایران به امضاء رسید و انحصار نشر اسکناس که می‌بایست در دست دولت باشد. به دست بیگانگان افتاد[۱]. این بانک به نام "بانک شاهی ایران و انگلیس" در سپتامبر ۱۸۸۹ میلادی با سرمایه‌ی یک میلیون لیره انگلیسی و ۱۰۰ هزار سهم شروع به کارکرد که بخشی از سهام این بانک را نیز به دولتمردان ایران داد، از جمله به خود ناصرالدین شاه، میرزا علی اصغرخان امین‌السلطان "اتابک اعظم" نخست‌وزیر وقت، ملکم‌خان و امین‌الدوله[۲]. بانک که برپا شد کار و بار برخی از اصناف به‌ویژه صرافان را رو به کسادی کشاند و منطق هستی‌شان را از دست‌شان گرفت. چنان‌که صرافان اصفهان به صدراعظم نوشتند: «ما صنف صرّاف از میان رفته‌ایم. و بانک همه شغل ضعفا را تصرّف و ضبط نموده است. مالیات را ما فقرا بدهیم وکار و شغل با بانک است. حال که صلاح مملکت در بودن بانک است، به قانون عدل مالیات را هم بدهد. مداخل صراف ایران با فرنگی و مالیات را ما ضعفا بدهیم[۳]».

در نامه‌ی دیگری در اعتراض به بانک شاهی نوشته شده است: «از دست بانک چندین صنف بزرگ مالیات بده، از قبیل نساج وکش‌باف و مشکی‌باف و غیره به‌کلی از میان رفتند. باقی اصناف هم همگی "پریشان" شدند[۴]».

اما خطر اساسی و بزرگ‌تر بانک شاهی بیشتر در این بود «که به مثابه یک نهاد

* _ Drummond Wolff

مادر به امتیازهای بی‌شمار دیگر جان داد، از جمله به امتیاز تنباکو[۵]».

امتیازاتی که دولت انگلستان پس از امتیاز بانک شاهی در طول یک‌سال یعنی (۱۸۸۹ تا ۱۸۹۰) از ایران گرفت عبارت بودند از: امتیازکشتیرانی در کارون، امتیاز راه‌آهن آذربایجان که این امتیاز، راه تهران- تبریز- جلفا تا مرز روسیه و تبریز- بایزد تا مرز ترکیه را در برمی‌گرفت، امتیازکشتیرانی در دریاچه ارومیه، امتیاز راه‌آهن، امتیاز کالسکه، دلیجان، چهارچرخه، گاری در تهران و حومه، امتیاز راه قم تا اهواز، امتیاز چراغ برق، امتیاز معادن آهن، سرب، زغال‌سنگ، نفت، مانگانز و امتیاز توتون و تنباکو، البته دولت ایران امتیازات دیگری نیز به سایرکشورهای بیگانه بخشیدکه مجموعه‌ی این امتیازات موجب گردید تا مردم در هر صنف و شغلی که بودند ازکار بی‌کار شدند و در نتیجه، به دلیل فقر و بیکاری که در جامعه پدید آمد زمینه‌ی مساعدی برای یک قیام ملی بر علیه ظلم و استبداد شاه قاجار (ناصرالدین شاه) فراهم گشت. و دادن آخرین امتیاز یعنی امتیاز توتون و تنباکو به شرکت انگلیسی "رژی" کار را یکسره کرد و آتش زیر خاکستر شعله‌ورگشت و ملت بر علیه شاه و دولتش قیام نمود.

اما این که امتیاز توتون و تنباکو، از چه اهمیت ویژه‌ای برخوردار بود که بخشیدن این امتیاز به بیگانگان، توده را به قیام واداشت. لازم است از اهمیت داد و ستد توتون و تنباکو در ایران پیش از واگذاری این امتیاز به شرکت "رژی" سخن بگوئیم:

در قرن نوزدهم شاید بتوان گفت تنباکو مهم‌ترین کشت صنعتی ایران به‌شمار می‌رفت، چون هم در درون کشور مصرف زیادی داشت و هم از صادرات ایران بود که به عثمانی فروخته می‌شد، روی‌هم رفته «همه‌ی تنباکوی مصرفی در امپراطوری عثمانی از ایران می‌رفت و بس[۶]». چنان‌که اشاره شد در داخل ایران نیز تنباکو مصرف زیادی داشت به‌طوری‌که "ارنستین" مدیر شرکت رژی می‌نویسد: از ۸ میلیون جمعیت ایران دومیلیون توتون و تنباکو می‌کشند، یعنی از هر چهار نفر، یک نفر تنباکو می‌کشد[۷]. در همین گزارش آمده که «شرقی‌ها دودکش‌ترین مردمان جهانند و در میان‌شان ایرانیان

در ردیــف اول جای دارند... نتیجه این که هر ایرانی در ســال ۹ مَن تبریز تنباکو دود می کند[۸]».

درکلّ در ایران سه جور توتون و تنباکو به عمل می‌آمد، یکی مرغوب و صادراتی، دوم تنباکوی چپق که ارزان‌تر بود و روستائیان و افرادکم درآمد مصرف می کردند، سوم سیگارت یا "پاپیروس" بودکه از قرن نوزدهم در ایران باب شد.

توتون از سال ۱۸۷۵ میلادی از آسیای میانه واردگیلان شد و بانی آن یک ارمنی مشــهور به نام "فانوس*" بود[۹]. آب و هوای گیلان وکردســتان برای رشد توتون بسیار مناســب بود تا جایی که کشــت توتون از تنباکوی چپق ارزان‌تر تمام می‌شد و در عین حال مرغوب‌تر و جابجا شدنش نیز آسان‌تر بود. به‌طوری که بعدها سیگارت جای چپق راگرفت و در ســال ۱۸۷۶، با آن‌که توتون رشت به دست کشتزاران وکارشناسان ماهر انجام نمی‌گرفت ولی باز هم خیلی‌خوب و مرغوب و در عین‌حال بســیار خوشبو بود و همین موضوع سبب گشت تا رشتی‌ها تشویق گردند و شرکتی تأسیس کنند وگروهی کارشــناس به ایران بیاورند. نتیجه آن‌که در ســال ۱۸۷۸ رشتی‌ها موفق گشتند برای نخستین بار توتون خود را به روسیه بفروشند[۱۰].

اما تنباکو از قدیم در باسمنج، شیراز، اصفهان، یزد، کرمان، کاشان، جهرم، گلپایگان، سمنان و شاهرودکاشته می‌شد و برطبق اسناد (امین‌الضرب)، مرغوب‌ترین نوع تنباکو از سه کشتزار اطراف شیراز برداشت می‌شد، به همین جهت بخش بزرگی از تنباکوی شیراز صادراتی بود ولی با این حال سالی ۶۰ هزار من از تنباکوی شیراز در خود شیراز مصرف می‌شد[۱۱]. بنابراین بی‌دلیل نبودکه طغیان مردم بر علیه دولت در رابطه با دادن امتیاز توتون و تنباکو به بیگانگان ابتدا از شیراز آغازگشت.

بــه هر روی تولیــد توتون و تنباکو در ایران روز به روز رشــد بیشــتری می کرد، به‌طوری که به صورت یکی از صادرات مهم ایران درآمده بود و به عثمانی، روســیه و

*ـ نام اصلی فانوس «دکتر سپتان هاراتومایانس» است.

بغدادکه در آن روزگار بخشی از امپراتوری عثمانی بود، صادر می گردید[۱۲].

در آخرین سفری که ناصرالدین‌شاه به اروپا می کند، در کنار امتیاز بانک شاهی که در سال ۱۸۸۹ میلادی به "ولف" وزیر مختار انگلیس داد. امتیاز تجارت داخلی و خارجی تنباکوی ایران را نیز در ازای سالی ۱۵ هزار لیره و یک چهارم درآمد شرکت به‌کمپانی "رژی" بخشید. قرارداد در ۲۰ مارس ۱۸۹۰ امضاء شد[۱۳]. و در واقع بانک شاهی وکمپانی رژی با یکدیگر همکاری داشتند. «کار بانک و تنباکو درکنار هم پیش می‌رفت. یکی بی‌دیگری نمی‌توانست دوام بیاورد[۱۴]».

روس‌ها زودتر از همه از دادن امتیاز توتون و تنباکو به انگلیس‌ها باخبر شدند و در روزنامه‌های‌شان به شدت هم به ناصرالدین‌شاه و هم به دولت انگلیس حمله بردند. در ضمن از تهدید نیز دریغ نکردند چنان‌که گفتند: انحصارنامه مغایر قرارداد ترکمن‌چای است. پاسخ انگلیس‌ها این بودکه: «اگر شاه به این تهدید تن دهد و امتیاز رژی را بردارد "بوشهر" را اشغال خواهندکرد، بوتزوف سفیر روسیه پاسخ می‌داد: اگر انگلیس‌ها بوشهر را بگیرند، ما نیز دست روی مشهد و یک خط مرزی افغانستان خواهیم‌گذاشت[۱۵]».

در این میان خبر امتیاز جسته وگریخته به‌گوش بازرگانان تبریز رسید. گرچه از چند و چون کار آگاهی درستی نداشتند ولی باز هم به امین‌الضرب* هشدار دادندکه:

«یک فقره محرمانه از بانک در مجلس صحبت شد. خیال آن‌ها این است که دولت ایران پول می‌خواهد، همین‌قدر گفته‌اند: ما پول می‌دهیم و هر امتیازکه لازم داریم خواهیم‌گرفت[۱۶]».

بنابراین تجّار در همان آغازکار با آن‌که هنوز درست نمی‌دانستند این قرارداد تا چه حد زیانش متوجه آن‌ها خواهدگشت. به شدّت ناراحت بودند و اعتراض هم کردند.

---

*ـ «امین الضرب» رئیس تجار و تقریباً چیزی مانند وزیر دارایی بود.

با آن‌که دولت ایران کوشش بر آن بود که جلوی نشر اخبار را در روزنامه‌ها بگیرد ولی روس‌ها برای تحریک مردم علیه قرارداد رژی، تمام چگونگی واگذاری امتیازنامه و نکته‌های پنهان سیاست انگلیس را در روزنامه‌های خود مانند "مسکوفسکی و دمسکی" رو کردند و در عین حال حملات شـــدیدی به امین‌السطان صدراعظم ناصرالدین شاه که در دادن این امتیاز پا در میانی کرده بود و حتی خود شاه نیز نمودند[۱۷]. در مخالفت با این امتیاز روس‌ها تنها نبودند فرانســوی‌ها نیز به علت نزدیکی با روسیه و یا برای عقب نماندن از قافله شــروع کردند به اعتراض، مسئله دیگری هم که در کار بود، این بود که برخی‌ها در این امتیاز خطر اشغال ایران را می‌دیدند، زیرا هم‌زمان با دادن امتیاز به انگلیس‌ها، ســر و کله‌ی ســربازان و افسران انگلیسی در ایران پیدا شد و هیچ کس نمی‌دانست برای چه آمدند تا حتی اعتمادالسلطنه وزیر انطباعات هم به اشاره نوشت: «انگلیسی زیاد از هر طبقه به طهران آمدند، در حقیقت حالا سلطنت انگلیس است در ایران[۱۸]».

نقد سیاســی به کنار، از نظر اقتصــادی روس‌ها معتقد بودندکه این امتیاز قیمت توتــون و تنباکو را افزایش می‌دهد، اگرچه امین‌الســلطان صدراعظم اطمینان می‌داد که پیش‌گیری‌های لازم را از این بابت کرده اســت، ولی روس‌ها از مدت‌ها پیش در ساوجبلاغ که زمین و آب و هوایش مناسب بود، تنباکوکشت می‌کردند. برخی از اتباع روس کشــتزارهای توتون داشتند[۱۹]، به همین سبب روس‌ها برپایی شرکت "رژی" را به زیان خود می‌دیدند و تا شرکت رژی آغاز به کارکرد، سفیر روسیه "بوتزوف" به کمپانی پیغام فرستادکه تا دیر نشده امتیاز را رها کند و برود، تا حتی دلسوزی هم کرد وگفت: «اگر هم اکنون کنار بروید زیان شــما ناچیز خواهد بود. کم وکســری هم اگر باشد، آن‌هم سرانجام با "تاوانی" که شاه خواهد پرداخت جبران خواهد شد. ورنه ما هرگز بر نخواهیم تافت که این کمپانی در نزدیکی مرز روسیه، یعنی در خراسان و آذربایجان پا بگیرد[۲۰]».

بنابراین اختلاف روس و انگلیس بر ســرکمپانی رژی بسیار جدی بوده است. و

اما در رابطه با تجار، رژی که برپا شد خرید و فروش تنباکوی ایران در عثمانی را نیز به انحصار خود درآورد. یعنی آزادی تجارت در خارج از ایران را هم از بازرگانان ایرانی سلب کرد. روی‌هم رفته رژی ایران با همکاری رژی عثمانی که آن‌هم در دست انگلیس‌ها بود، کار داد و ستد بازرگان ایرانی در عثمانی را نیز به‌کسادی کشاند. در واقع حق خرید و فروش آزاد را از تجارگرفت و منحصر به رژی کرد.

بدین ترتیب تجار و کارگران توتون و تنباکو و سایر اصنافی که براثر دادن امتیازات گوناگون توسط دولت قاجار به بیگانگان بیکارگشته بودند، بهانه‌ی کافی برای مقابله با دولت بدست آورده بودند و پیش از آن‌که "ملای آشتیانی" فتوای تحریم تنباکو را بدهد، روح طغیان بر علیه دولت در مردم پدید آمده بود چنان‌که نماینده‌ی سیاسی دولت انگلیس برای دولت مطبوع خودگزارش می‌دهد: «تخم افکار انقلابی در ایران پاشیده شده است[۲۱]».

و یا درگزارش دیگری که می‌دهد می‌نویسد: «مایه‌ی تأسف است که این احساسات تند وقتی برانگیخته‌که مدیرکمپانی رژی به تهران رسیده، می‌خواهد تازه کارش را آغازکند[۲۲]».

درنتیجه برای شناخت جنبش عمومی علیه انحصارنامه دخانیات یا انقلاب توتون و تنباکو، باید این داستان‌ها و افسانه‌هایی که گفته می‌شود: نخستین جنبش مردمی بوده است که معمّمین رهبری آن را به عهده داشته‌اند راکنارگذارد و واقعیت‌ها را برطبق اسناد بررسی کرد.

انگیزه‌ی اصلی این قیام، اقتصادی و سیاسی محض بود و نخستین گروه اجتماعی که بر علیه آن بلند شدند صنف کاسب و تاجر وکشاورزان توتون و تنباکو بودند، پس از آن شرکت سایر طبقات ناراضی اجتماع بودکه این قیام را به صورت یک حرکت اجتماعی متشکل درآورد و هدف این حرکت بسیار بالاتر از مسئله تنباکو بود[۲۳]. البته دادن امتیازنامه‌ی دخانیات به‌کمپانی انگلیسی "رژی" از نظر اقتصادی و مالی

زیان‌بخش و از نظر اجتماعی ویرانگر و از جهت سیاسی غلط بود. این امتیازنامه از جمله انحصارنامه‌هایی بود که از هیچ نظر فایده‌ی اجتماعی یا سیاسی و یا اقتصادی نداشت وکلاً هیچ دلیل موجهی وجود نداشت که مجموع فعالیت تولیدی و تجاری رشته‌ی اقتصادی مهمی راکه توتون‌کار وکاسب و بازرگان ایرانی به خوبی از عهده‌اش برمی‌آمدند، به دست کمپانی کشوری استعمارگر بدهند. به‌ویژه آن‌که این قرارداد در کسب وکار یک جماعت ۲۰۰ هزار نفری تأثیر بسیار بدی می‌گذاشت و از هیچ نظری درست نبود[۲۴].

«تلقی طبقه‌ی بازرگان از انحصارنامه‌ی دخانیات درجه‌ی اول اهمیت را دارد[۲۵]». کلاً پیش از آن‌که معممین واردکار بشوند و ملای شیرازی فتوای تحریم تنباکو را بدهد، صنف بازرگان شروع به اعتراض نمود. چنان‌که حاجی محمد رحیم اصفهانی که از بازرگانان به نام بود مواد این قرارنامه را از نظر سیاسی و اقتصادی طردکرد و خواستار ابطال این قرارداد شد و در «نکوهش سیاست دولت گفت: "این اسبابی که فراهم آمده است [علت] عمده این است که دیوان در فکر رعیّت نیست. هرکه هر چه توانسته است به هرکه‌کرد و از پیش برد، کسی سؤال و جواب نمی‌کند. جزا درکار نیست. همین‌قدر است به دیوان پول بدهند. این است که کارها الی اینجا رسیده".

سپس در ادامه‌ی آن گرفتن این امتیازنامه‌ها را از نظر سیاست استعماری [انگلیس] توجیه می‌کند و می‌نویسد: "خیال باطنی حضرات انگلیس* این است که رگ و ریشه در ایران‌کرده، رعیّت را مقروض خودشان نموده، مثل هندوستان یک مرتبه‌گرفته باشند".

[راجع به ماهیّت عمل انحصار می‌نویسد]: "اما ضرر ملت: این تجارت که دست رعیّت و تجار ایران بود، او را هم فرنگی‌ها بردند. بعد از این مردم بیکار [می‌مانند] یا این‌که باید فعلگی نمایند و یا این‌که راهزنی و دزدی بکنند، دیگرکاری که ندارد.

*ـ اشاره حاجی به کمپانی انگلیسی "هند شرقی" است که انگلیسی‌ها ابتدا توسط این کمپانی و به بهانه تجارت وارد هندوستان گشتند و سپس آن‌جا را به مستعمره خود بدل ساختند.

فردا فلان آدم خواهد آمد، تریاک، پشـم، کتیرا، برنج را منحصر خواهدکرد". [وی] از امین‌الضرب می‌خواهد: "در نفی این انحصارنامه اعتراض کندکه خدمتی به دولت و ملّت و اسباب دعاگویی مردم است.[۲۶]» سپس حاجی در انتها تذکر می‌دهدکه: «به هر حال مردم درگفتگو هستند، خیلی احتمال بلند شدن صدای آن‌هاست".[۲۷]

ایـن یک نمونه از اعتراض عنصر بازرگان بـه انحصارنامه‌ی دخانیات پنج ماه پیش از تلگراف ملای شـیرازی به ناصرالدین شاه اسـت. که در آن آشکار به دولت هشدار داده است، مردم در حال طغیانند. صدای اعتراض ابتدا از شیراز بلند شد یعنی مهم‌تریـن منطقه‌ی تنباکوخیز و با این‌که خطه‌ی فارس مثل اصفهان در آن روزها زیر نفوذ سیاسی انگلیس بود وکمتر انتظار می‌رفت که طغیان عمومی از آن‌جا آغازگردد، اما از آن‌جایی که کشت توتون و تنباکو عمده‌ترین منبع تولید اقتصادی آن منطقه بود. به همین جهت تولیدکنندگان و تجار دخانیات تمام همّت خود را در بسیج مردم علیه دستگاه "رژی" بکار بردند و دامنه‌ی این قیام از شیراز به کرمان و اصفهان و خراسان و آذربایجان و سایر شهرها گسترش یافت[۲۹]. این اعتراضات همه پیش از طرد امتیازنامه از جانب میرزا حسن آشتیانی مجتهد پایتخت و نشر حکمی به نام میرزا حسن شیرازی مرجع تشیع مبنی بر تحریم تنباکو بوده است. چنان‌که دکتر فریدون آدمیت در این‌باره می‌نویسـد: «گفتگو بر سـر موهوم بودن فتوای میرزای شیرازی در تحریم دخانیات، و تحریـک روس در برهم زدن بسـاط "رژی" به عاملی مـیرزا کاظم ملک‌التجار، و مخالفت میرزا حسـن آشتیانی با آن انحصارنامه نیسـت. بلکه نشر آن حکم "مرجع تشیع" دروغ سیاسی بود همچون بسیاری از دروغ‌زنی‌های دیگرکه تاریخ سیاست ثبت کرده. روس در رقابت با حریف انگلیسی‌اش فعال بود، ملک‌التجار هم آدم دغلکاری بود و به هیچ‌وجه انگیزه ملی نداشت... آن ملای آشتیانی هم مجتهد پرهیزکاری نبود، همچنان‌که رشوه‌ی "ظاهر و آشکار" گرفتن را از بدعت‌های او شناخته‌اند*. اما قضیه‌ی مهم تاریخی این است که امتیازنامه‌ی رژی صنف کاسب و بازرگان را برانگیزاند، پس از آن "مرجع تشـیع" حکم ساختگی را به گردن گرفت و انحصارنامه را مردود اعلام

*ـ ناظم الاسلام کرمانی، تاریخ بیداری ایرانیان، بخش اول، صفحه ۴۱۶.

کرد[۳۰]».

بنابراین مشخص شدکه پیش از آن‌که "ارباب عمائم" وارد صحنه شوند و مصرف توتون و تنباکو را حرام اعلام کنند، قیام علیه کمپانی "رژی" آغاز شده بود. در گزارش کرمان در اسناد امین‌الضرب آمده: «با آمدن مأمورکمپانی رژی به شهر، دویست کاسب و تاجرکرمانی که کار و معیشت آن‌ها منحصر به تنباکو فروشی بود، حالا دست ازکار کشیده‌اند. به دنبال آن بازرگانان قلیان‌های خودشان را از اطاق انداخته بودند میان کاروان‌سرا و شکسته بودند. و بعضی اشخاص دیگر هم متابعت آن‌ها را نمودند. ولی هنوز از جانب مجتهدین و علما نفی نشده است... علی‌العجاله گفتگو و اغتشاش در این عمل فراهم آمده است[۳۱]». در نتیجه می‌بینیم که تاجر و کاسب کار مستقلاً و پیش‌تر از معممین بر علیه دولت و رژی بلند شده و آغاز به مقاومت کرده‌اند. در تهران بازرگانان و بازاری‌ها و درس‌خواندگان جدید همه در این جنبش همراه گشتند[۳۲]. وزیر دولت اعتمادالسلطنه می‌نویسد: «مردم از زن و مرد و عالم و عامی در این کار سخت ایستاده‌اند[۳۳]».

در حقیقت این خود نمایانگر عصیان مردم در برابر بی‌توجگی‌های دولت است و این‌طور که مشخص است تا بدین‌جا هیچ ربطی به فتوای "میرزای شیرازی" و دخالت معممین در این جنبش نداشته. دولت ناصری که در ارتباط تنگاتنگ با ملایان به ایران فرمانروایی می‌کرد نزد مردم بی‌اعتبارگشته بود. در واقع بایدگفت: اعلامیه‌هایی که خطاب به دولت ناصری و بزرگان مملکت و معممین انتشار می‌یافتند. نه فقط از معانی دینی دور بودند، بلکه طبقه‌ی "ملایان" را مورد انتقاد قرار می‌دادند، گویاتر از همه، اعلان دیواریی است که مردم پایتخت خطاب به "ارباب عمائم" نوشتند و گفتند: «سؤال می‌کنیم آیا شما از وضع مملکت خبر دارید؟ آیا از حالت این رعیت آسایش ندیده که از دسترنج خود، شما را صدرنشین کرده آگاهید یا خیر؟ این ملت، آقایان را بهترین نعمات، زن‌ها، عمارات، لباس‌ها، اسب‌ها، و باغات و املاک بخشید، و خود ذلّت را قبول کرده. کرورها بابت تحصیل آقایان خرج نموده، اما شما آقایان توجهی به

حال این ضعیفان کرده‌اید و کجا در صدد جلوگیری از ظلم‌های بی‌حساب برآمده‌اید؟ عجبا که هرگاه صدای دَفی در خانه‌ی فقیری بلند شود، رگ امر به معروف حضرات آیت‌الله به حرکت درآمده، لشکر طلاب تا ریختن خون صاحبخانه ایستادگی می کنند. اما فریاد مظلومان که در زیر چوب و فلک... بلند می‌شود، آقایان را کک نمی گزد و گویا از عادیات است[۳۴]».

و اما در رابطه با فتوای میرزای شیرازی و یا مخالفت ملای آشتیانی با انحصارنامه‌ی توتون و تنباکو آن‌هم خیلی دیر، باید‌گفت: برخی از روشنفکران آن روز، از جمله میرزا آقاخان کرمانی با آن‌که بارها بی‌اعتقادیش را نسبت به طبقه‌ی ملایان اعلام داشته بود، ولی در این مرحله به ضرورت سیاسی، استمداد از علما را لازم می‌دانست و در نامه‌ای که برای ملکم‌خان می‌نویسد استدلال می کند: «چون هنوز در مردم ایران فیلسوفی قوت ندارد و همه‌ی مستضعفین محتاج فناتیزم هستند... برای اصلاح حال آن‌ها پاره‌ای وسایل به نظر می‌آید و آن این است که اگر از طایفه‌ی نیم زنده‌ی ملایان تا یک درجه‌ی محدودی معاونت بطلبیم احتمال دارد زودتر مقصود انجام گیرد[۳۵]».

البته توجه آقاخان به واقعیت جامعه‌ی سنتی که اهالی‌اش دچار تعصب‌اند بسیار مهم است ولی نظریه‌ی وی در رابطه با یاری گرفتن از صنف ملایان مردود است زیرا «ملایان به عنوان طبقه‌ی اجتماعی بطورکلی همان اندازه فاسد بودندکه دولتیان قاجار، دیگر این که هرگاه قدرت سیاسی را ملایان قبضه می کردند، هیچ دلیل عینی نداریم که به تأسیس حکومت اصلاحگر مترقی برمی‌آمدند! اما دلایل کم نیستندکه هر دولت روحانی ذاتاً خصلت ارتجاعی داشته باشد[۳۶]». چنان‌که در انقلاب ۵۷ ایران بر همگان ثابت گشت که هرگاه معممین قدرت کامل را در دست بگیرند یک حکومت کاملاً خشن ارتجاعی و استبدادی را برای ملت به ارمغان می‌آورندکه خالی از هر نوع احساس میهن‌پرستی و ملی گرای است.

سرانجام در ارتباط با نقش معممین در انقلاب توتون و تنباکو باید‌گفت: که

ملایان نقشی که نداشتند، هیچ، بلکه بیشتر با حکومت همراه گشتند تا با ملت چنان‌که «آیت‌الله آشـتیانی از شـاه رشـوه گرفت و پای منبر مردم را به "استعمال" تنباکو فرا خواند[۳۷]». گفته می‌شود که سیدجمال‌الدین اسدآبادی، سید شیرازی را به صدور فتوا واداشت. درباره‌ی سیدجمال‌الدین سخن بسیار است که در جای دیگر به آن خواهیم پرداخت. اما در رابطه با جنبش "رژی" می‌توان گفت که وی پشتیبان بازرگانان و تجار بود، چرا که اطراف سیّد را بازرگانان گرفته بودند و «میزبانان او در شهرها بازرگانان بودند[۳۸]». در واقع سـید «منافع اهل سرمایه و تجارت را در نظر داشت[۳۹]». به همین جهت به حمایت از آن‌ها ظاهراً با "رژی" درافتاد. «اما درباره‌ی نامه‌ی سید به مرجع شیعیان، تاریخ نامه خودگواه است که وقتی سیّد دست به قلم شد، قائله تنباکو در برخی شهرها پایان گرفته بود، در آذربایجان امتیاز را لغوکرده بودند و آن فتوای مشهور صادر شده بود[۴۰]».

بنابراین چنان‌که تا بدینجا آوردیم جنبش مردم علیه امتیازنامه‌ی دخانیات صورت گرفته بود که پس از آن معممین به میدان آمدند و "مسئولیت حکم ساختگی را به‌گردن گرفتند".

اما نکته بسیار حائز اهمیت آن است که خانم هما ناطق پژوهشگر ارجمند ما در تحقیقات جدید و مستندی که به عمل آورده‌اند، توضیح می‌دهندکه "فتوای میرزاحسن شیرازی در تحریم دخانیات" جعلی است و درکل چنین فتوایی از سوی سید شیرازی در تحریم "رژی" صادر نشده است و می‌نویسد: «اما در رابطه با خود فتوا. امروز می‌دانیم و اسناد تجار را در دست داریم که "آن فتوا از سوی سید شیرازی نبود" حتی شیخ حسن کربلایی که خود معمم بود و در جنبش تنباکو حضور داشـت، در رساله‌ی «دخانیه» این نکته را تصریح کرده است و این را بی‌آوریم که کتاب ابراهیم تیموری (امتیاز رژی یا اولین مقاومت منفی در ایران) و اثر زنجانی (جنبش تنباکو)، هر دو سر به سر رونویسی اسناد شیخ کربلایی و دزدی* محض است. شیخ در رساله‌ی خود بی‌غرضانه می گوید:

*ـ دکتر فریدون آدمیت نیز درباره کتاب "اولین مقاومت منفی در ایران" نوشته "ابراهیم تیموری" نوشته‌اند: که وی کتاب خود را از روی کتاب "اسناد تاریخ الدخانیه" نوشته‌ی "شیخ حسن کربلایی" رونویسی ←

"منشاء جعل" آن فتوا، حاجی کاظم ملک‌التجار و بازرگانان دیگر بودند. اسناد تجار نیز همین نکته را تائید می کنند.

همان رساله معترف است که در جنبش تنباکو "ارباب عمائم" با حکومت همراهی کردند. علمای تهران گفتند لغو امتیازنامه "دفع فاسد به افسد است". در شیراز روحانیون "قبول ریاست عارضین کسبه و تجار را ننمودند" و "مردم علیه علما شوریدند". در تبریز همراهی اهل دین و دولت چنان بالا گرفت که مردم، تهدیدنامه، به دیوارها زدندکه "هر یک از علما راکه باکمپانی همکاری کند، می کشیم" چنان که فریدون آدمیت آورده است، در این شهر اعلان دیواری نوشتند، بدین مضمون: «علمای شهر! قانون، قانون شرع است نه قوانین فرنگی، لعنت بر علمایی که با ملت همکاری نکنند، لعنت برکسانی که جان و مال‌شان را فدا نکنند، هرکدام از علماکه با مردم همراه نباشند، جانش را از دست می‌دهد. لعنت برکسی که یک مثقال تنباکو به فرنگی بفروشد، لعنت بر پدرکسی که این اعلان را پاره کند. درکرمان به دنبال آن فتوای جعلی، که خبرش رسیده بود مردم دست از قلیان کشیدند، اما تجارگزارش دادند: "هنوز از جانب مجتهدین و علما نفی نشده است". در مشهد، آیات عظام مرکب از شیخ محمد رحیم، محمدتقی، حبیب‌الله حسینی به سرکوب جنبش برآمدند. در تلگراف خود به امین‌السلطان صدراعظم، "ارازل و اوباش" راکه علیه "منویات ملوکانه" و علیه امتیاز برخاسته بودند، نکوهش کردند، اعلیحضرت را "امیدواری" دادندکه آن غائله را با "همراهی سایر علما" خاموش خواهندکرد، به عنوان مثال، در یکی از تلگراف‌ها نوشتند: این کسبه تنباکو فروش و بعضی اوباش که از امور دولت و ملت خبر ندارند و جهت قضیه را درست نمی‌فهمند، رفتار جاهلانه‌ای داشتندکه موجب تغییر خاطر اعلیحضرت اسلام‌پناه گشت. ما دعاگویان به آرام کردن مردم پرداختیم و به شکر خداوند... وکفایت تدبیر صاحب دیوان، ساکت و پراکنده شدند. ما در همه امور اطاعت اوامر شاهنشاه اسلام‌پناه را بر خود واجب می دانیم[۴۱]».

← کرده‌اند، بدون آن که توضیح دهد منبع متعلق به چه کسی است. دکتر آدمیت این کار را یک سرقت ادبی دانسته‌اند. (ایدئولوژی نهضت مشروطیت ایران، زیرنویس صفحه ۳۶).

در واقـع چنان‌که پیش‌تر نیز آوردیم اگرچه ناصرالدین شـاه معممین را به خود برکشید و تا حتی ماهیانه مبلغی به نام "سهم امام" به آن‌ها پرداخت می‌گردید، ولی در جنبش تنباکو همکاری ملایان با شاه تنها به دلیل حمایت از اعمال دولت نبود بلکه معممین مانند همیشـه در خدمت اسـتعمار نیز بودند و اکنون وظیفه خود را در برابر رشوه‌هایی که می‌گرفتند، انجام می‌دادند. فقط در اصفهان بود که برخی از ملایان با کسبه هم‌صدا شدند «اما به قول شیخ کربلایی، این هم‌صدایی به جای دیگر سرایت نکرد، زیرا در این ولایت آخوندان را رتبه‌ی متبوعیت عمومی نبودی تا کلمه‌ی ایشان را در سایر ممالک نفوذ تواند نمود... عصیان علیه کمپانی را کسبه، زارعین تنباکو، و دکان‌داران برانگیختنـد به این علت که مطابق مـواد امتیازنامه آنان از خرید و فروش تنباکو منع شدند. و چون تنباکوی درجه ۲ و ۳ یعنی غیرصادراتی را در دست داشتند، کمپانی محصول را روی دست‌شان گذاشت و نخرید و در نتیجه این گروه را به بیکاری و ورشکستگی کشاند و جنبش تنباکو درگرفت[۴۲]».

در نتیجه چنان‌که روشـن گشت نه تنها رهبری انقلاب توتون و تنباکو با معممین نبود، که دسـتگاه رهبری شیعه با شـاه قاجار و حکومتش و همچنین با دول بیگانه و در پی منافع آن‌ها، همکاری و یاری رسـانیده بود. روی‌هم رفته "متولیان دین عربی" در طول تاریخ ۱۴۰۰ سـاله ایران هرگز در پی منافع ملی جامعه نبودند، بلکه آنچه آن‌ها خواهانش بودند، قدرت بیشتر و منافع شخصی خود بود و در راه رسیدن به این مقصود از سرسپردگی و همکاری با بیگانگان و دول استعمارگر، کوچک‌ترین باکی نداشتند.

فهرست منابع:

۱. ناطق، هما، بازرگانان در داد و ستد با بانک شاهی و رژی تنباکو (برپایه‌ی آرشیو امین‌الضرب)، انتشارات خاوران، چاپ اول، بهار ۱۳۷۱، صفحات ۲۵ و ۲۶
۲. همانجا، صفحه ۲۶
۳. همانجا، صفحه ۳۰
۴. همانجا، صفحه ۳۱
۵. همانجا، صفحه ۳۳
۶. بازرگانان در داد و ستد با بانک شاهی و رژی تنباکو، یاد شده صفحه ۷۳
۷. همانجا، صفحه ۷۴
۸. همانجا، صفحه ۷۵
۹. همانجا، صفحه ۷۶
۱۰. همانجا، صفحه ۷۷
۱۱. بازرگانان در داد و ستد با بانک شاهی و رژی تنباکو، یاد شده، صفحه ۷۷
۱۲. همانجا، همان صفحه
۱۳. همانجا، صفحه ۸۸
۱۴. همانجا، صفحه ۸۷
۱۵. همانجا، صفحه ۹۰
۱۶. همانجا، صفحه ۹۰
۱۷. همانجا، همان صفحه
۱۸. روزنامه خاطرات اعتمادالسلطنه، مقدمه و فهارس: ایرج افشار، انتشارات امیرکبیر، چاپ سوم، ۲۵۳۶، صفحه ۶۷۷، جمعه ۱۱ جمادی‌الاول، سنه ۱۳۰۷ قمری.
۱۹. بازرگانان در داد و ستد با بانک شاهی و رژی تنباکو، یاد شده، صفحه ۹۳
۲۰. همانجا، صفحه ۱۰۹
۲۱. آدمیت، فریدون، ایدئولوژی نهضت مشروطیت ایران، چاپ اول، انتشارات پیام، صفحه ۳۵
۲۲. همانجا، همان صفحه
۲۳. ایدئولوژی نهضت مشروطیت ایران، یاد شده، صفحات ۳۵ و ۳۶
۲۴. همانجا، صفحه ۳۶
۲۵. همانجا، همان صفحه
۲۶. همانجا، صفحات ۳۶ و ۳۷
۲۷. همانجا، صفحه ۳۷
۲۸. همانجا، همان صفحه
۲۹. ایدئولوژی نهضت مشروطیت ایران، یاد شده، صفحه ۳۷

۳۰. همانجا، صفحه ۳۸
۳۱. همانجا، صفحات ۳۸ و ۳۹
۳۲. همانجا، صفحه ۳۹
۳۳. همانجا، همان صفحه
۳۴. هما، ناطق، الفبا، یادشده، صفحه ۵۱
۳۵. آدمیت، فریدون، ایدئولوژی نهضت مشروطیت ایران، یاد شده، صفحه ۳۰
۳۶. همانجا، صفحه ۳۱
۳۷. الفبا، یاد شده، صفحه ۵۲
۳۸. همانجا، همان صفحه
۳۹. همانجا، همان صفحه
۴۰. همانجا، صفحات ۵۲ و ۵۳
۴۱. الفبا، یاد شده، صفحه ۵۳
۴۲. همانجا، همان صفحه

ای اهل ایران، اگر از نشئه‌ی آزادیت وحقوق انسانیت خبرداربودی، متحمل این نوع عبودیت و رذالت نمی‌شدی....

فتحعلی آخوندزاده

«عصر مشروطیت»

در نیمه‌ی دوم دوران سلطنت ناصرالدین‌شاه، به علت سفرهای شاه به فرنگ رابطه‌ی ایرانی‌ها با ممالک اروپایی به‌طور ترمزناپذیری برقرارگشت و در نتیجه بخشی از جامعه ایران با رشد و پیشرفت این کشورها آشنا گشته و به روشنگری پرداختند. حال آن‌که چرا این روشنفکران و روشنگران و مصلحان ارجمند نتوانستند آن‌طور که باید از عهده‌ی وظیفه تاریخی خود برآیند و بدان درجه از موفقیت دست نیابند، عللی داشت که مهمترین آن این بود که، یا این طلایه‌داران تفکر در زیر سایه‌ی سهمناک و تیغ خونریز پاسداران مذهب قرون وسطایی، مجال بالیدن نیافتند و یا خود گرفتار و متأثر از اندیشه‌های واپس گرایانه‌ی مذهبی بودند. برای درک بهتر این مطلب، مروری می‌کنیم بر اندیشه پنج تن از سرآمدان روشنفکران و روشنگران دوران پیش از انقلاب مشروطه. این پنج تن عبارتند از: "میرزافتحعلی آخوندزاده"، "میرزا طالبوف تبریزی"، "میرزا ملکم‌خان ناظم‌الدوله"، "سید جمال‌الدین اسدآبادی یا (افغانی)"، و "میرزا آقاخان کرمانی". که به باور اغلب تاریخ‌نگاران ما، این پنج تن از پایه‌گذاران انقلاب مشروطیت ایران بوده‌اند. در سطور زیر، انگیزه‌ی روشنگری و تأثیر این روشنفکران بر

جامعه و میزان موفقیت‌شان را وارسی می‌کنیم.

میرزا طالبوف تبریزی و ملکم‌خان ناظم‌الدوله را می‌توان در یک مجموعه بررسی کرد. ولی از آنجایی که جمال‌الدین اسدآبادی و آقاخان کرمانی و فتحعلی آخوندزاده، هرکدام به چهره و مقام تاریخی متفاوتی ظاهر شده‌اند. از این رو به این سه شخصیت جداگانه خواهیم پرداخت.

طالبوف و ملکم در دوران سلطنت ناصرالدین شاه زندگی می‌کردند و انگیزه روشنگری آن‌ها روند اضمحلال و فلاکت ایران بوده است.

طالبوف* می‌نویسد:

«چهل کرور نفوس خود را زنده پنداشته‌اند و حال آن‌که جَسَد ملیت ایشان... کمتر از نقطه ذره‌بینی شده است. اخلاق فاسده، عمومی است. که غیر از سکنه این خاک، هوای محیط و نبات این مملکت را فاسد و مسموم ساخته[۱]».

طالبوف یکی از دلایل پیشرفت غربیان را در وطن‌پرستی آن‌ها می‌یابد، در صورتی که ایرانی‌ها با آن بیگانه هستند:

«درکشورهای مغرب... از فقیر و غنی معنی "حُبّ وطن" را در مَسلک واحده

*ـ میرزا عبدالرحیم طالبوف تبریزی ازگویندگان و نویسندگان نوگرای ایران و از معماران فکری جنبش مشروطه‌خواهی ایران بود. وی در خانواده‌ی متوسط پیشه‌وری در محله‌ی سرخاب تبریز در سال ۱۲۵۰ قمری به دنیا آمد. در شانزده سالگی به تفلیس که آن زمان کانون انقلابیون و روشن‌اندیشان بود رفت. و زبان و ادبیات روسی را آموخت و از این طریق با دانش و معارف جدید غربی آشنا شد. طالبوف در دانش اجتماعی و سیاسی در درجه‌ی اول به آثار متفکران فرانسوی و انگلیسی قرن هجدهم و نوزدهم توجه داشت و به اسم و رسم از آن‌ها نام برده است. وی با زبان و ادبیات وسیع ترکی بزرگ شده بود، زبان فارسی را در مکتب یا مدرسه فراگرفته بود. نثر فارسی او ساده و زبان‌دار است. این اندازه عربی می‌دانست که عبارات و احادیثی را به جا بیاورد. جالب توجه است که همه آثارش را از ۵۵ سالگی به بعد نوشته است. در سال ۱۳۱۷ به تهران آمد و به سفر عتبات و حج رفت. در سال ۱۳۲۴ از تبریز به نمایندگی مجلس شواری ملی انتخاب شدکه نپذیرفت. او از یاری دادن به هم‌میهنان تنگدست سرگردان که در خطه‌ی قفقازکم نبودند، دریغ نداشت. در بیان اندیشه‌های اجتماعی روی‌هم رفته دلیر بود. وی در سال ۱۳۲۹ درگذشت.

فهمیده‌اند[۲]». ولی «ما ایرانیان جزو هزار بدبختی دیگر از "محبت مقدسه‌ی وطنی" بیگانه گشته‌ایم[۳]».

طالبوف علت را متوجه گشته، اما معلول را درک نکرده است. چرا که در این هنگام ایرانیان دیگر "ملت ایران" نبودند، بلکه به "امت اسلام" بدل گشته بودند. یعنی مذهب‌زدگی جامعه مانع بیدار شدن عرق ملی شده بود.

طالبوف "ناپاکی جسمانی" را قرینه‌ی "آلایش معنوی" می‌شمرد و بدین شناخت نیز دست می‌یابد که علت "ناپاکی جسمی" فقر نیست، بلکه آلودگی فرهنگی است و چنین می‌نویسد:

«قرینه‌ی آلایاش معنوی ما ناپاکی جسمانی است. زندگی روزمره‌ی تقریباً تمام طبقات، دارا و ندار، درکثافتکده می‌گذرد. علتش فقر نیست، فرهنگ اجتماعی است. حمام که برای نظافت ساخته شده کانون کثافت است، خزینه‌ی حمام که برای پاکی است محفل نشو و نمای میکروب‌های هرگونه امراض، مطبخ کثیف‌تر از "تون" حمام، مسافرخانه همسایه طویله‌ی دواب است پر از عقرب و رطیل و ساس و شپش که جست و خیز می‌کنند. از پوشاک بگوئیم: پیراهن تا سجاف، چرک و سیاه نگردد عوض کردنش جایز نیست، جوراب تا نگندد نباید از پای بیرون آورد، دستمال که صدبار دماغ را پاک کرده‌اند لفافه‌ی میوه و سبزی است که از بازار می‌خرند... اعیان و تجار ایوان منقّش می‌سازند و چلچراغ آویزان می‌کنند اما از ده قدمی‌اش عفونت صادر می‌شود. روزی بیست من برنج می‌پزند اما صابون در مطبخ حکم اکسیر است، لحاف مخمل و اطلس می‌دوزند اما بوی عرق آن خواب را بر هر جنبده‌ای حرام می‌کند[۴]».

البته واضح و مسلم است که مقام و اهمیت یک روشنگر اجتماعی بیشتر در آن است که ابتدا نشان دهد چگونه می‌توان از بن‌بست اجتماعی بیرون رفت و نظریات او تا چه حد در بهبود اوضاع مؤثر است، وگرنه انتقاد ازگرفتاری‌های جامعه، نه تنها تأثیر مثبت ندارد بلکه برشمردن ناتوانی‌ها و ضعف‌ها به خودی خود مخرّب است، نه

سازنده، چنان‌که در طول تاریخ معاصر رهبری شیعه، اغلب قدرت‌طلبی و ستیزه‌جویی خود را در پشت انتقاد و خرده‌گیری از هرکس و هر چیز پنهان ساخته است.

متأســفانه بایدگفت: بیشتر روشــنگران ما نیز به دلیل مذهب‌زدگی‌شان در بیان انتقادات جسورانه‌تر بوده‌اند تا ارائه راه برون رفت. این ضعف را در آثار طالبوف نشان می‌دهیم. طالبوف در انتقاد وضعیت موجود می‌نویسد:

«هیئت وزراء برپا ســاخته‌ایم ولی آن اســم بی‌مسماست. نه دستگاه وضع قانون داریم، نه مدرسه‌ی تعلیم قانون،... تجارت ما اقتضای داشتن وزارت تجارت نمی‌کند، نه معارف ما وزارت معارف و نه قشــون ما احتیاج به وزارت لشکر دارد. صدارت ما "مسند بی‌سند" است و دستگاه ظلم و استبداد همچنان پابرجا... پیش از این "معرّب" بودیم، حال به دوره‌ی تقلید فرنگیان رسیده‌ایم... آنان‌که از فرنگستان بازگشتند،... به نشر اراجیف و تقبیح سنت‌های نیاکان روی آوردند،... گروه تربیت یافتگان جدید هم که به وطن آمدند یا "معلم احمق" شدند و یا بیکار و سرگردان درکوچه‌های پایتخت پرسه زدند... برای مملکت اشخاص عالم لازم است و برای تربیت آنان باید مدارس عالی ترتیب دادکه نوباوگان به فرنگستان نروند و فرنگی‌مآب برنگردند بلکه درخیال ترقی ملت، خود را مسئول بشناسند[۵]».

طالبوف متوجه‌ی این امر نیســت که فرنگ‌رفتگان ما، خود به دلیل شیعه‌زدگی، ناتوان از آموختن بوده‌اند و در ایران "ارباب عمائم" یعنی پاسداران جهل و خرافات، آن‌ها را به بی‌کاری و ســرگردانی کشاندند. وانگهی وی روشن نمی‌کندکه آموزگاران این "مدارس عالی" را باید ازکجا بی‌یابند و ازکدام سرچشمه‌ی اندیشه باید بنوشند؟ روی‌هم رفته طالبوف گرفتار درهم اندیشی است، زیرا از سویی خواهان پیشرفت و ترقی ایران است و از سوی دیگرگرفتار اندیشه‌های واپس گرایانه، چنان‌که می‌نویسد:

«وقت است که ما قدری خدا و رسول را بشناسیم، معنی احکام را بدانیم، بدعت و تحریف را از اصلاح و تکمیل فرق بدهیم[۶]»!

وی به حقوق دگراندیشان و اقلیت‌های مذهبی چندان توجهی ندارد و می‌نویسد:

«ایران یک مملکت، یک ملت، یک مذهب است که احتیاج و منافع‌شان واحد و واحد است[۷]».

روی‌هم رفته باید گفت: که روشنگری طالبوف و ملکم، چون از مقابله با عامل اصلی عقب‌ماندگی ایران یعنی "مذهب" طفره رفته‌اند، چندان مفید واقع نگشت. نمونه‌ی بارزتر ملکم خان است.

ملکم خان* پسر میرزا یعقوب‌خان مترجم زبان روسی بود که در ۱۰ سالگی پدرش وی را برای تحصیل به اروپا فرستاد[۸]. ملکم جمعاً ۲۱ سال از عمر خود را در ایران به سر برد. وی با آن‌که به دلیل دانستن زبان‌های خارجی به شدت مورد نیاز دربار بود، ولی برای آن‌که ناصرالدین شاه او را بپذیرد می‌بایست به دین اسلام مشرف می‌شد.

ملکم تازه مسلمان در اسلام‌نمایی چنان تلاش می‌کرد، که وقتی شنید پدرش را در اسلامبول در قبرستان ارامنه به خاک سپرده‌اند، از ایتالیا به اسلامبول رفت و جسد پدر را به قبرستان مسلمانان انتقال داد[۹]. وی کوشش می‌کرد پیشرفت‌های غرب را در لفافه‌های اسلامی به خورد مردم دهد. و آن‌جا که از ضرورت قانون برای جامعه سخن می‌گوید، می‌کوشد ثابت کند که گفته‌هایش با شریعت منطبق است و خاستگاه قوانین جدید را در اصول اسلام باید جُست و می‌نویسد:

«وقتی در این باب با علمای فرنگستان حرف می‌زنیم، معلمین معروف... می‌گویند: بدبختی ملل اسلام در این است که اصول بزرگ اسلام را گم کرده‌اند. همین آزادی

*ـ "میرزا ملکُم‌خان" یا "ملکَم‌خان" (۱۸۲۳-۱۹۰۸) ارمنی‌زاده‌ای است که ظاهراً به دین اسلام گرویده است. از سال ۱۸۵۰ تا ۱۹۰۸ که سال درگذشت اوست زندگی‌اش در فعالیت‌های سیاسی و دیپلماتیک سپری شد. از سال ۱۸۷۳ تا ۱۸۸۹ سفیر ایران در لندن و از ۱۸۹۸ تا ۱۹۰۸ سفیر ایران در ایتالیا بود. مؤسس خط تلگراف در ایران ۱۸۵۸، لژ ماسونی ۱۸۵۹ هموست ملکم در حدود ۲۸ اثر تألیف نمود که در تمام این آثار تأثیر ولتر، روسو، منتسکیو و به‌ویژه کنت و استوارت میل مشاهده می‌شود. اما تأثیر این متفکران بر ملکم تنها در حوزه‌ی آراء سیاسی و اقتصادی و اجتماعی است به معنی دیگر ملکم نه فیلسوف و نه جامعه‌شناس، بلکه سیاستمدار بود.

کلام و قلم که کل ملل متمدّنه اساس نظام عالم می‌دانند، اولیای اسلام به دو کلمه‌ی جامعه برکل دنیا ثابت و واجب ساخته‌اند: "امر به معروف و نهی از منکر[۱۰]"»!

ملکم در اسلام‌پناهی تا بدانجایی پیش می‌رودکه هما ناطق می‌نویسد:

«نخستین طرح حکومت اسلامی با شعار "الله‌اکبر" به یاری نیروی "حزب‌الله" به دست ملکم آفریده شد و برای اولین‌بار چنین واژه‌هایی به مدونات سیاسی ایران راه یافت[۱۱]».

البته در طرف دیگر، قدرت تهاجمی و فلج‌کننده‌ی حاکمیت شیعه را نباید در مقابل این "روشنگران" فراموش کرد. زیرا این حاکمیت، همین روشنگری ناقص را نیز نمی‌توانست تحمل کند. چنان‌که کسروی می‌نویسد: «برخی از ملایان، چنان‌که شیوه‌ی ایشان بود، طالبوف را "تکفیر" کرده و مردم را از خواندن کتاب‌های او باز می‌داشتند[۱۲]».

ملکم هم با تمام اسلام‌نمایی‌هایش، ارمنی‌زادگی‌اش از سوی ملایان هیچ‌گاه بخشوده نشد و از این‌که ناصرالدین‌شاه «از هر جهت از او راضی بود و او را "نوکر خوب و بامعنی" خود می‌خواند[۱۳]» سخت مورد تنفر رهبری شیعه قرارگرفت. ملکم‌خان در همان ابتدای سلطنت ناصرالدین‌شاه با برپا داشتن "فراموشخانه" تلاش کرد اندیشه‌های تجدّد جویانه و قانون‌خواهی را در بین جناح مترقی دربار رسوخ دهد. داوری درباره‌ی "فراموشخانه" از حوصله‌ی این نوشتار خارج است. اما نکته حائز اهمیت آن است که اعضای آن توسط توطئه معمّمین مورد غضب شاه قرارگرفتند.

دولت‌آبادی می‌نویسد: «می‌شنوم یکی از روحانیون بزرگ و طماع... برای اکتشاف حقیقت این امر به تزویر وارد شده شاه را از عاقبت این کار وحشتناک نموده است[۱۴].»

اهل دین خود دلیل این توطئه‌چینی را چنین بیان می‌کند:

«کار ایران به جایی رسـیده که ترسا بچه‌ی باده‌فروش... به خیال تغییر اوضاع سلطنت اسلام افتاده و با چند از رجال ساده‌ی هم مشرب باده با هم ساخته، پادشاه را به قانون فرنگیان ترغیب نموده است. شگفت این که "افسانه و افسون" او بر دل شاه اثر نهاده و سخن او را "الهام غیبی و تائید ربانی" دانسته و سلطنت را "به فکر قوائد فرنگیان" انداخته، نکند حیله‌ی این مرد بگیرد و فتنه در مملکت حادث شود[۱۵]».

به غیر از تسلط فلج کننده‌ی رهبری شیعه، آن‌چه نفوذ همین روشنگری‌های محدود را غیرممکن می‌ساخت، این واقعیت دردناک بود که رفتار و کردار این روشنگران با گفتارشان چندان همخوانی نداشت. چنان‌که طالبوف برای اقدام هرکاری از جمله شرکت در مجلس شورای ملی "استخاره" می‌کرد[۱۶]! دردناک‌تر کارهای میرزا ملکم‌خان بود که «از ۷۷ سال عمر خود ۴۰ سال را به درستی در خدمت دیوان و در طلب نشان و لقب و امتیاز و مقام گذارند[۱۷]».

ملکم زمانی مخالف دولت شد و روزنامه‌ی "قانون" را منتشرکرد که مورد غضب ناصرالدین شاه واقع گشـت و مقام و منصبش را از دست داد. ماجرا از این قرار بود که در سـفر سوم ناصرالدین شـاه به فرنگ، ملکم موفق شد امتیاز لاتاری و تأسیس قمارخانه در ایران را به نام خود بگیرد. اما این امتیاز به تحریک صدراعظم* و مخالفت معممین لغو شد و ملکم امتیاز باطل را در برابر ۲۰/۰۰۰ لیره به شرکت انگلیسی فروخت وکارش به دادگاه کشید، از این تاریخ (۱۶ مارس ۱۸۹۰**) ملکم تمام القاب خود را از دست داد و درصدد انتقام برآمد و نامه‌ی تهدیدآمیزی به صدراعظم نوشت و به دنبال آن نخستین شماره‌ی "قانون" را در ۲۰ فوریه ۱۸۹۰ منتشرکرد[۱۸]. لازم به توضیح است که بیشـتر مقالات پرمغز و آگاهی‌دهنده‌ی نشریه‌ی "قانون" از میرزا آقاخان کرمانی بود. چنان‌که به انتقاد از "قانون" به ملکم‌خان نوشت:

---

*ـ در این هنگام "میرزا علی اصغرخان امین‌السلطان" معروف به اتابک اعظم، صدراعظم ناصرالدین شاه بود.

**ـ درکتاب "نامه‌های تبعید، میرزا آقاخان کرمانی" نوشته هما ناطق، تاریخ (۱۶ مارس ۱۸۹۰) نوشته شده، ولی تصور می‌رود این تاریخ درست نباشد چون ملکم‌خان امتیاز لاتاری در (۱۲ ژوئیه ۱۸۸۹) از ناصرالدین شاه گرفت.

«که هدف آن نشـــریه، پیش از شعار دادن و فحاشـــی کردن، باید آگاهی‌بخش باشد... روزنامه‌ی "قانون" از روی دلیل و سیاست و پولتیک حرف نمی‌زند تنها فحش می‌دهد. دیگر این که قوّت و شعشه عبارات آن نشریه کم است...[۱۹]».

اما پس ازکشته شدن میرزا آقاخان کرمانی توسط حکومت ایران، رویه‌ی ملکم‌خان این بود که «نخست روزنامه‌ی "قانون" را برای مدتی برچید. یعنی از شماره **۲۹** به بعد تعطیل کرد. توگویی که نه خانی آمد و نه خانی رفت... منتظر ماند تا ببیند باد ازکدام سمت می‌وزد و عاقبت کار چه می‌شود.

شـــماره جدید، به نام نامی مظفرالدین شـــاه جوان‌بخت آغاز شد... چنین بود که ملکم همه‌ی القاب و مناصب خود را پس گرفت و "قانون" را تعطیل کرد[۲۰]»!

بنابراین از ســـویی روشـــنگران ما فاقد ویژگی‌های بودندکه برای یک مصلح و آموزگار اجتماعی لازم اســـت و از سوی دیگر چون این روشنگران خود قادر نبودند به‌طور قاطع به مذهب مسلط بر جامعه پشت کنند و تنها به انتقاد از وضع موجود بسنده می‌کردند، در نتیجه راهنمایی‌های درســـتی را هم که ارائه می‌دادند به مرداب "تفکر اسلامی" سرازیر می‌گشت.

در رابطه با میرزا آقاخان کرمانی و ســـیدجمال‌الدین اسدآبادی، چنان‌که پیش‌تر اشاره شده. این دو در طیف روشنگران پیش از انقلاب مشروطه در عصر قاجار از مقام تاریخی متفاوتی برخوردارند. میرزا آقاخان کرمانی را به‌درســـتی از "نادره‌های زمان خود دانستندکه در ســـیر افکار مقام بزرگی داشته است[۲۱] "وی «نماینده‌ی کامل عیار فرهنگ ایرانی اســـت[۲۲]»، در حالی‌که سیدجمال‌الدین اسدآبادی درکل به اشتباه در زمره‌ی این شخصیت‌ها شمرده شده است. هر چندکه دست تاریخ برای مدت کوتاهی این دو را درکنار هم قرار داد!

ســـیدجمال‌الدین اســـدآبادی "کابلی" معروف به افغانی، درکل خود را ایرانی نمی‌دانســـت[۲۳]. و به طوری که خود حکایت می‌کند خانواده‌اش در افغانستان زندگی

می‌کردند[۲۴]. ولی با این حال حامیان ایرانی‌اش در اثبات این‌که وی ایرانی و متولد اسدآباد همدان است رساله‌ها نوشته‌اند! به هر روی نه زادگاه‌اش مشخص است و نه این‌که تا ۲۸ سالگی کجا بوده و چه می‌کرده است[۲۵].

در بزرگ‌نمایی وی نه تنها پاسداران اسلام در ایران و هند و عثمانی و مصر ستایش‌ها از او کرده‌اند، بلکه تاریخ‌نگاران ایرانی نیز بدین توهم دامن زده‌اند. فریدون آدمیت درباره‌ی او می‌نویسد:

«گرچه افکار و کارنامه سیاسی‌اش انضباط درستی ندارد... شاگردانش در مصر و هند او را می‌پرستیدند. در هند وی را "آزاد اندیشی از نوع آزاداندیشان فرانسوی و سوسیالیست" و مبلغ آئین آزادی و برادری، مساوات می‌شناختند[۲۶]». به دلائلی که خواهیم دید باید گفت: بیچاره شاگردانش در هند و مصر.

روی‌هم رفته سیدجمال‌الدین مرد با استعدادی بوده چنان‌که دولت‌آبادی می‌نویسد:

«نظر بجودت ذهن و قوت حافظه‌ای که داشت از هر خرمن خوشه‌ای برمی‌داشته و در موقع خود بکار برده نمایش می‌داده است[۲۷]».

آن‌چه مسلم است آن است که "جمال‌الدین افغانی" از سوی دولت بریتانیا مأموریت یافت تا در مشرق زمین خلافت اسلامی برپا کند[۲۸]. در واقع این یک طرح عظیم و مطالعه شده‌ای بود برای استقرار نفوذ استعمارگران که به عنوان امپراطوری اسلامی پیشنهاد شده بود و چنان‌چه به مرحله‌ی اجرا می‌رسید همه‌ی کشورهای مسلمان از شمال آفریقا گرفته تا دیوارهای چین مجتمع شده و با دست افزار مذهب آن‌چنان که در هند و مصر و ایران تجربه نشان داده بود به خدمت استعمار درمی‌آمدند. ابتدا سیّد خواست ناصرالدین شاه را برای تشکیل یک امپراطوری اسلامی بفریبد. وی با ناصرالدین شاه در سفر اروپا ملاقات نمود[۲۹] و "قاپ او را دزدید". احتمال نمی‌رود که شاه به او وعده‌ی صدارت اعظم را داده باشد. با این حال جمال‌الدین با این عنوان به روسیه رفت و به مذاکره و معامله با روس‌ها مشغول شد! هنگامی که سفارت

روس از دولت ایران در این‌باره پرسید، «جوابی که شنید، حاصل‌اش انکار این مسئله است که کسی به سید مأموریتی داده باشد یعنی هر چه گفته خودسرانه بوده است[۳۰]». ناصرالدین شاه پس از بازگشت از اروپا از این جسارت سید به خشم آمد و وی را که در شاه عبدالعظیم بست نشسته بود از ایران اخراج و به بصره تبعیدکرد[۳۱].

بنابراین در ایران تیر سـیّد به سـنگ خورد. پـس از آن جمال‌الدین از بصره به انگلسـتان رفت و بعد از مدتی اقامت در لندن در پی اجرای این مقصود به عثمانی مسافرت نمود[۳۲].

موفقیت بزرگ سیّد در عثمانی بود زیرا در آن‌جا سلطان عبدالمجید «که در خیال اتحاد اسلام ساعی بود به امید استفاده از فعالیت سید و نفوذ او در ممالک اسلامی او را در جوار خود جا داد[۳۳]» تا همه‌ی کشـورهای مسـلمان (حتی شیعه مذهب) را زیر "لوای اتحاد اسلامی" جمع‌آوری کند و دستگاه خلافت اسلامی را بار دگر زنده نماید.

در عثمانی جمال‌الدین انجمنی تشکیل می‌دهدکه «از طرف این انجمن غریب چهارصد مکتوب به تمام ممالک شیعه مذهب فرستاده می‌شود و بعد از چندی نزدیک دویست جواب به فارسی و عربی و غیره مساعد با مقصود به انجمن رسید و... سلطان از شدت خوشحالی سید را در آغوش کشیده صورت او را بوسید[۳۴]».

در واقـع پرداختن به فعالیت‌های سیاسـی سـیدجمال‌الدین افغانی در حوزه‌ی ملاحظات نگارنده نیست. تنها همین بس که در مدت سی‌سال زندگی فعالش هر جا که بوده، در افغانستان، هند، عثمانی، مصر، ایران، سودان، در درگیری‌های سیاسی دست داشته است و مسئله پرسش‌انگیز این است که، باکدام پشتوانه‌ای به چنین فعالیت‌هایی دست می‌زده و باکدام سرمایه‌ای به این کشورها از جمله روسیه، فرانسه، آلمان، انگلیس سفر می‌کرده و مقیم می‌گشته؟ نکته بسیار مهم و حائز اهمیت این که "مورخینی" که در برابر نفوذ اسـتعمار آن‌چنان حساسیت از خود نشان داده‌اندکه هر دولت‌مرد ایرانی را

که با خارجی تماس داشته، او را عامل استعمار دانسته‌اند. به سیدجمال‌الدین افغانی که می‌رسند، چون وی در پی برقراری "خلافت اسلامی" بوده است به یکباره دچار کور چشمی گشته‌اند! قدر مسلم آن‌چه تاریخ درباره سیدجمال‌الدین به ما می‌گوید، این است که وی بدون تردید نه تنها رئیس حزب برادران ماسونی (کوکب شرق*) بوده است که اعضای آن به ۳۰۰ تن می‌رسیده[۳۵]، بلکه سه بار به انگلستان سفرکرد و یک‌بار به دعوت نخست‌وزیر انگلستان مدت سه ماه میهمان حکومت انگلیس بود و با نخست‌وزیر و وزیر امورخارجه و وزیر هندوستان و وزیر مختار انگلیس در ایران و سایر مقامات بلندپایه دولت مزبور در باب اتحاد میان "عالم اسلامی و دولت انگلیس" مذاکره نموده است[۳۶]!

چنان‌که اشاره گشت کورچشمی "مورخین" بیشتر در دفاع از سید در ارتباط با "جنبش اتحاد اسلامی" ناشی می‌گرددکه هدف سیاسی آن، یعنی الحاق ایران به خلافت عثمانی، که در واقع کاملاً در جهت مخالف منافع ملی ایران قرار داشت. بنابراین ستایش‌گران جمال‌الدین افغانی باید از این لحاظ پاسخ‌گوی ملت ایران باشند.

اصولاً به چه معیاری می‌توان او را روشنگر و یا مصلح اجتماعی دانست؟ حقیقت امر آن است که عملکرد سیاسی سیدجمال‌الدین او را در ردیف لورنس عربستان و ادوارد براون، از زمره‌ی کارگزاران سیاست انگلیس در خاورمیانه قرار می‌دهد و مستعمره کردن این حکومت‌ها، و دامن زدن به توهم درباره‌ی اسلام که هدف اصلی این سیاست بوده است.

متأسفانه اغلب، این روشنفکران چپ ایران بودند، که بعداً ستیزه‌جویی و اسلام پناهی مخرب او را، نشان انقلابی گری‌اش دانسته‌اند! بطوری‌که احسان طبری با آن‌که به اسرارآمیز بودن او اشاره دارد باز هم شخصیت سیاسی او را در جهت ترقی و انقلاب خلق، ستایش می‌کند[۳۷]!

---

*ـ حزب "کوکب شرق" در مصر تشکیل شده بود که از محافل فراماسونی بود و سیدجمال‌الدین افغانی در سال ۱۸۷۸ میلادی به ریاست این حزب انتخاب گردید.

بنابراین بر پایه‌ی داده‌های تاریخی، سیدجمال‌الدین اسدآبادی (افغانی) در طیف روشنگران پیش از انقلاب مشروطه قرار نداشت.

اما میرزا آقاخان کرمانی*، بنیان‌گذار روشنگری در ایران، یکتا مورخ سده‌ی گذشته

*ـ میرزا عبدالحسین‌خان مشهور به میرزا آقاخان کرمانی (۱۸۹۶-۱۸۵۴ م) در خانواده‌ای سرشناس و نسبتاً صاحب مکنت و اهل علم و عرفان در قصبه‌ی مشیز از دهات بلوک بردسیرکرمان متولد شد. وی نماینده کامل عیار فرهنگ ایرانی است. تحصیلات اصلی خود را درکرمان تمام‌کرد ادبیات فارسی و عربی، تاریخ اسلامی و ملل و نحل، فقه و اصول و احادیث، ریاضیات، منطق، حکمت و عرفان، و طب قدیم را به شیوه‌ی آن زمان آموخت. همچنین زبان فرس قدیم و زند و اوستا و پهلوی را تحصیل کرد. نقاشی هم می‌کرد و نقشه‌ی جغرافیا و اسطرلاب را خوب می‌کشید. وی تا ۳۰ سالگی درکرمان زندگی کرد، میان میرزا آقاخان و حکومت کرمان اختلاف افتاد. تن به زورگویی نداد و ناچارکرمان را ترک کرد و مدتی در اصفهان و سپس در تهران و مشهد و رشت سرگردان بود. سرانجام عازم اسلامبول گردید (۱۳۰۳ق). در اسلامبول زبان انگلیسی را بیشتر آموخت، زبان ترکی اسلامبولی را هم یادگرفت و زبان فرانسوی را نیز تکمیل کرد و این کلید تازه‌ای بود که دنیای دانش و هنر جدید را به روی او گشود، آثار اندیشه‌گران عصر روشنایی را مطالعه‌کرد و در آرای فلسفی و علمی قرن هجدهم و نوزدهم تعمق نمود.

این دوره‌ی نمو شخصیت عقلانی و قریحه‌ی هنرآفرین میرزا آقاخان است. تحول فکری او همه‌جانبه بود، از قلمرو سخنوری ادبی دست‌کشید و به مکتب رئالیسم پیوست و به یک معنی از تقلید پیشینیان روی برتافت و به ولتر و روسو روی آورد. در اقلیم حکمت از فلسفه اولی برید و به فلسفه‌ی مادی و اصالت طبیعت گرائید. از بحث در مجهولات ذهن خسته شد، و داعی مذهب عقل گردید. به سنت تاریخ‌نویسی پشت پا زد، به تفکر در علل ترقی و تنزل ملل و فسلفه‌ی تاریخ پرداخت. در تمام رشته‌های هنر و دانش و فن، محور اندیشه‌هایش ترقی هیئت اجتماع بود. فقط روح بزرگ ناسیونالیسم او بود که روی‌هم رفته دست نخورده ماند. وی مدتی در روزنامه اخترکه در اسلامبول چاپ می‌شد و مخفیانه در ایران توزیع می‌شد مقالات انتقادی می‌نوشت و پس از آن با میرزا ملکم‌خان در انتشار روزنامه‌ی قانون و نشر مرام مکتب آدمیت همکاری داشت. به دلیل فعالیت‌های سیاسی آقاخان، دائماً حکومت ایران از حکومت عثمانی می‌خواست‌که او را دستگیرکرده و تحویل دولت ایران دهند. سرانجام پس ازکشته شدن ناصرالدین‌شاه سفیر ایران در عثمانی با دسیسه‌ای‌که به‌کار بست توانست سلطان عبدالمجید پادشاه عثمانی را نسبت به میرزا آقاخان و دو یار دیگرش شیخ‌احمد روحی و خبیرالملک بدگمان سازد، در نتیجه دولت عثمانی در ذیحجه‌ی ۱۳۱۳ هر سه نفر را به دست مأموران سرحدی ایران سپردند و در هفته‌ی اول صفر ۱۳۱۴ هر سه نفر را در تبریز باغ اعتضادیه شبانگاه زیر درخت نسترن سر بریدند. رشته‌ی حیات میرزا آقاخان در ۴۳ سالگی ناگاه بریده شد. وی به غیر از مقالاتش در روزنامه‌ی اختر تعداد ۲۰ کتاب و رساله تألیف و ترجمه‌کرده است. که نخستین اثر اوکتاب رضوان است این‌کتاب اثر ادبی است‌که در ۲۵ سالگی آن را درکرمان به تقلیدگلستان سعدی نوشته و آخرین اثر اوکتاب ریحان بوستان افروز می‌باشدکه گفتارش وسط یکی از حکایت‌ها قطع شده است معلوم است با دستگیری خود و یارانش آن را برای همیشه نیمه‌کاره گذارده. یکی از پرمایه‌ترین اثرات او "آینه سکندری" است‌که جلد نخست آن تاریخ ایران را از آغاز تا زوال ساسانیان و پیدایش اسلام نوشته و آن اولین تاریخ جدید علمی ایران باستان است به قلم یک مورخ ایرانی مبتنی بر مطالعات خود و تحقیقات دانشمندان اروپا. برای آگاهی بیشتر درباره‌ی وی نگاه‌کنید به‌کتاب (اندیشه‌های میرزا آقاخان کرمانی، نوشته دکتر فریدون آدمیت، صفحات ۱۳ تا ۴۸)

و منادی اخذ دانش و بنیادهای مدنی اروپایی و متفکر انقلابی پیش از مشـــروطیت اســـت. «از کلامش سراسر حکمت میترا بدو روح فلسفه‌ی ترقی‌پذیری و خوشبینی و انسان‌دوســـتی قرن نوزدهم آمیخته با فلسفه‌ی افلاطونی در آن نمایان است[۳۸]». «در آثارش تأثیر ژرف عقاید منتسکیو، روسو، آگوست کنت و هربرت اسپنسر نمایان است. با افکار لاک و هابز هم آشـــنا بوده[۳۹]». میرزا آقاخان در اشاعه افکار مترقی اروپایی کوشش نمود و مهم‌تر آن‌که وی برخلاف روشنفکران دیگری که نام بردیم، به درستی این افکار را درک کرده بود. ارزش روشنگری میرزا آقاخان در درجه نخست نه طرح افکاری اســـت که در آثار متفکران اروپایی نیز یافت می‌شـــود، بلکه در این است که سرچشمه و چگونگی برآمدن این افکار را در تاریخ و فرهنگ و مدنیت ایرانی نشان داده اســـت. چنان‌که وی در نوشـــته‌های خود توضیح می‌دهدکه چگونه سیرصعودی تاریخ و مدنیت ایرانی با تسلط اسلام متوقف و سپس به جاده‌ی نزول و انحطاط افتاده است. و می‌نویسد:

«آه آه که تازیان نه تنها همان تخت کیان و تاج کیقباد را گرفتند و بر باد دادند و نه [تنها] همان علَم کاویانی را سرنگون نمودند بلکه هر چه ملت ایران داشت به تاراج بردند و متدرجاً از ایشان ربودند. سلطنت و ثروت و سعادت و مدنیت وکیش و آئین و روش دین و خلق و خو و رنگ و رو و عادات آدمیت و اطوار انسانیت و علم و معرفت و هنر و صنعت و زبان و بیان و نوشـــیدن و پوشـــیدن و عیش و نوش بلکه تمام لوازم زندگانـــی ایرانی را تازیان بر بـــاد دادند و در عوض آن همه عادات خوب و مرغوب، اطوار وحشـــی گری و ظلم و بی‌مروتی و بیکاری و تنبلی و بی‌رحمی و خونخواری و توکل بر مجهول مطلق و نمازهای به عجز و زاری و نیازهای بی‌ثمر برای معدوم صرف و روزه‌هـــای بی‌معنی مضر پرمرارت به جهت موهوم محض... عرب‌ها امانت داده و ودیعت سپردند[۴۰].» وی شیفته‌ی تاریخ هخامنشی است و به جهات عظمت و خاصه مقام تاریخی آن خوب پی برده اســـت. آئین داد، اساس آزادی، احترام به عقاید دینی ملل مختلف، و قانون مشورت را در مملکت‌داری هخامنشیان می‌ستاید[۴۱] و می‌نویسد:

«مقصود حقیر این است که از ابتدای سلطنت ایران گرفته، در هر عصر مقتضیات و اسباب ترقی و تنزل دولت را شرح بدهم تا به این عصر حاضر...، امروز برای ایران چنین تاریخی خیلی لازم است اگرچه از برای نویسنده‌ی آن خطر جان است ولی بنده جان خود را در این راه می گذارم[۴۲]».

میرزا آقاخان کرمانی تاریخ پژوهیی است که علت عقب‌ماندگی و واماندگی ایران و ایرانی را از پیشرفت دریافته و آن را بیان کرده:

«افســوس افســوس از این ترقی معکوس ایران که پیدایشش از تازیان شده زیرا که وقتی بر ایران مســتولی شدند به ضرب شمشیر آئین عربیت را بر اعناق [گردن‌ها] گذاردند و جمیع کتب فرس قدیم و علوم ایران را سوختند و در عوض قرآن بهم ریخته و بی‌سر و ته به آنان آموختندکه یک جمله او را هیچ عجمی نمی‌فهمد، خواندن آن را ثواب شمرده "کفاناکتاب‌الله" [ما راکتاب خداکفایت می کند] را بعوام القاء کردند. نتیجه‌ی این عمل این‌که امروزه در تمام ایران یک ورق تاریخ صحیح نیســت و یک سطر علم مفید به حال ملت، چه از تجارت چه از صناعت و چه از سیاست و طبابت یا غیره موجود نیست[۴۳]». از آن‌جایی که محور اساسی تفکر تاریخی آقاخان در ستایش از فرهنگ، آئین و مدنیتی بود که در طول هزاران سال در ایران زمین رشدکرده بود و از هم پاچیدگی این مجموعه را دلیل واقعی بازماندن ایران از پیشرفت می‌دانست، سبب گشت که هم عمامه بسران و هم برخی از روشنفکران اتهاماتی غیرواقعی به او بزنند. چنان‌که نظر او درباره‌ی اسلام به عنوان "فرهنگ قبایل بدوی" را به "عرب ستیزی" نسبت دادند. از جمله ملک‌الشعرای بهار می‌نویسد:

«فکر عرب ستیزی در ایران از او نشأت کرد[۴۴]».

در صورتی که میرزا آقاخان نه تنها از تعصب نژادی کاملاً بدور بود، بلکه همان‌چیزی را هدف می گیرد که اسلام‌زدگان از غلبه بر آن عاجزند و آن همان اسلام شیعی ایرانی است. او درست همین اسلام را «درختی خشکیده و استخوانی پوسیده[۴۵]» می‌یابد:

«تا کی انتظار قائم را می کشـیدکه از جزیره خضراء دروغ درآید و شما را از این مذلّت برهاند[۴۶]». برخی دیگر مانند "جلال آل‌احمد" سـتایش آقاخان از فرهنگ و مدنیت ایران باستان را نشانه نژادپرستی او قلمداد می کند و او را "فاشیست" می‌خواند. «و در دلبری از آل عبا، خوانندگان را به خطرات اندیشـه‌های میرزا آقاخان هشـدار می‌دهدکه "بدجوری" اسـت زیرا این گونه افکار در مخالفت با روحانیت است[۴۷]». که این خود نمایانگر دشمنی "مذهب‌زدگان و عمامه بسران" با افکار ایران دوستانه‌ی اوست. که اتفاقاً همین دشمنی، مقام والای او را در دفاع از فرهنگ و مدنیت ایرانی تثبیت می کند.

در واقع میرزا آقاخان به درستی دلایل تکامل خردگرایی در اروپا را دریافته است که همانا تسلط بر باورهای مذهبی است و چنین می گوید:

«مسیحیان انجیل بی‌سر و ته را بوسیدند و بر طاق کلیسا نهادند و به دنیای علم و هنر قدم گذاردند و گرنه امروز "گداتر و فقیرتر و جاهل‌تر" از آن‌ها کسی نبود[۴۸]».

در حالی که این جنبه در ایران به علت تشکیل حکومت صفویه و برقراری مذهب شیعه نه تنها رشدی نکرد بلکه مسیر خلاف را طی نمود:

«حالا شما ظلم و ستم پادشاهان صفویه راکه به دستیاری ملاهای نادان اساس سـلطنت خود را در ایران خواستند پایدار نمایند و شیعه‌تراش شدند تصور فرمائید و عیب و ضرر و خساراتی که در سلطنت ایشان به ایرانیان رسیده ملاحظه نمائید تصدیق می‌فرمائیدکه آن‌چه صفویه کردند. چنگیزیان که سـد سکندر را شکستند و بر ایرانیان تاختند و آن‌قدر خون ریختند و فتنه انگیختند به قدر پادشـاهان صفویه که دِماغ‌های ایرانیان را ضایع و باطل و عمر آن‌ها را مهمل و عاطل ساختند نبودند[۴۹]».

فعالیت‌های سیاسـی آقاخان را می‌توان گفت: از اسـلامبول و نوشتن مقاله در روزنامه "اختر"* آغازگشـت این روزنامه «چنان شهرت و اهمیتی در ایران و قفقاز و

*ــ "اختر" نخستین روزنامه ایرانی است که به سبک جدید در اسلامبول پایتخت عثمانی چاپ ←

عثمانی و هندوستان و عراق به دست آورد که در بعضی از نواحی قفقاز مردم عوام، که روزنامه خواندن را کفر و گناه می‌دانستند، خواص را که به خواندن آن اشتیاق داشتند "اختری مذهب" می‌خواندند[۵۰]». مقالات انتقادآمیز آقاخان چنان خشم ناصرالدین شاه را برمی‌انگیخت که «گاهی پا بر زمین زده با تغییر می‌گوید آقاخان کرمانی، و لب‌های خود را می‌گزد وگاهی می‌گوید هرکس با آقاخان مکاتبه داشته باشد خانه‌اش را بر سرش خراب می‌کنم[۵۱]».

لازم به توضیح است که هنگامی که میرزا آقاخان در عثمانی بود مبارزات تبعیدیان ایران در آن کشور منحصر به دفاع از اسلام و مخالفت با دربار ناصری محدود می‌گشت. در حالی که فعالیت میرزا آقاخان بسیار فراتر می‌رفت. چنان‌که کتاب "سه مکتوب و صد خطابه" او، دو رساله‌ی انتقادی است به دین اسلام و حمله‌ی اعراب و آثار استیلای تازیان. وی در "سه مکتوب" بنیادهای سیاسی و اجتماعی و فرهنگی ایران را با توجه به سیر تاریخ مطالعه کرده، ایدئولوژی ناسیونالیسم ایرانی را پرورانده است[۵۲]. به همین جهت دشمنی ملایان و پاسداران اسلام بر علیه او برانگیخته شد. هنگامی که وی کتابی در عقاید فرقه شیخیه و بابیه نوشت، در اسلامبول بر او شوریدند که این شخص «دشمن دین و دولت و ملت است، باید او را سنگسارکرد[۵۳]».

به دلیل تنگ شدن میدان مبارزه بر میرزا آقاخان، سبب شد تا او جانب احتیاط را نگه دارد و آثارش را به نام دیگران منتشر نماید. خود میرزا آقاخان در این رابطه می‌گوید: «در اسلامبول امر مطبوعات خیلی سخت شده، حریّت افکار و آزادی قلم برای کسی میسر نیست[۵۴]». از این‌رو نامه‌های خود را کمتر امضاء می‌کرد و بیشتر نام "حسین افندی" و یا "عبدالحسین" را به‌کار می‌برده، از جمله در رساله‌ی "انشاءالله و ماشاالله" که از شاهکارهای نویسندگی او می‌باشد و به زبان طنز خرافات دینی و اوهام

← ومنتشر شد. این روزنامه (در سال ۱۲۹۲ هـ ق) به مدیریت محمد طاهر تبریزی تأسیس گردید. نویسندگان "اختر" کسانی باغیرت و نیکی بودند و بسیاری از روشنگران و آزادی‌خواهان به نام آن روزگار مانند میرزا آقاخان کرمانی، شیخ احمد روحی، میرزا مهدی‌خان تبریزی (بعداً ناشر حکمت در قاهره) میرزا علی محمدخان کاشانی (ناشر ثریا و پرورش) با این روزنامه همکاری نزدیک داشتند.

پرستی همه ادیان را دست انداخته است، نام خود را مکتوم داشته است.[۵۵] «این که اغلب "انشاالله و ماشاالله" را منسوب به میرزا ملکم‌خان نموده‌اند نیز هیچ صحیح نیست. میرزا یحیی دولت‌آبادی هم نوشته که میرزا آقاخان رساله‌ی مزبور را در عثمانی نوشته[۵۶]». و همین‌طور سیاحت‌نامه‌ی ابراهیم‌بیگ را با نام تاجری به اسم زین‌العابدین مراغه‌ای نوشته. اما برای همه روشن بود که نویسنده‌ی آن، میرزا آقاخان کرمانی است. چنان‌که فریدون آدمیت نیز در تائید این نظریه می‌نویسد:

«مسلم می‌دانیم که نویسنده ادیبی در پرداختن نثر روان و قوی و پخته‌ی... سیاحت‌نامه دست داشته است. حتی بعضی عبارات و اصطلاحات خاص میرزا آقاخان کرمانی مانند "ایرانی گری" در آن بکار رفته است[۵۷]».

این کتاب انتقاد همه جانبه‌ای است بر هیأت جامعه ایرانی که سیاست، اقتصاد، روحانیت، تعلیمات، اخلاق، اعتقادات و تقریباً همه متعلقات اجتماعی را نقادی می‌کند. نثرش ساده و روان و جاندار است[۵۸]. محتوای کتاب نیز تردیدی در دخالت میرزا آقاخان باقی نمی‌گذارد به یک جمله‌ی آن درباره‌ی نبود حس ملی گرایی در ایران توجه کنیم:

«احدی از منافع مشترکه‌ی وطن و ابنای وطن سخن نمی‌گوید. گویی نه این وطن از ایشان است و نه با همدیگر هموطن‌اند[۵۹]».

بی‌جهت نبود که کسروی نوشت:

«تنها به چاپ رسانیدن چنین کتابی در آن زمان انگیزه‌ی نابودی چاپ کننده توانستی بود[۶۰]»! اما این احتیاط کاری چندان فایده‌ای به حال میرزا آقاخان نداشت و شاید به همین دلیل بود که او به این فکر افتاد که چون مردم مذهبی هستند. برای اصلاح حال آن‌ها تا یک درجه محدودی از طایفه نیمه زنده‌ی ملایان معاونت بگیرد تا شاید زودتر به مقصود رسد[۶۱]. در این‌جا بود که او از جاده‌ی اصلی منحرف گشت و در واقع دچار توهم شد و به ائتلافی ناميمون دست زد. پیدا شدن سیدجمال‌الدین، که

ظاهراً سخنان دیگری از رهبری شیعه می‌گفت. سرانجام آقاخان را به این ساده‌لوحی کشانید که می‌تواند به دلیل حماقت و بی‌شعوری ملایان، از قدرت‌شان برای دامن زدن به یک حرکت اجتماعی استفاده کند. او به جای آن‌که نفوذ "معممین" را عامل اصلی عقب‌ماندگی ایرانیان بداند «می‌پنداشت که نفوذ علما در افکار عام، صرفاً مولود بی‌دانشی و "فاناتیزم" مردم و عدم رواج فلسفه‌ی عقلی است[۶۲]».

واقعیت عملی هم این توهم را تأکید می‌کرد. زیرا منورالفکران آن دوران نیز (مانند ملکم‌خان و امین‌الدوله) که با او در ارتباط بودند این نظریه را تائید می‌کردند! چنان‌که امین‌الدوله نیز تصور می‌کرد که «اعتبار "مطاعیت" علما در عقاید عام، در درجه اول نتیجه‌ی روش غلط حکمرانی و ستمگری عاملان دولت است[۶۳]»!

در ضمن میرزا آقاخان بر این عقیده بود که برای برانداختن دولت ناصری، باید از همه دشمنان او یاری گرفت و متحد شد.

به این ترتیب میرزا آقاخان که می‌گفت: «دین تریاک مردم است[۶۴]» با شخصیتی چون سید جمال‌الدین اسدآبادی (افغانی) یارگشت و در راه "اتحاد اسلامی" تلاش نمود[۶۵]! در حالی که آقاخان با سید اختلاف شدید عقیدتی داشت. چنان‌که نظریه‌ی "هما ناطق" نیز درباره‌ی اختلاف بنیادی موضع این دو، تردیدی به جای نمی‌گذارد. وی می‌نویسد:

«راه سید جمال‌الدین از راه میرزا آقاخان جدا بود[۶۶]».

«آقاخان که نوشته‌های تند و آتشین او (سید جمال‌الدین) را* علیه شاه خوانده بود... در بدو ورود سیّد به دیدار او شتافت،... بدان امید نشست که سید جمال‌الدین در پیکار با حکومت وقت، پیش‌گام و سرآمد باشد [اما] این خوش‌باوری بی‌جهت، به زودی سرآمد و سید جمال‌الدین در خانه اهدایی سلطان جا خوش کرده بود و برای نخستین بار زندگی بزرگان را تجربه می‌کرد[۶۷]».

*ـ منظور سید جمال‌الدین است.

خود میرزا آقاخان نیز در نامه ۹ ژوئن ۱۸۹۳ با سرخوردگی نوشت:

«حضرت شیخ در خانه خود به استقلال نشسته و چند نفر نوکر گرفته، از صبح تا شام به پذیرایی مردم مختلف، از هندی و تازی و افغانی و مصری و ایرانی و سودانی مشغولند و غیر از این هیچ کاری ندارند. گویا از آن همه های و هوی و ضرب و حرب که به راه انداخته بودند، حالا افتاده و آرام گرفته‌اند و رسیدگی به این مقولات را به وقت دیگر موکول داشته‌اند. زیرا که کارهای مهم‌تری در پیش دارند و "خدیو مصر و قرال عربستان" را پذیرایی می‌کنند. بنده هم "از روزی که خدمت حضرت‌شان مشرف شده‌ام، یک فی‌الجمله تنبلی در خود احساس می‌کنم."»[۶۸] اما متأسفانه دیگر دیر شده بود. میرزا آقاخان و دو یار دیگرش شیخ احمد روحی و میرزا حسن‌خان خبیرالملک به ریسمان سید در چاه افتادند. به این ترتیب که در آخرین سال سلطنت ناصرالدین‌شاه (۱۳۱۳ ق) هنگامی که وضع ترکیه در اثر شورش ارامنه بحرانی بود، علاءملک سفیر ایران به سلطان عثمانی (عبدالمجید) این‌طور وانمود کرد که آقاخان و یارانش در شورش ارامنه دست داشته و تحویل آنان را به سرحدات ایران خواستار شد[۶۹]. «سفیر ایران حتی از لشکرکشی به مرزهای عثمانی سخن می‌گفت، که اسنادش را خان ملک ساسانی به دست داده است، به‌ویژه در ربط با استرداد سید جمال‌الدین[۷۰]». پس در نتیجه در ذیحجه‌ی ۱۳۱۳ به دستور سلطان عثمانی، میرزا آقاخان و روحی و خبیرالملک را به دست مأموران سرحدی ایران سپردند و یک‌سره به زندان تبریز در غل و زنجیر افکندند[۷۱]. و در هفته‌ی اول صفر ۱۳۱۴ هر سه نفر را در باغ اعتضادیه در حضور محمدعلی میرزا ولیعهد، شبانگاه، زیر درخت نسترن سربریدند[۷۲]. اما با این که «بستگی کشنده‌ی ناصرالدین‌شاه با جمال‌الدین اسدآبادی مسلم گردید[۷۳]» باز هم سلطان عثمانی از استرداد سید خودداری کرد[۷۴]!

ناگفته نماند هنگامی که سلطان عثمانی تصمیم به تحویل میرزا آقاخان و یارانش گرفت، برادر روحی که برای نجات آنان به هر دری می‌زد از سید جمال‌الدین خواست تا نزد سلطان عثمانی پایمردی کند. اما سید گفت: «عار خواهش از دشمن بر خود

نمی‌نهم. بگذار به ایران برده سر ببرند تا در دودمان ایشان پایه‌ی شرف و افتخار بلند شود[۷۵]»!

سرنوشت میرزا آقاخان و یارانش نمونه‌ی روشنی از سرنوشت صدها تن از فرزندان ایران است که با وجود استعدادهای شگرف، در کشاکش دو پایگاه قدرت و در درجه‌ی نخست پایگاه قدرت مسلط مذهب، فدا شدند. و چون ژرف بنگریم، دلیل اصلی عقب‌ماندگی مردم ایران نیز همین واقعیت است. آقاخان از آنجایی دچار توهم سیاسی گشت که قدرت پایگاه حکومت مذهبی را با قدرت پایگاه حکومت سیاسی مساوی دانست و نوشت:

«در اصلاح کار و دفع هرج و مرج باید باطناً قطع‌نظر از این طایفه‌ی قاجار و چند نفر ملای احمق بی‌شعور نمود... این‌ها جمیع حرکات‌شان تحت غرض است و به هیچ چیزشان اطمینان نیست. بلکه بایدکاری کرد شاید آن طبایع بکر دست نخورده و آن خون‌های پاکیزه‌ی مردم متوسط ملت از دهاقین و اعیان و نجبا به حرکت بیاید[۷۶]».

میرزا آقاخان غافل از این بود که دست‌رسی به "طبایع بکر دست نخورده" از ورای سلطه‌ی فلج کننده‌ی حکومت مذهبی، امریست محال، و دیگر آن‌که در کل شرط به حرکت درآوردن چنین نیرویی در مرحله‌ی نخست، به راه انداختن جنبشی بود بر علیه دستگاه حکومت مذهبی.

سخن آخر درباره‌ی میرزا آقاخان کرمانی آن است که اندیشه‌ها و موضوع سیاسی او، در انقلاب مشروطه نقش اساسی داشت. همچنین «در سیر فکر نسل‌های بعد تا زمان ما اثر عمده داشته است و تاثیر آن در پاره‌ای از نوشته‌های دانشمند فقید احمد کسروی، در رساله‌های "شیعه‌گری" و "صوفی‌گری" به چشم می‌خورد[۷۷]». روی‌هم رفته می‌توان گفت: که کوشش‌هایی که برای بیداری و پیشرفت طلبی، چه قبل و چه بعد از انقلاب مشروطه انجام گرفت بیشتر مدیون فعالیت روشنگرانه او بود. «میراث روزنامه‌نگاری او به میرزا جهانگیرخان شیرازی (صور اسرافیل) رسید. که از ارادتمندان

میرزا آقاخان بود و در دوران نهضت مشـــروطه روزنامه با ارزش صوراسرافیل را بر پا کرد[۷۸]». بنابراین میرزا آقاخان کرمانی از هر نظر سزاوار نام "روشنگر و مصلح اجتماع" است.

در سطور زیر مروری می کنیم بر اندیشه و تأثیر روشنگری میرزا فتحعلی آخوندزاده*.

«در سیر افکار جدید میرزا فتحعلی آخوندزاده از نوآوران است، نماینده‌ی تفکر علمی انتقادی است، پیشرو نمایشنامه‌نویسی و داستان‌پردازی اروپایی در خطه‌ی مشرق زمین اســت، مبتکر اصلاح خط و تغییر الفباء در جامعه اســلامی است، منتقد ادب کلاســیک و سنت‌شکن تاریخ‌نگاری اســت، داعی اخذ دانش و حکمت و مدنیت غربی است، اندیشه‌ساز ناسیونالیسم ایرانی است، نقاد سیاست و دین است و معتقد به تفکیک مطلق سیاست از دیانت... هواخواه مشروطیت عقلی عُرفی بر پایه‌ی حقوق طبیعی است،... در نظام فکری او ناهمتایی و تناقض راه ندارد، هر چه هست اصالت ماده و سلطنت عقل است[۷۹]».

آخونـــدزاده خرابی حال ایرانیان را از حمله‌ی اعراب و تســـلط اســـلام در ایران می‌داند و می‌نویسد:

«حیف به تو ای ایران. کو آن شوکت؟ کو آن قدرت؟ کو آن سعادت؟ عرب‌های برهنه وگرسنه یک‌هزار و دویست و هشتاد سال است که تو را بدبخت کرده‌اند. زمین تو

*ـ میرزا فتحعلی آخوندزاده (۱۸۱۲-۱۸۷۸ م) بدون شک پیشرو فلسفه‌ی روشنگری در ایران است کودکی و نوجوانی او مصادف بود با جنگ‌های خونین ایران و روسیه از ۱۸۰۳ تا ۱۸۱۳ و سپس از ۱۸۲۶ تا ۱۸۲۸. تحصیلات او چه در آذربایجان و چه پس از مهاجرت به قفقاز، عبارت بود از زبان عربی، قرآن و حدیث، ادبیات سنتی فارسی، فقه و منطق. آشنایی او به زبان روسی دریچه‌ی جدیدی بود با چشم‌اندازی تازه و بدیع و پر وسعت، تسلط او بر این زبان سبب شدکه در ۱۸۳۴ به عنوان مترجم رسمی زبان‌های شرقی به استخدام حکومت قفقاز درآید. زندگی فرهنگی آخوندزاده در گنجینه‌ی فرهنگ قفقاز شکل گرفت. آثار او در رشته‌های گوناگون، مانند زبان‌شناسی، نمایش‌نامه، نقد جامعه و فرهنگ اسلامی یا به عبارت بهتر نقد استبداد شرقی و شیوه‌های کهن تاریخ‌نویسی، فلسفه سیاسی و نقد مذهب و عرفان است. در میان مقالات او، سه مقاله که درباره "دیوید هیوم" در نقد مذهب، "جان استوارت میل" درباره آزادی، "سیسموندی" درباره اقتصاد سیاسی نوشته شده جلب توجه می‌کند. آخوندزاده در زمینه‌ی تفکر اجتماعی و سیاسی به بررسی چند مسأله مهم نظیر جدایی مذهب از سیاست، عرفی نمودن جامعه، تفکر و قانون، آزادی فردی، و نیز مفهوم "ملت گرایی" پرداخته است.

خراب و اهل تو نادان و از تمدن جهان بی‌خبر و از نعمت آزادی محروم و پادشاه تو مستبد است. تأثیر ظلم مستبد و زور خرافات علما باعث ضعف و ناتوانی تو شده[۸۰]».

وی معتقد است که معممین آزادی روحانیه انسان را به کلی از بین برده‌اند: «حریت روحانیه ما را اولیای دین اسلام از دست ما گرفته، ما را در جمیع امورات روحانیه بالکلیه عبد رذیل و تابع امر و نهی خودشان کرده‌اند... پس ما در ماده‌ی حریت روحانیه، بنده و فرمانبردار اولیاء دین بوده، از نعمت آزادی محرومیم[۸۱]».

او به درستی ملایان را مانع فراگیری علوم و صنایع می‌داند و می‌گوید:

«ای عالمان دین، چرا بیچاره عوام را از نعمات پروردگار عالم محروم می‌سازید، چرا عیش او را تلخ می‌کنید و چرا نمی‌گذارید علوم و صنایع یاد بگیرند، دنیا محل اقتباس است. اما بدانیدکه جهنم و بهشت مسلمانان هر دو در شمار "لغویات" است. در واقع "جهنم" خود مجلس وعظ واعظ است[۸۲]».

آخوندزاده تسلط فلج کننده‌ی اسلام را دریافته و غلبه بر آن را راه نجات ایران می‌داند:

«تا امروز ترجیح ما به حرف اولیای دین بوده است و به خاطر دین و ایمان از هجرت تا امروز مرتکب چه نوع امور شنیعه شده‌ایم... و دین و ایمان خود را نگاه داشته‌ایم با شرکت در بربریت و وحشیت و جهالت که نتیجه دین و ایمان است و اگر بعد از این همین ترجیح باقی باشد، حالت ما هرگز تغییر نخواهد یافت و ترقی برای ما در دنیا از ممتنعات است و حسن اخلاق برای ما محال است[۸۳]».

او از آن‌جایی که اسلام را سدّی در برابر رسوخ افکار مترقی می‌داند و چون راه برآمدن یک جنبش مترقی را از درون بسته می‌یابد، معتقد است که ایرانی‌ها می‌بایستی با ملل اروپا که از قید اعتقادات مذهبی وارسته و پیرو عقل و حکمت شده‌اند[۸۴]، در تماس باشند وی با افسوس می‌نویسد:

«به سبب شدت خرافه‌پرستی، غیرمسلمانان نمی‌توانند به کشورهای مسلمان‌نشین گام گذارند، پنداری سرتاسر جهان خارزارند و فقط شما گل هستیدکه در میان خارستان روئیده‌اید، در نتیجه‌ی جدایی از ملل دیگر است که از آموختن علم و هنر تا حالا محروم مانده‌اید[۸۵]».

آن‌چه مقام و اهمیت آخوندزاده را به عنوان یک روشنگر اجتماعی نمایان می‌کند. تلاش‌های وی در ارائه راه برون رفت از این بن‌بست اجتماعی است وی می‌نویسد:

«اگر ملت تربیت نشـــوند و همه‌ی مردم باســـواد نشوند... قانون‌نویسی و همه‌ی زحماتی که در راه تأسیس یک حکومت جدید می‌کشیم هیچ و پوچ خواهد بود[۸۶]» و برای آن‌که همه‌ی ملت بتوانند باسواد شوند او در ابتدا درصدد اصلاح خط و سپس تغییر الفباء برآمد:

«غرض من از تغییر خط اسلام این بودکه آلت تعلم علوم و صنایع سهولت پیدا کرده، کافه‌ی ملت اسلام، شهری یا دهاتی، حضری یا بدوی، ذکوراً و اناثاً مانند ملت پروس به تحصیل سواد و تعلیم علوم و صنایع امکان یافته، پا به دایره‌ی ترقی گذارند و رفته رفته در عالم تمدن خود را به اهالی اروپا برسانند[۸۷]».

آخوندزاده حدوداً پانزده سال در تلاش اصلاح و بعد تغییر خط به عنوان تسهیل ابزار ترقی و نشر دانش و فن جدید بود[۸۸]. ولی متأسفانه طرح تغییر الفبای او با اقبال روبرو نشد «درآن اعتقاد پیدا کرد که تعصب و جهل روحانی سدّ، اصلی ترقی اجتماع و اخذ علم و تمدن است. پس در سال ۱۲۷۹ نگارش رساله‌ی "مکتوبات کمال‌الدوله" را شـــروع کرد... موضوع آن انتقاد بر سیاست و دیانت است[۸۹]». در واقع آخوندزاده با عامل اصلی عقب‌ماندگی ایران یعنی مذهب فلج‌کننده‌ی قرون وســـطایی در افتاد. به میرزا یوسف‌خان که سال‌ها در مراجع عدلیه‌ی ایران کارکرده بود، توصیه می‌کندکه «همه‌ی کارهای عدلیه را از دست متشرعان خلاص کند[۹۰]».

از محتوای نوشته‌های آخوندزاده در مکتوبات و تمثیلات و رسالات، کاملاً مشخص است که او خواهان رهایی از شریعت و دیانت اسلام است. انتقادات او از قانون شریعت و دفاع از حقوق اساسی عُرفی، همه نمایان‌گر مبارزه‌ی جدّی و مستمر او با متشرعان و احیاناً روشنفکرانی است که روی خوش به شریعت نشان می‌دهند. آخوندزاده اعتقادکامل به تفکیک سیاست از دین و علمای آن دارد. او در بین تمام روشنفکران جهان‌اسلام تناقض ذاتی فلسفه‌ی سیاست غربی و حکمت سیاست دینی را دریافته و مدافع قانون اساسی دنیوی غربی است. جدایی مطلق سیاست از دیانت را لازم می‌شمرد، عدالت را در قوانین موضوعه‌ی عقل جستجو می‌کند و مخالف هرگونه تلفیقی میان آئین سیاست اروپایی و اصول شریعت است. موضع فکری صریح او در این مورد در نامه‌ی انتقاد از "یک کلمه" مستشارالدوله آمده است، او می‌نویسد:

«به خیال شما چنان می‌رسدکه گویا به امداد احکام شریعت کونسیتیسیون فرانسه را در مشرق زمین مجری می‌توان داشت. حاشا وکلا، بلکه محال و ممتنع است[۹۱]».

آخوندزاده به درستی دریافته که در عصر قاجار پایگاه حکومت مذهبی قدرت برتر است و شاه و دربارش تحت سلطه و نفوذ معممین قرار دارند. چنان‌که می‌نویسد:

«قدرت علما از جهت امور اخرویه [دنیویه] یعنی فناتیزم به مرتبه‌ای است که ایشان هرگز خودشان را محکوم حکم سلاطین نمی‌شمارند، بلکه به خلاف ذلک، خودشان را نایب امام غایب و صاحب‌الزمان می‌دانند هر یک از ایشان در هر دیار خود را مستقل و فرید عصر حساب کرده و اسناد اجتهاد به خود داده، همین در فکر ازدیاد مریدان و مقلدان خود می‌باشند حتی از جهت امور اخرویه [دنیوی]، علما را بر سلاطین نیز تفوق هست و در این ماده سلاطین نیز تابع ایشانند[۹۲]». و یا در جای دیگر می‌نویسد: «در حقیقت عمال سلطنت نسبت به علماء به منزله‌ی چاکرانندکه باید احکام ایشان را مجری بدارند[۹۳]».

میرزا فتحعلی آخوندزاده یک آزادی‌خواه و سکولاری بی‌پروا و پشتیبان گسترش

تمدن و اصول پارلمان غربی در ایران بوده است. وی اگر در مقطعی از زندگی خود دَم از اصلاح دین و نمادهای آن می‌زد در نیمه‌ی دوم عمرش که به نوعی دوره‌ی پختگی فکری اوست به اصلاح‌ناپذیری دین و شریعت کاملاً پی برده می‌نویسد:

«هزار و دویست و هشتاد سال ما با دین و مذهب و با اعتقاد و ایمان زندگانی کرده‌ایم اَناً فَاناً حالت ما بدتر شده است، اَناً فَاناً به مصایب و بلیات لاتقد و لاتحصی [بی‌شمار] گرفتار گشته‌ایم. یک چند نیز برای امتحان، بی‌دین و بی‌مذهب و بی‌ایمان، با معرفت و فیلسوفیت تعیّش بکنیم تا ببینیم که حالت ما بدتر می‌شود یا بهتر[۹۴]؟».

او راه ورود ایران به گردونه‌ی پیشرفت جهان غرب را در دین‌زدایی از اندیشه‌ی ایرانی می‌یابد:

«ملل یوروپا [اروپا] خصوصاً انگلیس و فرانسه و ینکی دنیا [آمریکا] که از قید اعتقادات دینیه وارسته پیرو عقل و حکمت شده‌اند، در علوم و صنایع روز به روز و ساعت به ساعت در ترقی هستند چه اختراعات غریبه و چه ایجادات عجیبه از نتیجه‌ی علم ایشان در عالم ظهور کرده و موجب سعادت و آسایش بنی‌نوع بشر گردیده است و چه ترقیات به اهالی یوروپا به واسطه‌ی علم و معرفت رو داده است[۹۵]».

میرزا فتحعلی برخلاف ملکم‌خان و دیگر اندیشمندان جهان اسلام در قرن نوزدهم، اعتقاد داشت که نمی‌توان لیبرالیسم و حقوق طبیعی و مشروطیت را که حاصل کار متفکران غرب است با دین اسلام آشتی داد و متحد نمود او در این مورد حتی به مصلحت‌اندیشی نیز اعتقاد نداشت و آشکارا اظهار می‌کرد که دین و عقل دو قطب مخالف هستند. نظریات او در این‌باره در "مکتوبات کماالدوله" به تفصیل آمده است.

دکتر فریدون آدمیت به درستی درباره آخوندزاده می‌نویسد:

«اهمیت مقام میرزا فتحعلی در سیر اندیشه‌ی سیاسی در این است که: اندیشه‌ساز فلسفه ناسیونالیسم جدید است، مروج اصول مشروطیت و حکومت قانون است،

نماینده‌ی فلسفه‌ی سیاسی عقلی عُرفی و تفکیک مطلق سیاست از شریعت است. از جهت سوم پیشرو همه‌ی متفکران ایران و مصر و عثمانی است[۹۶]». وی در افکار نویسندگان بعدی اثر نهاد «و نسل بعد میرزا آقاخان کرمانی نماینده‌ی همان مکتب فکری است[۹۷]».

فهرست منابع:

۱. آدمیت، فریدون، اندیشه‌های طالبوف تبریزی، انتشارات دماوند، تهران، چاپ دوم، اردیبهشت ۱۳۶۳، صفحات ۸۱ و ۸۲.
۲. همانجا، صفحه ۹۱.
۳. همانجا، همان صفحه.
۴. همانجا، صفحات ۸۳ و ۸۴.
۵. همانجا، صفحات ۲۷ و ۲۶.
۶. اندیشه‌های طالبوف تبریزی، یاد شده، صفحه ۸۱.
۷. همانجا، صفحه ۵۹.
۸. حجت‌الله اصیل، زندگی و اندیشه‌ی میرزا ملکم‌خان ناظم‌الدوله، نشر نی، چاپ اول ۱۳۷۶، تهران، صفحات ۱۲ و ۱۷.
۹. کرمانی، ناظم‌الاسلام، تاریخ بیداری ایرانیان، به اهتمام علی‌اکبر سعیدی سیرجانی، نشر بنیان، چاپ پنجم ۱۳۶۷، جلد اول، صفحه ۱۵۳.
۱۰. زندگی و اندیشه‌های میرزا ملکم‌خان ناظم‌الدوله، یاد شده، صفحه ۷۹.
۱۱. ایران در راه‌یابی فرهنگی، یاد شده، صفحه ۲۵۰.
۱۲. کسروی، احمد، تاریخ مشروطه ایران، چاپ نوزدهم ۱۳۷۸، انتشارات امیرکبیر، صفحه ۴۵.
۱۳. میرزا آقاخان کرمانی، نامه‌های تبعید، به کوشش هما ناطق، محمد فیروز، چاپ سوم، تابستان ۸۵، نشر نیما آلمان، صفحه ۱۸.
۱۴. دولت‌آبادی، یحیی، حیات یحیی، چاپ چهارم ۱۳۶۲، تهران، انتشارات فردوسی، جلد اول، صفحه ۴۷.
۱۵. فریدون آدمیت، هماناطق، افکار اجتماعی و سیاسی و اقتصادی در آثار منتشر نشده‌ی دوران قاجار، انتشارات نوید، آلمان، فروردین ۱۳۶۸ (مارس ۱۹۸۹)، صفحات ۶۱ و ۶۲.
۱۶. اندیشه‌های طالبوف تبریزی، یادشده، صفحه ۱۰.
۱۷. نامه‌های تبعید، میرزا آقاخان کرمانی، یاد شده، صفحه ۱۸.
۱۸. همانجا، صفحات ۱۸ و ۱۹.
۱۹. نامه‌های تبعید، میرزا آقاخان کرمانی، یاد شده، صفحه ۲۵.
۲۰. همانجا، صفحه ۴۱.
۲۱. آدمیت، فریدون، اندیشه‌های میرزا آقاخان کرمان، انتشارات نوید، آلمان، ۱۹۹۲، پیشگفتار صفحه ۱.

۲۲. همانجا، صفحه ۹۴.
۲۳. آرین‌پور، یحیی، از صبا تا نیما، انتشارات نوید ۱۳۶۷، آلمان، جلد اول، صفحه ۳۸۶.
۲۴. محمـود، محمود، تاریخ روابط سیاسـی ایران و انگلیـس در قرن نوزدهم، چاپ هفتم ۱۳۷۸، چاپ اقبال، جلد پنجم، صفحه ۱۰.
۲۵. از صبا تا نیما، یاد شده، جلد اول، صفحه ۳۸۶.
۲۶. آدمیت، فریدون، ایدئولوژی نهضت مشروطیت ایران، یاد شده، صفحه ۳۳.
۲۷. دولت‌آبادی، یحیی، حیات یحیی، جلد اول، صفحه ۹۲.
۲۸. تاریخ روابط سیاسـی ایران و انگلیس در قرن نوزدهم، یادشده جلد پنجم، صفحه ۱۱، جلد پنجم.
۲۹. حیات یحیی، یادشده، صفحه ۹۲.
۳۰. همانجا، صفحه ۹۶.
۳۱. تاریخ روابط سیاسی ایران و انگلیس، یاد شده، جلد پنجم، صفحه ۱۴.
۳۲. حیات یحیی، یاد شده، جلد اول، جلد اول، صفحه ۹۸.
۳۳. تاریخ روابط سیاسی ایران و انگلیس، جلد پنجم؛ صفحه ۱۵.
۳۴. حیات یحیی، یاد شده، جلد اول، صفحه ۹۹.
۳۵. از صبا تا نیما، یاد شده، صفحه ۳۸۵.
۳۶. تاریخ روابط سیاسی ایران و انگلیس، یاد شده، جلد پنجم، صفحات ۲۱ و ۲۲.
۳۷. طبری، احسان، جهان‌بینی‌ها و جنبش‌های اجتماعی در ایران، فروپاشی نظام سنتی و زایش سرمایه‌داری، صفحه ۱۲۲.
۳۸. اندیشه‌های میرزا آقاخان کرمانی، یاد شده، صفحه ۱۲۹.
۳۹. همانجا، صفحه ۱۰۵.
۴۰. میرزا آقاخان کرمانی، سه مکتوب، به کوشش و ویرایش بهرام چوبینه، انتشارات البرز، فرانکفورت، آپریل ۲۰۰۵، صفحه ۲۳۸.
۴۱. اندیشه‌های میرزا آقاخان کرمانی، یاد شده، صفحه ۱۶۶.
۴۲. همانجا، صفحه ۵۶.
۴۳. سه مکتوب، یاد شده، صفحات ۲۶۸ و ۲۶۹.
۴۴. محمدتقی بهار، ملک‌الشعرا، سبک‌شناسی، جلد ۳، صفحه ۳۷۳.
۴۵. اندیشه‌های میرزا آقاخان کرمانی، یاد شده، صفحه ۱۴۳.
۴۶. سه مکتوب، یاد شده، صفحه ۱۹۵.
۴۷. میرزا آقاخان کرمانی، نامه‌های تبعید، یاد شده، صفحه ۱۴.
۴۸. اندیشه‌های میرزا آقاخان کرمانی، یاد شده، صفحه ۱۹۵.
۴۹. سه مکتوب، صفحه ۲۰۵.
۵۰. از صبا تا نیما، یاد شده، صفحات ۲۵۰ و ۲۵۱.
۵۱. حیات یحیی، یاد شده، جلد اول، صفحه ۱۲۵.
۵۲. اندیشه‌های میرزا آقاخان، یاد شده، صفحه ۵۶.
۵۳. همانجا، صفحه ۲۴.
۵۴. میرزا آقاخان کرمانی، نامه‌های تبعید، یاد شده، صفحه ۲۱.

۵۵. اندیشه‌های میرزا آقاخان کرمانی، یاد شده، صفحه ۶۵.
۵۶. همانجا، همان صفحه.
۵۷. ایدئولوژی نهضت مشروطیت، یاد شده، صفحه ۸۶ و ۸۷.
۵۸. همانجا، صفحه ۸۸.
۵۹. همانجا، صفحه ۹۰.
۶۰. کسروی، احمد، تاریخ مشروطه‌ی ایران، چاپ نوزدهم ۱۳۷۸، چاپخانه سپهر، صفحه ۴۶.
۶۱. ایدئولوژی نهضت مشروطیت، یاد شده، صفحه ۳۰.
۶۲. همانجا، صفحه ۳۱.
۶۳. همانجا، صفحات ۳۱ و ۳۲.
۶۴. میرزا آقا خان، نامه‌های تبعید، یاد شده، صفحه ۲۲.
۶۵. همانجا، صفحه ۲۲.
۶۶. همانجا، صفحه ۳۳.
۶۷. همانجا، صفحه ۳۰.
۶۸. همانجا، همان صفحه.
۶۹. اندیشه‌های میرزا آقاخان کرمانی، یاد شده، صفحه ۴۲.
۷۰. میرزا آقاخان کرمانی، نامه‌های تبعید، یاد شده، صفحه ۳۸.
۷۱. اندیشه‌های میرزا آقاخان کرمانی، یاد شده، صفحه ۴۷.
۷۲. میرزا آقاخان کرمانی، نامه‌های تبعید، صفحه ۴۰.
۷۳. اندیشه‌های میرزا آقاخان کرمانی، یاد شده، صفحات ۴۵- ۴۶.
۷۴. میرزا آقاخان کرمانی، نامه‌های تبعید، یاد شده، صفحه ۴۰.
۷۵. اندیشه‌های میرزا آقاخان کرمانی، یاد شده، صفحه ۴۷.
۷۶. همانجا، صفحه ۳۶.
۷۷. همانجا، صفحه ۳۵.
۷۸. همانجا، صفحه ۳۳.
۷۹. آدمیت، فریدون، اندیشه‌های میرزا فتحعلی آخوندزاده، چاپ اول تیر ماه ۱۳۴۹، چاپخانه بیست و پنج شهریور، انتشارات خوارزمی، صفحه ۳ پیشگفتار.
۸۰. میرزا فتحعلی آخوندزاده، مکتوبات، نامه‌های کمالدوله به شاهزاده جمال‌الدوله، این متن براساس نسخه‌ای که توسط انتشارات «مرد امروز» در خرداد ۱۳۶۴ (۱۹۸۵) در خارج از کشور به چاپ رسیده، تهیه شده، صفحه ۱۱.
۸۱. میرزا فتحعلی آخوندزاده، مکتوبات کمالدوله، یاد شده، صفحه ۲۵.
۸۲. اندیشه‌های میرزا فتحعلی آخوندزاده، یاد شده، صفحه ۲۰۰.
۸۳. مکتوبات کمالدوله، یاد شده، صفحه ۷۶.
۸۴. همانجا، صفحه ۷۰.
۸۵. مقالات فلسفی میرزا فتحعلی آخوندزاده، ویراسته‌ی ح.صدیق، بهار ۲۵۳۷، چاپ سعدی، تبریز، صفحات ۲۸ و ۲۹.
۸۶. همانجا، صفحه ۲۷.

۸۷. اندیشه‌های فتحعلی آخوندزاده، یاد شده، صفحه ۷۶.
۸۸. همانجا، صفحه ۲۹.
۸۹. همانجا، همان صفحه.
۹۰. مقالات فلسفی میرزا فتحعلی آخوندزاده، یاد شده، صفحه ۲۸.
۹۱. میرزا فتحعلی آخوندزاده، مقالات، گردآورنده باقر مومنی، چاپ اول ۱۳۵۱، تهران، انتشارات آوا، صفحه ۱۰۱.
۹۲. مکتوبات کماالدوله، صفحه ۲۲.
۹۳. مقالات، میرزا فتحعلی آخوندزاده، یاد شده، صفحه ۱۰۶.
۹۴. مکتوبات کماالدوله، یاد شده، صفحه ۷۱.
۹۵. همانجا، صفحه ۷۰.
۹۶. آدمیت، فریدون، اندیشه‌های میرزا فتحعلی آخوندزاده، یاد شده، صفحات ۱۰۸ و ۱۰۹
۹۷. همانجا، صفحه ۱۰۹.

از طایفه آخوند و ملا برحذر باش که اگر
دوست باشند مالت را می‌خواهند
و اگر دشمن شوند خونت را می‌خورند

میرزا آقاخان کرمانی

سرآغاز انقلاب مشروطه
و نقش مخرّب معممین

پس از نیم‌نگاهی به بازتاب آثار روشنگران پیش از انقلاب مشروطیت در دوران ناصری، به موقعیت اجتماعی و سیاسی جامعه‌ی ایرانی در آستانه‌ی این انقلاب از نزدیک‌تر بنگریم.

درباره‌ی قدرت و نفوذ پایگاه حکومت مذهبی در دوران ناصری پیش‌تر سخن گفتیم، اکنون نکته‌ی حائز اهمیت آن است که اراده‌ی قوی این پایگاه را در جهت قدرت‌طلبی و حکمرانی به درستی بشناسیم.

اراده‌ای که در هیچ یک از حکومت‌های سیاسی به این شدّت موجود نبود و همین نیز سبب شکست و عقب‌نشینی آنان در مقابل حاکمیت مذهبی می‌گشت.

در این بخش، برای شناخت بیشتر قدرت و نفوذ مادی و معنوی پایگاه حکومت مذهبی به اختصار به چند نمونه از معممین معروف در شهرستان‌های مختلف ایران اشاره می‌کنیم.

در تهران در این دوران "حاج ملا علی کنی" را در بالاترین پله داریم که پیش از این به او اشاره کردیم. در اصفهان آقانجفی را باید در این دوران نام ببریم «آقا نجفی (شیخ محمدتقی) مجتهد معروف اصفهان است که تحصیلات درست هم نداشت، شهرت خود را از مکنت خود داشت. گرچه پای منبر مردمان را به "قهقرا" می‌خواند و پند "قناعت" می‌داد. اما خود آرمانی جز "جمع‌آوری مال، ازدیاد ثروت و خرید املاک و مستقلات" در سر نمی‌پروراند. از آن‌جا که اصفهان یکی از مراکز عمده‌ی تجارت و صنعت بود، آقا نجفی به خیال سرمایه‌گذاری و تأسیس بانک هم افتاد. با تجار بزرگ شریک شد. بانکی بر پا کرد با بهره‌ی ۱۲٪ برای سپرده و ۱۸٪ برای وام. رفته رفته به رقابت با بانک شاهی برآمد، اصناف را محرک شد و خود در پشتیبانی از آنان نامه به صدراعظم فرستادکه "صنف چیت‌ساز و صراف و شالباف" همه شاکی‌اندکه "این بانک شاهی سبب تعطیلی برخی مشاغل شده" و "شغل ما را هم غصب کرده"... و تجار و اصناف را از وام گرفتن از بانک برحذر داشت، مجتهد اصفهان دهات غله‌خیز اطراف را نیز یک به یک خرید و بهای گندم را به نرخی که خود می‌فروخت قرار داد.

[در گیلان "آقا رضا مجتهد" را باید نام ببریم] "هرکس نیم جریب و ثلث جریب و یک جریب" زمین داشت به جبر از دستش گرفت، اهالی طالش به اعتراض آمدند. حاکم شرع فتوا داد: "جناب مستطاب آقا رضا مجتهد" با قانون شریعت مطهر خریده و "هیچ کس حق منع ندارد"، دولت حکم داد: هرکس مخالفت کند، باید قدم و قلم او را "قطع کرد" و حتی "واجب‌القتل" است.

در احوال مجتهد همدان، ظهیرالدوله در خاطراتش می‌نویسد: متمول‌ترین و مالک‌تر از همه "حاجی آقا محسن مجتهد است" او سالی ۲۵۰۰۰ هزار خروارگندم ضبط انبار دارد، که از قرار... یک کرور تومان می‌شود. نیز ۲۰۰ هزار تومان نقدی املاک و اجاره‌ی مستقلات شهری دارد، ۵۰۰۰ هزار تفنگ مگنز با فشنگ دارد، ۲۰۰۰

هزار تفنگچی در املاکش حاضر دارد، زیادتر از ۳۰ زن دارد.

درباره شـیخ فضل‌الله نوری هم که باید گفت: ثروت شـیخ فضل‌الله نوری... از غصب املاک نور به دست آمد، او دَمار از روزگار رعایا برآورد... در وصف احوال او می‌نویسند: "وضع اعیانیت" و سفره‌اش از سفره‌ی صدراعظم ایران بهتر است. گرچه به این هم اکتفاء نکرد و بگفته‌ی صوراسرافیل در نهضت مشروطه ۴۵۰۰۰ تومان از دربار ستاند و "علیه مشروطه" تظاهرات برپا داشت.

از مجتهد "ضداسـتعمار" تبریز هم که با امتیـاز رژی مخالفت کرد، چندکلمه‌ای بگوئیم: ناصرالدین شاه تعداد دهات آقامیرزا جواد را "صد تکه" یاد می کند، کسروی می‌گویـد ۱۶۰۰۰۰ تومان نقد و ۲۰۰ پارچه ده داشـت و در ثـروت و قدرت "در میان هم‌قطاران خودکمتر همتا" داشت. چنان بود که "مردم از او می‌هراسیدند" اما "دولت پاسش می‌داشت" و او "فرمانروایی می کرد". کارگزاران سفارت فرانسه در تبریزگزارش می‌کردند: میرزا جواد آقا متنفذترین شخصیت مذهبی در جهان شیعه پس از مجتهد کربلاسـت... و ثروتی عظیم دارد، در این ولایت این مجتهد بسی مقتدرتر از ولیعهد است وگاه اراده‌ی او بر اراده‌ی شاه حاکم است[1]».

در عتبات هم پس از شـیخ مرتضی انصاری، دومین ایرانی که به قدرت رسـید، میرزای شیرازی بود. او به سرعت توانست گوی سبقت را از رقیبان ربوده و سامره راکه در واقع به صورت دهکده‌ای بود به پایتخت "عتبات عالیات" تبدیل کند. دولت‌آبادی درباره او می‌نویسد:

«کم‌کم کار سامره به جایی می‌رسدکه روی توجه عموم شیعیان دنیا بدانجاگشته وجوه سهم امام از هندوستان و ایران و قفقاز و هرکجا جعفری مذهب هست به سامره می‌رود. ارباب توقع از میرزای شـیرازی از حدّ و حساب بیرون حتی روسای روحانی ساکن کربلا و نجف از عرب و عجم مکرر به سامره به عنوان زیارت رفته ضمناً از میرزا متوقع احسانند و مأیوس هم برنمی گردنند[2]».

در نتیجه دستگاه رهبری شیعیان در ۵۰ سال دوران سلطنت ناصرالدین شاه از تمام امکانات حکومت برخوردار بوده و هر پیشـــوای مذهبی، بارگاهی برای خود داشت. در واقع در این دوران "رهبری شیعه" یک دستگاه عظیم حکومتی را تشکیل می‌دادکه دهها هزار حقوق‌بگیر داشت، مالیات می گرفت و هیچ خرید و فروش و ازدواج و طلاق بدون شـــرکت آن‌ها انجام نمی گرفت و به جز لشکر "اوباش" که نیروی سرکوب‌گرش بود، خیل عظیم طلاب را نیز باید به عنوان نیروی اجرایی این دستگاه دانست. قدرت و ثروت متمرکز در دست مقامات بالای رهبری شیعه به حدی بود که همچون شاهان بزرگ وکوچک علناً از همه‌ی لذت‌ها و ثروت‌های ممکن بهره داشتند.

بنابراین حکومتگران مذهبی از هیچ نظرکمتر از شـــاهان و حاکمان ظالم قاجار نبودند. با این تفاوت که درکتاب‌های تاریخی رســـمی، ظلم و جور درباریان با دقتی خاص توصیف شـــده، در حالی‌که درباره حکمرانی و رفتار "معممین" یافتن نمونه نیز مشکل است!

این ترس و سکوتی که به‌کتاب‌های تاریخی راه یافته، ناشی از قدرت خردکننده‌ی حکومتی است که در مقایسه با آن دربار قاجار بازیچه‌ای بیش نبوده است. این قدرت بر چنان زمینه‌ی اجتماعی و اقتصادی عظیمی استوارگشته بود که دولت‌آبادی می‌نویسد:

«در هر بلد از بلاد ایران از روحانی نمایان اشخاص بی‌سواد یا باسواد به عنوان حکومت شرعی در امور مردم دخالت نموده جز جلب نفع شخصی مقصودی ندارند و جمعی از مردمان شرور خود را در لباس طلاب علوم دینی درآورده با اعمال ناپسندی کـــه دارند خود را مقدس و واجب‌الاحترام شـــمرده می گویند اهانت به ما اهانت به مجتهدیـــن و اهانت به مجتهدین اهانت به امام و اهانـــت به امام اهانت به پیغمبر و اهانت به پیغمبر اهانت به ذات بی‌زوال حضرت باریتعالی... می‌باشد. پس اهانت به ما، اهانت به خداوند رب‌العالمین است... خدا داندکه از این طایفه چه ظلم و ستمی به ضعفا می‌رســـد. چه مال‌های محترم چه عرض‌های محتشم و چه جان‌های عزیزکه

به واسطه‌ی استبداد این طایفه به باد فنا می‌رود چه خان‌ها برچیده می‌شود تا اسباب عیش و عشـــرت آقا و آقازادگان مهیا گردد... مانع بزرگ اجرای عدل و داد در ایران همین طایفه‌ی عزیز بی‌جهت هســـتندکه تا جان در بدن دارند نخواهندگذاشت ملت بیدار شده پی به حقوق مشروعه خود ببرند[۳]... »

کسروی به درستی از طلاب علوم دینی به عنوان "سپاه شریعت[۴]" نام می‌برد.

پـــس از نگاه کوتاهی به قدرت مادی "پایگاه حکومت مذهبی" لازم اســـت که نظری هم به نفوذ معنوی معممین در این عصر بیافکنیم.

برای همگان روشـــن است که رهبری شیعه برای تحمیق مردم و تبلیغات مذهبی خود، از مسجد و تکیّه و امامزاده و خانقاه و قبرستان و روزه‌خوانی‌های خانگی و سایر بلندگوهای گوناگون تبلیغی استفاده می‌نمود. ولی آن‌چه که پدیده‌ی استثنایی در این عصر است. ساختن "تکیّه دولت" می‌باشد.

"تکیّه دولت" ساختمان عظیمی بود در نزدیکی ارگ سلطنتی که به خرج دولت از مهمترین پایگاه‌های تبلیغی حکومت مذهبی به شمار می‌رفت[۵]. گنجایش آن را ۲۰ هزار نفر نوشته‌اند[۶]. و باید توجه داشت که با جمعیت اندک آن زمان تهران، از چه جاذبه‌ای برخوردار بوده است غرفه‌های تکیه دولت را رجال دولت با رقابت یکدیگر می‌بستند و زینت می‌دادند و عموم خلق به حضور این مجلس رغبت داشـــتند، از طرف دولت دیپلمات‌های خارجی و خانواده‌هایشان به تعزیه‌خوانی تکیه دولت دعوت می‌شدند. غالب اهل منبر از بودجه‌ی تکیه دولت حقوق داشـــتند و اگر هم در مراســـم حاضر نمی‌شدند باز هم پول و طاق شال و غیره دریافت می‌نمودند[۷]. نکته حائز اهمیت آن‌که تکیه دولت منحصر به پایتخت نبود و نظیر آن در همه‌ی شهرهای ایران برپا بود[۸].

روی‌هم رفته تســـلط مذهب بر جامعه در این عصر چنان عمیق و همه‌جانبه بود که "امت" بیشتر وقت خود را صرف انجام وظایف مذهبی می‌نمود. چنان‌که کسروی می‌نویسد:

«ایرانیان که شیعی می‌بودند، اگر حساب کنیم. بی گمان یک چهار سال یک سال را با کارهای کیشی به سر می‌بردند، سینه‌زدندی، نالیدندنی، گریستندی، زیارت عاشورا خواندندی، به دُعای ندبه پرداختندی، در پای منبر نشسته گوش به "فضایل اهل بیت" دادندی، پول گردآورده به زیارت رفتندی، گذشته از این‌ها... هر سال "نهم ربیع‌الاول" را عیدگرفته و بازارها را بستندی، و خرد و بزرگ بکارهای بی‌خردانه‌ای برخاستندی، به نوشته مجلسی و دیگران، در آن سه روز به کسی گناه نوشته نشدی[۹]».

با توجه به قدرت عظیم دســتگاه حکومت مذهبی و حاکمیتی که از روستاهای دورافتاده تا درون حرمسرای شاه را قبضه کرده بود، آیا اصولاً می‌توان از دربار قاجار به عنوان "یک پایگاه مستقل قدرت سیاسی" یادکرد؟ آیا درست‌تر نیست که با در نظر گرفتن ضعف و عقب‌ماندگی دربار در برابر قدرت فراگیر حاکمیت مذهبی، برای دربار ناصری نقش سمبلیک قایل شویم؟

چنان‌که پیش از این نیز اشاره شد، وضعیت شاهان قاجار را چه از نظر شخصیت فردی و چه به عنوان پادشاه، یعنی کسی که در رأس قدرت سیاسی قرار داشت را فقط در چهارچوب دوگانگی شخصیت "ایرانی مسلمان" می‌توان درک کرد.

ناصرالدین شاه خود نمونه‌ی بارز این دوگانگی است. از سویی مذهب‌زدگی‌اش او را در عالم جهل و خرافات و اندرون نشــینی فرو می‌برد، چنان‌که در نیمه شــب تاجگذاری می‌کرد، چون ستاره‌شناسان این ساعت را "ساعت خوبی" تشخیص داده بودند[۱۰]! و از سوی دیگر در طول نیم‌قرن سلطنتش چندین بارکوشش کرد تا در جهت پیشــرفت مملکت اقداماتی بنمایدکه همه با شکســت روبرو گشت. برای درک بهتر تضادی که در دوگانگی شخصیت او موجود بود بد نیست اشارات کوتاهی به اقدامات اصلاح‌طلبانه او داشته باشیم.

ناصرالدین شاه پس از آن‌که به تخت سلطنت نشست، امیرکبیر را صدراعظم خود نمود و حتی او را به عنوان نماینده شخص خودش اعلام کرد. آن‌قدر به او علاقه‌مند

بود، که حتی پس از خلعش نامه‌های فدایت شوم به کاشان می‌فرستاد.

پس از شکست در جنگ هرات و خلع میرزا آقاخان نوری*، آن‌چنان از خیانت‌های نوری خشمگین بود که مدتی صدراعظم انتخاب نکرد و خواست که خود زمام امور را به دست بگیرد.

زمانی که سپهسالار را به صدارت اعظمی برگزید، امید زیادی به او بسته بود و در ابتدا دستش را برای هر نوع اصلاحی بازگذاشت. به‌ویژه سفرش به اروپا تأثیر بسیاری بر او نهاد و مصمم بود که اقدامات اساسی انجام دهد. در سال ۱۲۹۸ ق، پس از خلع سپهسالار، امین‌الدوله را مأمور کرد تا طرح پیشنهادی ملکم‌خان درباره‌ی تشکیل وزارت‌خانه‌های ۹ گانه و وزیران مسئول را به اجراء درآورد، بطوری که امین‌الدوله نوشت:

«شاه بی‌اندازه میل دارند که کارها را رونق و انتظامی بدهند... حتی آن حقوق را که پادشاهان عصر ما در مقابل سختی و سماجت آزادی‌طلبان ملک خود به اصرار حفظ کرده، جان خود را به خطر انداخته‌اند. این پادشاه ما داوطلبانه تفویض می‌کنند[۱۱]... ».

این مجلس چنان که آدمیت می‌نویسد: «خصلت قانون‌گذاری داشت،... مجلسی بود دارای مصونیت سیاسی و با مسئولیت تنظیم نقشه‌های اصلاحات مملکتی، و هر کس آزاد بود هر فکر و نقشه‌ای دارد برای مطالعه به آن مرجع عرضه بدارد[۱۲]».

ناصرالدین شاه در رمضان ۱۳۰۵ فرمانی صادر کرد مبنی بر امنیت جان و مال مردم و اختیار افراد در بکار انداختن سرمایه‌های خود، و در ملاءعام نیز «شاه این مضمون فرمان را تکرار کرد که احدی اختیار تعدی به جان و مال مردم را ندارد. یکی از درباریان گفت: هیچ کس چنین حقی را ندارد مگر اعلیحضرت پادشاه، شاه حرفش را قطع کرد و اعلام نمود: نخیر شاه هم حق ندارد[۱۳]».

*ـ "میرزا آقاخان نوری" برای منافع دولت بریتانیا کار می‌کرد و درگرفتن فرمان قتل امیرکبیر از شاه نقش عمده‌ای داشت.

البته ناگفته نماندکه تصمیم شاه در جهت اصلاحات بیشتر به دلیل تحقیری بود که از سوی کشورهای اروپایی نسبت به ایران عقب‌مانده روا می گشت*، با این‌حال همین اصلاحات اندک را معممین مانع می گشتند. چنان‌که «عده‌ای نزد پادشاه سعایت می‌کنند و او را از وضع قوانین می‌هراسانند. چنین وانمود می کنندکه قانون‌گذاری مخالف دین اسلام است و از اقتدار سلطنت هم می کاهد[۱۴]».

بنابراین عَقیم ماندن‌کوشش‌های اصلاح‌طلبانه‌ی ناصرالدین شاه را باید در قدرت دستگاه حاکمیت مذهبی دانست‌که چون هر نوع اصلاحات را در تضعیف قدرت خویش تلقی می‌نمود، با تمام قوا مانع می گشت. در حقیقت خود ناصرالدین شاه نیز از قدرت مخّرب رهبری شیعه مطلع بود. تحلیل او از جنگ‌های ایران و روس، نمایان‌گر این شناخت است. وی در گیر و دار جنبش تنباکو در نامه‌ای به نایب‌السلطنه نوشت:

«هنوز آن فقره جهادیه‌ی علمای کربلا و نجف که آمدند طهران و فتحعلی‌شاه بیچاره را واداشته با دولت روسیه به جنگ و جدال انداخته از نظرها دور نشده است. و هر چه دولت ایران تا به حال می‌کند از نتیجه‌ی همان نصایح علمای آن‌وقت کربلا و نجف است[۱۵]».

در واقع همین قدرت مخرّب دستگاه حاکمیت مذهبی بودکه هر بار او را مجبور می‌نمود تا برای حفظ موقعیت خود، امیرکبیر، سپهسالار، امین‌الدوله و سایر اقدامات اصلاح‌طلبانه را قربانی کند.

متأسفانه تسلط فلج‌کننده‌ی مذهب قرون وسطایی نه تنها جامعه را دچار خفقان می‌نمود، که گریبانگیر همه‌ی درباریان نیز بود. بطوری که دولت‌آبادی می‌نویسد:

«رجال دولت اغلب بی‌مرشد نیستند و تقریباً مرشد داری هم جزو تجملات

*ـ ناصرالدین شاه به بیسمارک پیشنهاد بستن پیمان می‌کند و او این پیشنهاد را رد می‌کند و می‌گوید: "هر وقت شما پنجاه هزار نفر، آن‌طور که ما بپسندیم قشون داشته باشید. من حاضرم عهدنامه‌ی صلح و جنگ با ایران ببندم" در واقع دولت آلمان با این حرفش ایران را تحقیر می‌کند (گزارش ایران، مخبرالسلطنه هدایت، صفحه ۱۲۶)

شده[۱۶]».

«میرزا یوسف‌خان مستوفی الممالک که صدراعظم است مرید درویشی است "بابا" نام که در "ونک" یک فرسخی طهران منزل دارد[۱۷]».

با آن‌که دستگاه حاکمیت مذهبی به عظمت و قدرتی فزآینده دست یافته بود، ولی درست همین قدرت مسخ‌کننده حکومت مذهبی بود که سبب گردید تا انقلاب دگراندیشی مذهبی نیز پدیدارگردد. بدین معنا که درست است که حاکمیت مذهبی به قدرتی بی‌نظیر دست یافته و حتی دربار را به زیر سایه‌ی سنگین خود درآورده بود. اما از یک‌سو قطب ایرانی و ضداسلامی جامعه نیز به اعتماد به نفس و رشدی فزآینده دست یافته بود که این حاکمیت را به مبارزه بر سر مرگ و زندگی فرا می‌خواند. در واقع نقش رهبری مذهبی در روند اضمحلال ایران چنان آشکار بود که سبب گردید تا برخی افراد در حدی که می‌توانستند به انتقاد از این رهبری بپردازند.

از جمله در انتقاد نامه‌ی میرزا ابراهیم بدایع نگار به سال ۱۲۸۹ آمده است:

«اگر ملت است چیزی از او باقی نمانده است مگر چهار آخوند و پیش‌نماز و چهل دسته سینه‌زنی و سنگ‌زن و پیل‌باز، و ده دوازده روضه‌خوان و شبیه‌خواه بد صدای بدآواز[۱۸]» و یا حاج سیاح در سفر مشهد می‌نویسد:

«در این شهر "قریب دو هزار سید و ملای مفتخور" به جان مردم افتاده و موقوفات را بالا کشیده‌اند، از چندی پیش از بس ملک خریده‌اند، دستگاه شاهی دارند، کافی است یک بنده خدا اعتراض و پرسش کند "با شمشیر و تکفیر و نیزه و تیر" حسابش را می‌رسند[۱۹]».

از سوی دیگر پیشرفت اروپا باعث می‌شد تا میزان عقب‌ماندگی ایران بیشتر نمایان گردد. در واقع آشنایی "امت" با مظاهر پیشرفت غرب سبب کاهش "ابهت معنوی علما" می‌گشت. به عنوان نمونه وقتی دوربین عکاسی به ایران آورده شد «حکیم

دانشمند "ملاهادی سبزواری" که نماینده‌ی عالی‌قدر حکمت گذشتگان بود، عمل عکاسی را مخالف قانون و براهین علیه حکمای سلف می‌دانست و وقتی عکس خود او را برداشتند انگشت حیرت به دندان گرفت[۲۰]».

این بود که کم‌کم حنای علم و دانش "علمای عظام" حتی در میان "امت" چشم وگوش بسته رفته رفته رنگ می‌باخت. همچنین افرادی در میان جناح مترقی دربار، از آن‌جایی که خود را در اضمحلال ایران مسئول می‌دانستند، زبان به انتقاد از روحانیت گشودند. از جمله این افراد می‌توان از فرهاد میرزا معتمدالدوله (عموی شاه) نام برد که به ملاعلی کنی، بزرگترین مجتهد پایتخت پیغام داد:

«شما می‌شمارید ما را از اهل حکومت و ظالم و حرام‌خور... اما شما در خانه‌ات خُم‌های شراب و آلات و ادوار تقطیر شراب و تبدیلش به جوهر و عرق موجود و می‌توانیم از خانه‌ات بیرون بیاوریم و رسوای خاص و عامت کنم...[۲۱]»

بنابراین می‌توان گفت: که همین تضاد موجود میان قطب ایرانی و ضداسلامی جامعه با حاکمیت مذهبی، محرک و سبب اساسی انقلاب مشروطه بوده است. انقلابی با افکار جدید و آرمان‌خواهی میهن‌دوستانه.

انقلاب مشروطه یکی از پیچیده‌ترین و جالب‌ترین وقایع تاریخ ایران است. در کشوری که ۹۸٪ مردم بیسواد بودند و هنوز در دوران قرون وسطایی به سر می‌بردند و حاکمیت مذهبی در اوج اقتدار خود بود و دو ابرقدرت جهان آن روز (روس و انگلیس) برای تسلط بر آن از هیچ کوششی فروگذار نبودند، انقلابی پدید می‌آید که حاصل آن تصویب مترقی‌ترین قانون* جهان (به استثنای اروپا و آمریکای شمالی) است. انقلابی که نه تنها به خلع محمد علیشاه و فرار او ازکشور منجر می‌گردد، بلکه پرقدرت‌ترین رهبر مذهبی (شیخ فضل‌الله نوری) را در ملاء عام به دار می‌آویزد و درکشوری که خونبهای مرد ارمنی ۲۵ تومان بود، یپرم خان ارمنی را به ریاست کل

*ـ منظور قانون اساسی مشروطیت پیش از نوشته شدن متمم آن است.

نظمیه‌ی پایتخت می‌رساند.

اما از سوی دیگر، انقلاب ظاهراً توسط دو عمامه بسری که تنها به قوانین شرع باور داشتند آغاز شد و به تقسیم رسمی و اشغال کشور توسط نیروهای روس و انگلیس خاتمه یافت.

نه حاکمیت استبدادی را از میان برداشت و نه خللی به حاکمیت دستگاه مذهبی وارد آورد. کشوری که به فلاکت اقتصادی و ناتوانی اجتماعی- سیاسی گرفتار شده بود و مردمش از قحطی به قحطی دیگر، دست به‌گریبان وبا و طاعون بودند. از این انقلاب بهره‌ای که نبود هیچ به هرج و مرج سیاسی نیز دچار آمد.

هدف اصلی روشنگران و بنیان‌گذاران انقلاب مشروطه این بود که با بیدار کردن عِرق ملی در ایرانیان و در نتیجه کوتاه شدن دست دکان‌داران دین از دولت، به سکولاریسم و حکومت قانون دست یابند و همچنین با درهم شکستن ساختار حکومت استبدادی و مذهبی، آزادی و دمکراسی- تجدد و مدرنیته را به همراه آورند و به دوران قرون وسطایی ایران خاتمه بخشند.

انقلاب مشروطه یک شبه پدید نیامده، بلکه نقطه‌ی اوج کوشش‌های تدارکی چند جانبه بود، تاریخ‌نگاران برآمدند، روشنگران و راهگشایان، ایجاد مدارس و تأسیس روزنامه‌های آگاهی دهنده، از جمله‌ی این کوشش‌ها بود.

در واقع ماده‌ی انقلاب مشروطه از جنبش تنباکو فراهم گشته بود. چنان‌که از سخنان "میرزا رضا کرمانی" کشنده‌ی ناصرالدین شاه برمی‌آید فقر و بدبختی که دربار قاجار و معممین در جامعه ایجادکرده بودند مردم را به تنگ آورده بود، به طوری که وی در دفاعیات خود چنین می گوید:

«همه‌ی تواریخ دنیا نشان داده‌اندکه تا "خونریزی" و انقلاب برپا نشود، کار از پیش نمی‌رود. من "شاه را کشتم" تا هراس از مردم برگیرم و آنان به پا خیزند، "این

آخوندهای بی‌شعور" هستندکه برای "صاحب‌الزمان" خصایل و "علامات" تراشیده‌اند. امروز "هرکسی برخیزد" و این بساط را برچیند "صاحب‌الزمان خودش است"[۲۲]».

حال دیگر در اذهان مردم، ملایان جدا از حاکمیت و ارباب قدرت نبودند. برای درک بهتر خواننده دو عبارت از شب‌نامه‌های دیواری آغاز انقلاب مشروطه که بیانگر آگاهی روزافزون مردم نسبت به ملایان و سرشت تفکر و منش اهل دین و دولت است را در اینجا می‌آورم:

«عجب بدبختی شامل ما مردم شده است که دچار و گرفتار دو نمره از مردم بی‌فتوت و بی‌حمّیت شده‌ایم. یکی رجال خونخوار و غدار متعدی و بی‌حیای دولت و یکی علمای بی‌غیرت ملت[۲۳]».

«همه "تقصیرها" از خود ماست. نشسته‌ایم که "از شاه و وزیر و خان و واعظ و ملا"، حقوق بستانیم. ما "عاملین و مسببین" ذات و زبونی خود را بازنشناختیم، در نیافتیم که "آسایش و رفاه ملایان" از "فلاکت" ما و "تشخص و زندگی‌شان" از "ثمرات زحمت" ما و "خرافات ضاره"ای که به خورد ما می‌دهند، از "جهل" ماست[۲۴]... ».

* * * * *

متأسفانه در اغلب کتاب‌های تاریخی بر این توهم دامن زده شده است که دو عمامه به‌سر (سید محمد طباطبایی و سید عبدالله بهبهانی) رهبری جنبش مشروطه را برعهده داشتند. در صورتی که، معممین هرگز بویی از آزادی‌خواهی نبرده‌اند. بلکه شماری از آزادیخواهان و "بیداران" درکشمکشی که میان "دربار" و "معممین" رخ داد، فرصت را غنیمت شمردند و سخن از قانون و عدالت به میان آوردند. چنان‌که پیش‌تر نیز اشاره شد "ارباب عمائم" در دوران سلطنت ناصرالدین شاه از قدرت و نفوذ فوق‌العاده‌ای برخوردار شدند، این قدرت و نفوذ تنها ناشی از مذهب‌زدگی شاه نبود. بلکه به دلیل جنبش "بابی" و شورش آن‌ها بر علیه استبداد حاکمیت سیاسی و حاکمیت مذهبی، سبب گشت تا همکاری "علما" و "امرا" ابعاد وسیع‌تری یابد. در نتیجه قدرت و نفوذ

معممین بیش ازگذشـــته افزایش یافت و «اهل منبر را از اقتدار بی‌سابقه‌ای برخوردار کرد. از جمله محاکم شرع تقویت شدند، موقوفات را جابه‌جا کردند، مقام متولی‌باشی در برخی ولایات از مقام حاکم ولایت فراتر رفت... املاک خالصه را به تیول ملایان دادند، برای آن گروه از علماکه روزها را به "دعا برای ســلامت وجود مبارک" ســر می‌کردند مقرری و مستمری قرار دادند... نیز سالانه بیست هزار تومان به نام "سادات و دراویش" در اختیارشان می‌نهادند،... ازدواج‌های درباری ـ روحانی هم رواج یافت. امام جمعه تهران (میرزا ابوالقاســم) که فتوای قتل با بیان را داده بود به دامادی شاه مفتخرگشت[۲۵].»

«[حال] ملایان گه‌گاه در چهره‌ی مشــاورین سیاسی هم ظاهر می‌شدند چنان‌که حکام، برخی امــور را به آنان ارجاع می‌دادند. در تنظیم روابط خارجی ایران کم‌کم دســت یافتند... به قول میرزا آقاخان کرمانی، اکنون آخوند "پلتیک‌دان" ولایت بود چون درهم کوک وکلک عُرفی را می‌دانست و هم دسائس شرعی را[۲۶]»

پیش از این در این‌باره ســخن رفت که پایگاه حکومت مذهبی، لشــکری نیز از اوباش و اراذل داشت که نیروی اجرایی این دستگاه بودند[۲۷]. «هر ملایی تعدادی لوطی و طلبه را در مدارس و مساجدی که تولیت‌شان را داشت مستقرکرد. موقوفات تبدیل به سربازخانه ملایان شدند، لوطیان مسلح که‌گاه تعدادشان در هر مسجد به دویست نفر می‌رسید در این املاک مسکن گرفتند... کمتر روحانی مقتدری بود که "چماقداران" و الواط خود را نداشته باشد. به‌کوچک‌ترین سر و صدا و یا اغتشاش در محلات و بازار "لشــکرطلاب" به مثابه بخشی از قشون دولتی بسیج می‌شدند و دمار از روزگار مردم درمی‌آورند[۲۸]». در واقع پایگاه عظیم متولیان شریعت در تمام امور مداخله می‌نمود. در دوران صدارت میرزا حسین‌خان سپهسالار صدراعظم کاردان و روشن ناصرالدین شاه تلاش شد اصلاحاتی انجام‌گیرد، اما سپهسالار با دسیسه‌ی ملایان ازکار برکنار شد[۲۹]. پس از برکناری وی، رسم بر آن گشت که دولتمردانی که بر مسند صدارت می‌نشستند برای حفظ مقام خود با جناحی از حاکمیت مذهبی زد و بست می‌نمودند. در حقیقت

این بدعتی بود که "اتابک اعظم" قرار داد. پس از جنبش تنباکو، اتابک برای حفظ قدرت خود، برای "آقایان" مستمری دولتی برقرار نمود! امین‌الدوله در خاطراتش در این باره چنین می‌نویسد:

«تدبیری که به عقل دولت رسید مقرر داشتن "انعامات و احسانات" در حق هر ملا و سید و واعظ و روضه‌خوان و معرکه‌گیر امام محله و محرر محضر شرع بود. آن وجوه از خزینه‌ی دیوان به آن کسان می‌رسید و آقایان جزیه و باج حساب می‌کردند، و به بی‌اعتنایی آن‌ها و بی‌اعتباری دستگاه سلطنت می‌افزود[۳۰]» پس ازکشته شدن ناصرالدین شاه، ائتلاف گسترده‌ی میان دربار قاجار و پایگاه رهبری شیعه گسسته شد، زیرا اکنون دیگر قدرت پایگاه حکومت مذهبی به جایی رسیده بود که تلاش داشت قدرت مطلق شود تا شاه و دربارش مثل سایر عوام‌الناس در دست آن‌ها رام گردند. در حقیقت حضور "ارباب عمائم" در انقلاب مشروطه به منظور تأسیس عدالت‌خانه و دارالشورا، آن بود که حکومت مشروعه- نه مشروطه- را به نحوی که سیدجمال‌الدین اسدآبادی و شیخ فضل‌الله نوری و هوادارانش طلب می‌کردند در ایران برقرار سازند تا هرگاه شاه و حکومتش نافرمانی کردند و از اطاعت ملایان سرباز زدند بتوانند به اسم شرع و قانون شرع تکفیرشان کرد و با تعزیز و خلع، دهان‌بندی، بر سرشان زد، چنان‌که در این سی و سه سال حکومت اسلامی در ایران ملاحظه می‌کنید، متولیان شریعت جایگاه آزادی، قانون و برابری، برای "امت" طلب نکرده‌اندکه آن زمان طلب کرده باشند. «آن تصور باطل و رایجی که روحانیت را به مثابه نیروی "ضداستعماری" و معترض به قراردادها و امتیازات ترسیم می‌کند، باید یکسره زدود. وانگهی مدونات و منابع این مخالفت درکجاست؟ اگر مأخذ، تاریخ مشروطیت کسروی است، معلوم است که آن اثر را درست نخوانده‌اند. اگر اسناد و گزارشات دیوانی و غربی است، که دلالت بر چنین مضمونی ندارد[۳۱]». آن‌چه مسلم است "سید عبدالله بهبهانی و سید محمد طباطبایی" به انگیزه قدرت‌طلبی درکشاکش این انقلاب شرکت داشتند، این دو، هیچ‌گاه مشروطه‌خواه نبودند و دلایل حضورشان در این جنبش به علت اختلاف

مالی بود که بر سر موقوفات بین این دو سید با شیخ فضل‌الله نوری (متحد رئیس‌الوزرای وقت) پیش آمده بود و دیگر آن‌که آن دو در نظر داشتند یگانه قدرت حاکمیت گردند به طوری که شاه و دربارش تحت فرمان آن‌ها قرارگیرند.

چنان‌که اشاره شد تقریباً از اواخر سلطنت ناصرالدین شاه به بعد، دولت‌مردان تنها با حمایت جناحی از حاکمیت مذهبی می‌توانستند در مقام خود باقی بمانند. پیش از آن‌که جنبش مشروطه آغازگردد، میرزا علی‌اصغرخان امین‌السلطان (اتابک اعظم) صدراعظم و متحد سید عبدالله بهبهانی بود و به او و جناح او باج می‌داد. بهبهانی هم از اتابک حمایت و پشتیبانی می‌نمود. در این هنگام شیخ فضل‌الله نوری رقیب بهبهانی به سفر حج رفت و با قرض زیادی وارد ایران گشت، برای پرداخت بدهیش، مبلغ دوازده هزار تومان از اتابک درخواست نمود. اتابک نیز چون پشتش به بهبهانی گرم بود از دادن این مبلغ به شیخ فضل‌الله امتناع ورزید و پس از آن در مجلسی گفت که دادن دوازده هزار تومان به یک نفر آخوند مازندرانی از طریق اقتصاد خارج است[۳۲].

شیخ فضل‌الله وقتی رفتار صدراعظم را با خود دیدکینه‌ی وی را به دل گرفت، در پی انتقام برآمد، لذا با سید محمد طباطبایی متحدگشت و مجالسی تشکیل داد تا سرانجام میرزا علی‌اصغرخان (اتابک) معزول و عین‌الدوله به وزارت اعظمی منصوب گردید. بنابراین چنان‌که ملاحظه می‌کنید با آن‌که بهبهانی پشتیبان اتابک بود ولی چون شیخ فضل‌الله توانسته بود طباطبایی را نیز با خود همراه سازد و جناح قوی‌تری را تشکیل دهد عاقبت موفق به عزل اتابک می‌گردد.

شاهزاده عین‌الدوله صدراعظم جدید از آن‌جایی که صدارت خود را مدیون شیخ فضل‌الله نوری می‌دانست، در نتیجه با وی متحدگردید و تمام امور شرعی، عُرفی و مملکتی را به محکمه‌ی شیخ فضل‌الله داد. «تا که کار شیخ بالا گرفت وکارهای عمده را صورت و انجام می‌داد، طوری که حکومت بعضی از ولایات عمده بر حسب

مشورت شیخ نوری معین و برقرار می‌شد[۳۴]».

بهبهانی که با برکناری اتابک از قدرتش کاسته شده بود با آن‌که باطناً با صدارت عین‌الدولـه مخالف بود ولی تلاش کرد خود را بـه وی نزدیک کند تا از قافله عقب نماند اما مؤثر نیفتـاد[۳۵]. از آن پس بهبهانی زخم خورده «برای برانداختن عین‌الدوله می‌کوشـید... و برای نیرومندی خود آرزوی همدستی با یکی از علمای بزرگ تهران می‌کرد، و در همین روزها بود که میانه‌ی او با سـید محمد طباطبایی هم‌دسـتی پیدا شد[۳۶]».

بهبهانی معتمدالاسلام رشتی را از طرف خود نزد طباطبایی فرستاد تا قول همراهی او را بگیرد، طباطبایی گفت: «اگر جناب آقا سید عبدالله مقصود را تبدیل کند و غرض شخصی درکار نباشـد من همراه خواهم بود.[۳۷]» بهبهانی که بسیار شاد بود از آن‌که توانسته قول همکاری طباطبایی را با خود برای مقابله با دربار و شیخ فضل‌الله نوری بگیرد، پاسخ داد: «همان آقای طباطبایی با من باشد مرا کافی است[۳۸]». بدین ترتیب دو سید برای مقابله با عین‌الدوله و متحدش شیخ فضل‌الله نوری وارد میدان شدند و عجب آن‌که این بار طباطبایی را علیه شیخ نوری درکنار بهبهانی می‌بینیم!

ورود دو سید به جریانات جنبش مشروطه بدین شکل آغازگردیدکه در این هنگام بانک استقراضی روس به دنبال زمینی در میان شهر می‌گشت تا ساختمان این بانک را بنا کند. پشـت بازارکفاش‌ها یک مدرسـه‌ی ویرانه و یک گورستان قرار داشت که از موقوفـات بود، «کسـانی از مردم می‌رفتند و از علما کمی از اطراف قبرسـتان را می‌خریدند و برای خود خانه می‌ساختند و علما به نام این‌که "موقوفات" ازکار افتاده را می‌توان فروخت... از فروختن و قباله دادن باز نمی‌ایسـتادند[۳۹]». برخی از دلال‌ها به رئیس بانک روس یادآوری کردندکه می‌توان این زمین و قبرسـتان را از علما خرید و سـاختن بانک را در آن‌جا تأسـیس کرد. آن‌ها نیز نزد شـیخ فضل‌الله رفتند، او هم مدرسـه وگورسـتان را به بهای هفتصد و پنجاه تومان به آن‌ها فروخت و پولش را در

جیب گذارد[۴۰]. اکنون شیخ فضل‌الله با قدرتی که از طریق دربار (عین‌الدوله) به دست آورده بود، هر آن‌چه می‌خواست انجام می‌داد و کوچک‌ترین اعتنایی هم به بهبهانی و متحدش طباطبایی نمی‌کرد.

فروش زمین موقوفه توسط آخوند درباری به روس‌ها، سبب خشم دو سید شد به طوری که طباطبایی به رئیس بانک پیغام فرستاد که «این قبرستان و مدرسه را خراب کردن به هیچ قانونی مشروع نیست و نخواهم گذاشت زمین در تصرف شما بماند[۴۱]». سرانجام، این دو سید موفق شدند با تحریک تعصبات مذهبی مردم آن‌ها را علیه ساختمان بانک استقراضی روس در آن مکان بشورانند. مردم متعصب نیز به محل ساختمان نیمه کاره‌ی بانک یورش بردند و آن‌جا را با خاک یکسان کردند[۴۲]. کار بالا گرفت. رئیس بانک به وزارت خارجه شکایت برد، عاقبت پای عین‌الدوله رئیس‌الوزراء و متحدش شیخ فضل‌الله نیز به میان کشیده شد. ولی چون خبر به گوش شاه رسید، او که از قدرت پایگاه حکومت مذهبی وحشت داشت کوتاه آمد و گفت: «خسارت بانک را بدهند و زمین را به حال خود واگذارند[۴۳]». در این واقعه دو سید پیروز شدند، اما شیخ فضل‌الله بسیار موهون گشت، چه فروشنده‌ی زمین او بود، در نتیجه عین‌الدوله نیز در مقام جبران توهین شیخ فضل‌الله برآمد[۴۴]. از معممین با نفوذ تهران امام جمعه، داماد شاه با عین‌الدوله و شیخ نوری همدست می‌شوند و تلاش می‌کنند با صحنه‌سازی در مسجد شاه دو سید را از میدان به‌در کنند*. آقایان هم در اعتراض به دولت با جمعی از یاران‌شان به شاه عبدالعظیم می‌روند و در آن‌جا متحصن می‌گردند[۴۵]. بدین صورت بود که پای دو سید به انقلاب مشروطه کشیده شد، بدون آن‌که کوچک‌ترین اعتقادی به آزادی یا مشروطیت داشته باشند. در واقع مدت‌ها پیش از آن‌که طباطبایی و بهبهانی به شاه عبدالعظیم کوچ کنند جنبش مردمی علیه دولت آغاز شده بود و بازرگانان در اعتراض به استبداد حکومتی و احجافی که مسیو نوز بلژیکی وزیر گمرکات به تجار

*ــ برای اطلاعات بیشتر در این رابطه بنگرید به کتاب "تاریخ مشروطه" نوشته‌ی احمد کسروی، صفحات ۶۰ تا ۶۴ و همین‌طور تاریخ بیداری ایرانیان، نوشته‌ی ناظم‌الاسلام کرمانی، صفحات ۳۲۱ تا ۳۴۰.

می‌کرد به آن‌جا رفته و متحصن شده بودند[۴۶]. آن‌چه مسلم است آن است که اوضاع مملکت در این هنگام بسیار وخیم و ماده‌ی انقلاب از هر جهت آماده بود، ظلم و ستم اولیای دولت، سالوس و ریای متولیان مذهبی و بیماری‌های گوناگون و فساد اخلاق دست به دست یکدیگر داده فنای ملت را فراهم کرده بود[۴۷]. قحطی و فقر عمومی و استبداد به حدی بود که در قوچان به جهت آن‌که ملخ حاصل زراعت کشاورزان را خورده بود، رعایا ناچار گشته بودند دختران خود را به مبلغی بفروشند تا مالیات دیوان را بپردازند[۴۸]*، آن‌گاه در چنین اوضاع و احوالی، دغدغه‌ی خاطر عمامه به‌سران مشروطه‌خواه ما، زمین موقوفه‌ای بود که رقیب آن‌ها، آخوند درباری به بانک استقراضی روس فروخته بود! در توضیح شخصیت سید عبدالله بهبهانی باید بگویم ایشان که در جنبش مشروطه به اصطلاح مشروطه خواه گشت قبل از آن، در انقلاب تنباکو (رژی) که ناصرالدین شاه امتیاز توتون و تنباکو را که بخشی از امتیاز بانک شاهی بود، به انگلیس‌ها داد، هزار لیره از بابت این قرارداد و همین‌طور در قرارداد بانک استقراضی روس رشوه گرفت. "لا و نعم" نگفت، طباطبایی آزادی‌خواه هم از امتیاز متنعم گشت[۴۹]. در حقیقت بهبهانی در انقلاب تنباکو، چون متحد اتابک صدراعظم وقت بود. نه تنها همراه انقلابیون نبود بلکه رهبر جناح ضد جنبش تنباکو گشته و هنگامی که شاه خود از ترس انقلابیون در خفا قلیان می‌کشید. بهبهانی علناً قلیان کشیده و از فتوای میرزای شیرازی دائر بر تحریم مصرف تنباکو تبعیت نمی‌کرد که من مجتهدم و مقلد نیستم[۵۰]. پس از صدور فرمان مشروطیت نیز در مجلس اول شورای ملی دامنه‌ی رشوه‌خواری بهبهانی چنان گسترده گردید که ناظم‌الاسلام کرمانی** در کتاب تاریخ بیداری ایرانیان در این رابطه می‌نویسد:

«یک شب در انجمن مذاکره شد که... اجزای جناب آقا سید عبدالله از مردم

*ـ تعداد این دختران بین ۲۵۰ تا ۸۰۰۰ گزارش شده که حاکم قوچان هر یک از آنان را به جای ۱۲ من گندم حساب کرده و از ۱۵ الی ۴۰ تومان به ترکمن‌ها فروخته بود. برای آگاهی بیشتر مراجعه کنید به کتاب "دختران قوچان از یاد رفته‌های انقلاب مشروطیت" نوشته‌ی افسانه نجم‌آبادی.

**ـ "ناظم‌الاسلام کرمانی" نویسنده کتاب "تاریخ بیداری" است که خود نیز معمّمی از نزدیکان طباطبایی بوده و جلسات سری عمامه به‌سران در عصر مشروطیت در منزل او تشکیل می‌شده است.

تعارف و رشوه می‌گیرند و ما هر قدر بخواهیم به اشاره وکنایه و یا به پیغام برسانیم اثر نخواهدکرد... این سلوک اجزاء و اطرافیان ایشان مردم را مستأصل و تباه می‌کند. آن وقت خدای ناکرده سستی در اعتقاد مردم پدید خواهد شد[۵۱]». بنابراین سید عبدالله نه تنها افکار آزادی‌خواهی و قانون‌طلبی نداشت، که خود سدّی در برابر قانون و آزادی بوده است. او نمونه‌ی بارز یک معمم قدرت‌طلب و قانون‌شکن است که از این بابت کوچک‌ترین نگرانی به خـــود راه نمی‌دهد، چنان‌که هنگامی که حاج میرزا مرتضی آشتیانی: «روکرد به آقا سید عبدالله وگفت اجزای درب خانه‌ی شما از مردم رشوه و پول می‌گیرند و شما را بدنام و ضایع می‌کنند. جناب آقا سید عبدالله در جواب فرمود: اگر مرا عاقل می‌دانید، پس عاقـــل می‌داند چه کند و تکلیف خود را می‌داند. دیگر آن‌که اجزای من چهل ســـال است که عادت به این کار دارند چه طور می‌شود عادت چهل ساله‌ی آن‌ها را مانع شوم[۵۲]».

حقیقت امر آن است که شخصیتی چنین قانون‌شکن هرگز نمی‌توانسته است رهبر جنبش قانون‌طلبی بوده باشد.

بهبهانی در همان مجلس اول، تمام قواعد و ضوابط مشـــروطیت را زیرپا گذارد چنان‌که همین که آقا میرزا محمدتقی، وکیل علماء استعفاء داد، جناب آقا سید عبدالله داماد خود را به جای او منصوب کرد، بدون انتخاب و بدون شـــرایط و هر قدر عقلا داد و فریادکردند به جایی نرسید[۵۳].

بنابراین سید عبدالله هیچ‌گاه در فکر آزادی ملت نبود و هرگز قدمی جز به انگیزه قدرت‌طلبی برنداشت.

حال بپردازیم به احوالات سید محمد طباطبایی یعنی دومین معممی که به‌گفته‌ی تاریخ‌نگاران در انقلاب مشروطه دست داشته است. تا ببینیم او دارای چگونه شخصیتی بوده و آیا کوچک‌ترین اعتقادی به مشروطه داشته است یا خیر؟ طباطبایی در جوانی معمم نبود ولی به واسطه‌ی آقازادگی دارای احترامات بود[۵۴]. «در اوایل سن با جوانان

خوشگذران، آمیزش می‌نمود، و دوره‌ی جوانی را با آزادی و خوشی گذرانید، پس از گذشتن آن دوره و سالخورده شدن چند سال به عراق عرب رفته در سامره اقامت نمود. جزو اصحاب میرزای شیرازی شده و بالاخره به تهران آمده از روحانیون محترم شمرده می‌شود[۵۵]...». در واقع سید محمد طباطبایی در ایام جوانی آن‌چه خواسته انجام داده، سپس هنگامی که پا به سن گذارده مانند اجدادش در سِلک عمامه به‌سران درآمده* تا از احترامات فوق‌العاده‌ای که متولیان مذهبی با نفوذ آن زمان برخوردار بودند، او نیز بهره‌مند گردد.

طباطبایی برخلاف بهبهانی که حامی اتابک بود، میانه خوشی با درباریان نداشت و «از معاشرت شاه و درباریان تنفر می‌فرمود[۵۶]» و با هر صدراعظمی که در زمان او بر مسند صدارت نشست او مخالفت می‌نمود[۵۷]. چراکه طباطبایی خود را "رئیس ملت" یعنی در مقامی به مراتب بالاتر از صدراعظم و در واقع هم ردیف شاه می‌دانست و تحت همین عنوان برای امپراتور ژاپن تلگراف فرستاد و از امپراتور خواست تا با مسلمانان ژاپن به خوبی رفتار کند[۵۸]! او نیز مانند بهبهانی کوچک‌ترین ارزشی برای مشروطیت و حکومت قانون قایل نبود.

نطق طباطبایی در روزهایی که مردم برای مشروطیت مبارزه می‌کردند نشان‌دهنده‌ی همین نکته است که می‌گوید: «بابا جان پادشاه هم مثل ما یک نفر است نه این که به قول بعضی مالک‌الرقاب و آن‌چه بخواهد بکند... ما جمهوری‌طلب نیستیم، **به این زودی مشروطه نمی‌خواهیم، یعنی مردم ایران هنوز به آن درجه تربیت نشده‌اند و قابل مشروطیت نمی‌باشند... ما عدل و عدالت‌خانه می‌خواهیم، ما اجرای قانون اسلام را می‌خواهیم... ما نمی‌گوئیم مشروطه و جمهوری، ما می‌گوئیم مجلس، مشروعه، عدالت‌خانه، تمام شد[۵۹]...»**.

چنان‌که نمایان است معروف‌ترین عمامه به‌سر مشروطه‌خواه ما، اجرای قانون

*ـ طباطبایی پسر سید صادق طباطبایی است و اصل و نسبش به سید محمد مجاهدکه فتوای جهاد با کفار روس را در دوران فتحعلی‌شاه صادر کرد و علامه مجلسی معمم بسیار بانفوذ دوران صفویه می‌رسد.

اســلام و مشروعه را خواستار بوده اســت. نه، مشروطه را. در نهایت آن‌که هدف وی کاهش دادن قدرت حاکمیت سیاسی و افزایش قدرت حاکمیت مذهبی بوده است. بنابراین دو ســید دوران مشــروطه را تنها انگیزه‌ی قدرت‌طلبی در کنار هم قرار داد. و چیزی نمانده بود که خواســته‌ی آقایان برآورده گردد و مجلس شورای اسلامی را که خمینی ســال‌ها بعد، پس از پیروزی انقلاب اسلامی در ایران برپا کرد، آن‌ها در عصر مشروطیت تشــکیل دهند. بدین صورت که هنگامی که طباطبایی و بهبهانی برای بار دوم، البته این بار در قم متحصن شدند*، عریضه‌ای تلگرافی به حضور مظفرالدین شاه فرستادند و در آن چنین به عرض رسانیدند:

«لازم دانســتیم که این **مقصد مهم اســلامی را** کــه موجب اعلام کلمه‌ی حقه و **مزید قوت ســلطنت اســلامیه**... است... به عرض ســده‌ی سینه‌ی ملوکانه رسانیده... **منع ارتکاب منهیات و منکرات الهیه و امر به معروف و واجبات شرعیه... و مجازات ظالمین و اصلاح امور مســلمین بر طبق قانون مقدس و احکام متقن شــرع مطاع... معلوم و مجری شود**[۶۰]...».

کاملاً نمایان است که آقایان خواهان یک حکومت به تمام معنی اسلامی بودند که در آن شاه و حکومتش مطیع اوامر آن‌ها باشد. مظفرالدین شاه که با الطاف زیادی با آقایان رفتار می‌نمود، در پاسخ آن‌ها دست خطی صادر کرد به این مضمون:

«مجلسی از منتخبین شــاهزادگان و علما و قاجاریه و اعیان و اشراف و ملاکین و اصناف... تنظیم شــود... عقاید خودشان را در خیر دولت و ملت و مصالح عامه و احتیاجات قاطبه‌ی اهالی مملکت به توسط شخص اول دولت به عرض رسانند، که به صحه‌ی مبارک موشح و به موقع اجرا گذارده شود[۶۱]».

*ـ در تحصن قم شیخ فضل‌الله نوری هم چون پیشرفت طباطبایی و بهبهانی را در برابر حکومت می‌بیند، برای آن‌که از قافله عقب نماند با دو سید همراه می‌گردد. اما پس از مرگ مظفرالدین شاه و به تخت نشستن محمدعلی‌شاه هنگامی که وی به شدت با مشروطه مخالفت می‌کرد، شیخ نوری دوباره با دربار متحد می‌گردد.

اما این دســـت‌خط آن چیزی نبود که متولیان اسلام از شاه طلب می کردند، آن‌ها خواستار مجلس شورای اسلامی بودند. به همین جهت نمایندگان آقایان، سید محمد صادق (پسر طباطبایی) و سید علاءالدین (داماد بهبهانی) به تهران آمده، به ملاقات شـــاه و صدراعظم رفتند. پس از این دیدار، "شاه اســـلام پناه" دست‌خط دیگری در تکمیل دست‌خط اول صادرکرد و خواسته‌ی عمامه به سران را مبنی بر تشکیل مجلس اسلامی بدین شرح برآورده نمود:

«... **فصول و شـــرایط نظامنامه‌ی مجلس شورای اســـلامی** را موافق تصویب... **و اجرای قوانین شـــرع مقدس مرتب** نمایید‌که به شرف عرض و امضای همایونی ما موشح و مطابق نظامنامه‌ی مزبور این مقصود صورت و انجام پذیرد[۶۲].»

اکنون می‌رفت که در مملکت یک حکومت تمام عیار اسلامی برپا گردد و تمام آرمان‌های مشـــروطه خواهان را نقش برآب کند و منظـــور آقایان راکه همانا برقراری حکومت مشـــروعه بود برآورده سازد. اما این بار مردم نپذیرفتند، دست‌خط شاه را در هر جا دیدندکندند:

«اشخاصی که در خارجه تربیت شده بودند و سال‌ها آرزوی این ایام را می‌بردند، شب و روز درکار بیداری مردم تلاش می کردند... اجزاء انجمن مخفی تمام همت‌شان مصروف این بود که آقازاده‌ها و عالم‌زاده‌های بیسواد، دخالت در این امر مقدس خطیر ننمایند[۶۳].» شب‌نامه‌ها در مخالفت با مجلس شورای اسلامی به اسم صدراعظم صادر شدکه به دولت و شاه چنین می گفت:

«... حقیقت حال مملکت و ملت را به شـــاه عرض و از خواب غفلت بیدارشان کنید و درک کنیدکه بعد از این بقای سلطنت و صدارت و اصلاً خزانه و همه چیز بسته به وجود مجلس شورای ملی است... ما تا امروزکشته شدیم و نکشتیم ولی حالا ناچار می‌شویم آن‌ها که دل‌شان برای ما نمی‌سوزد و می‌خواهند ما راگول بزنند جزایی بدهیم که دیگران عبرت بگیرند[۶۴]...»

واقعیت امر آن بود که ملت دیگر به این آسانی‌ها حاضر به سازش با دربار و "روحانیت" نبودند. در این میان شاهزاده عین‌الدوله از صدارت خلع و مشیرالدوله به صدارت اعظمی برگزیده شد. وی در واقع نماینده‌ی جناح مترقی دربار بود. بنابراین اکنون این دربار بود که تلاش کرد تا با راه دادن به خواست تجددطلبان، وزنه‌ی خود را در مقابل "معممین" بالا برد. بدین ترتیب که تجار چند نفر از رؤسا را فرستادند منزل صدراعظم مذاکره کنند:

«قرار شد دو دست‌خط سابق را تغییر دهند و مضامین هر دو را در یک دست‌خط بنویسند و نیز در دست‌خط که **مجلس شورای اسلامی نوشته‌اند** به این عبارت "**مجلس شورای ملی**" تبدیل شود. چه شاید بعضی به اغراض شخصیه یکی از مبعوثین را تکفیر کنند و آن وقت بگویند کافر در مجلس اسلامی چه می‌کند و شاید یک زمانی مانند شیخ فضل‌الله، ملایی پیدا شود که به غرض شخصی خود همه‌ی اهل مجلس را تکفیر و لااقل تفسیق کند، آن وقت محرک مردم شود که کافر و فاسق را به مجلس اسلامی چه کار است. دیگر آن که طایفه‌ی یهود و ارامنه و مجوس نیز باید منتخب خود را به این مجلس بفرستند و لفظ اسلامی با ورود آن‌ها نمی‌سازد، مناسب لفظ "ملی" است. ...صدراعظم متقبل گردید که همه‌ی مقاصد آقایان و تجار و کسبه را برآورده نماید[۶۵]».

حال می‌بایستی اقداماتی انجام می‌گرفت تا این پیروزی بزرگ تنها یک لفظ نباشد، زیرا حتی درباریان می‌دانستند که حاکمیت مذهبی دیر یا زود با آن مبارزه خواهند نمود. چنان که امیربهادر وزیر دربار گفت: «آقایان هرگز مجلس نمی‌خواهند و راضی به مجلس نخواهند شد، زیرا که مجلس شورا خلاف شرع است[۶۶]».

این بود که مشیرالدوله و اطرافیانش به سرعت قوانین چندکشور اروپایی (فرانسه و بلژیک) را به فارسی ترجمه کردند و از روی آن نظامنامه‌ی انتخابات مجلس و پس از آن متن قانون اساسی تهیه گردید و تمام کوشش‌ها بر آن بود که تا شاه بیمار زنده است. مجلس شورای ملی تشکیل گردد. اما پیشبرد عملی کار یعنی تشکیل مجلس

شواری ملی کاری دشوار بود. با آن‌که "بیداران" تلاش می کردندکه دست کم از نفوذ "آقازادگان" به مجلس جلوگیری کنند، اما در جامعه‌ی مذهب‌زده‌ی آن روز، کاری بسیار دشوار بود. بطوری که ناظم‌الاسلام کرمانی نیز می‌نویسد:

«چنان‌چه ملاهای تهران و یا آقازاده‌های ایشـــان داخل در این امر خطیر شدند، دیگرکار مشـــکل اســـت. زیراکه هر قدر دولت ضعیف گردد. عقلا و دانشـــمندان از پیشرفت این امر مقدس مأیوس و ناامید خواهند بود[۶۷].»

با این همه فقر معنوی جامعه‌ی شـــیعه‌زده در این مقطع سرنوشت‌ساز تاریخی به حدی بودکه معممین اکثریت قاطعی را در مجلس اول تشکیل دادند. کرمانی می‌نویسد:

«با این‌که در تهـــران مردمان عالم و جوانان با تربیت و باهوش و تحصیل‌کرده، موجود و متعدد و بی‌شـــمارند، ســـبب این‌که آن‌ها وکیل و منتخب نشدند و این‌گونه مردمان جاهل و بی‌تربیت داخل در این امر خطیر شدند، چند چیز بود. اول این‌که هنوز اهل تهران معنی مجلس و وکالت و امین را نداشته و نفهمیده‌اند... دویم آن‌که دست تقلب و رشوه درکار آمد[۶۸]».

و پیش‌تر دیدیم که یکی از بزرگترین رشوه‌خواران دوران، همان "پیشوای مشروطه" سید عبدالله بهبهانی بود.

متأســـفانه در ایران اسلامی عصر مشـــروطیت وضعیت جامعه به صورتی بود که «طایفه‌ی ارامنه وکالت خود را واگذار و تفویض به آقای طباطبایی نمودند و حق خود را در انتخابات اول ســـاقط نمودند[۶۹]». و «طایفه جهود حق خود را در این انتخاب واگذار به آقای بهبهانی نمودند[۷۰].»

مجلس اول مهم‌ترین مجلس قانون‌گذاری ایران محســـوب می‌شـــود زیرا متمم قانون اساســـی که خود بخش عمده‌ی قانون اساسی مشروطیت را تشکیل می‌دهد در این مجلس نوشـــته شد. چنان‌که پیش‌تر نیز اشاره شد بیشتر نمایندگان مجلس ملایان

بودند و آقایان (سید محمد طباطبایی و سید عبدالله بهبهانی و شیخ فضل‌الله نوری) هر سه بدون آن‌که در انتخابات شرکت داشته باشند، در مجلس شورای ملی حضور یافتند. با این حال همان تعداد معدودی از آزادی‌خواهان که به مجلس راه یافته بودند، کوشش‌شان بر این بود که خواسته‌های مردمی را مطرح کنند و در واقع نیرویی در مقابل قدرت دربار و حاکمیت مذهبی تشکیل دهند. که این خود یکی از فرازهای غرورانگیز تاریخ ایران است که نشان می‌دهد، آن‌جایی که روزنه‌ای برای نفوذ قطب ایرانی مهیا می‌گردد، ایرانیان ملی به بهترین وجهی از آن استفاده می‌نمایند، می‌گوئیم روزنه، زیرا مجلسی که تشکیل شد با یک مجلس منتخب مردم از زمین تا آسمان تفاوت داشت. انتخابات صنفی بود و برطبق نظامنامه نه زنان حق رأی داشتند و نه کسانی که به فساد عقیده معروف بودند!

* * * * *

دیدیم که صدور فرمان مشروطه و پس از آن تنظیم نظامنامه انتخابات و تشکیل اولین مجلس شورا، همه به ابتکار آزادی‌خواهان و "بیداران" علیرغم میل "آقایان" انجام گرفت. اما طولی نکشیدکه: «ملایان به فریب خوردن خود پی برده این دانستند که مشروطه در "رواج شریعت" نیست و آن خوان نه برای آنان درچیده می‌شود[۷۱]» این بود که شیخ فضل‌الله و جمعی از ملایان همراه اوگشته و علناً بنای مخالفت با مجلس شورای ملی راگذاشتند. «روی‌هم‌رفته پانصد تن یا بیشترگرد آمدندکه در رفت (خرج) همه را حاج شیخ فضل‌الله می‌داد[۷۲]»، و تلگراف زیر را برای علمای نجف وکربلا فرستادند:

«بواسطه‌ی طغیان زنادقه و دعوت آن‌ها با الحاد و زندقه در منابر و مجالس... تمام علماء الا دو نفر سه شب است در زوایه حضرت عبدالعظیم مقیم[۷۳]...».

حرف‌شان این بود که «مجلسی که اساس آن به امر معروف و نهی از منکر و رفع ظلم و حفظ بیضه‌ی اسلام... باشد ما فرمانبردار و خودخواهان چنان مجلسی

می‌باشیم. [لیکن]... این مجلس آن نیست که ما می‌خواستیم[۷۴]...»

واقعیت هم همین بود که مشروطه طلبی درست در جهت مخالف "شرع انور" قرار داشت و با هیچ مغلطه و سفسطه‌ای نمی‌شد این دو را با هم آشتی داد. کسروی در این رابطه حقیقت امر را بیان کرده، می‌نویسد:

«ناسازگاری مشروطه و قانون اساسی با کیش و دینی که مردم داشتند درخور چاره نمی‌بود. با این لایحه در روزنامه‌های فارسی پاسخ‌هایی نوشتند ولی اگر راستی را بخواهیم جز رویه‌کاری و فریب‌کاری نبوده[۷۵]».

از سوی دیگر دو سیّدی که سوار بر موج انقلاب مشروطه به قدرت دست یافته بودند (بهبهانی و طباطبایی) با جمعی از یارانشان در مجلس کوشش‌شان بر آن بود که هر چه بیشتر قوانین شرع را وارد متمم قانون‌اساسی مشروطیت نمایند. چنان‌که سید عبدالله بهبهانی گفت:

«یک خواهش دارم... و آن این است که هیچ‌وقت شخصاً عنوان نکنیدکه در فلان دولت همچوکرده‌اند و ما هم بکنیم. زیرا که عوام ملتفت نیستند و به ما برمی‌خورد. و حال آن‌که ما قوانین داریم و قرآن داریم... بگوئید... که این کاری که آن‌ها کرده‌اند از روی حکمت بوده و از قوانین شرع ما اخذکرده‌اند[۷۶]».

نکته اسف‌انگیز در انقلاب مشروطه آن بود که "دستگاه روحانی" با تاریک‌ترین افکار قرون وسطایی به میان آمد و تازه درگیر و دار انقلاب نیز قدمی در راه تثبیت و گسترش آن در سطح جامعه ایرانی برداشته شد!

چنان‌که در متمم قانون اساسی که به مجلس عرضه شد، صحبتی از نظارت علما نبود. «ملایان بر آن شدند ماده‌ای مبنی بر نظارت هیأت مجتهدان بر قوانینی که مجلس وضع می‌کند، به قانون اساسی بی‌افزایند. دو پیشنهاد مورد توجه بود. یکی این‌که این نظارت از طریق حجج اسلام که در مجلس بودند اعمال گردد... پیشنهاد دوم مبنی بر

این بود که: هیأت پنج نفری از علمای درجه اول تعیین شوند که همیشه بیرون از مجلس، طرح تمام قوانین را مورد رسیدگی قرار داده، **هرگاه ماده‌ای با شریعت مغایرت داشته باشد رَد کنند**، و سپس طرح قانونی را به مجلس بفرستند. به علاوه در هر قضیه‌ای که شبهه افتد، رأی مرجع تشیع را از عتبات بخواهند[۷۷].»

سرانجام در الحاق ماده‌ی نظارت شرعی، چنین توافق شد که «از میان مجتهدان و فقیهانی که (مطلع به مقتضیات زمان) باشـند، مجلس، خود، پنج نفر را (به سمت عضویت) مجلس تعین کند که در تطبیق مواد قوانین با قواعد شرعی رأی بدهند. این ماده به اکثریت آراء بر متمم قانون اساسی افزوده شد[۷۸]».

طباطبایی و بهبهانی دو سـید به اصطلاح پیشـوای انقلاب مشروطه در مجلس شورای ملی مانع نوشته شدن قوانین عُرفی در متمم قانون اساسی می گشتند. بطوری که بین ترقی‌خواهان و معممین کار به مشـاجره کشـید[۷۹]. «احتشام‌السلطنه به مجتهدان تاخت. برخی از علما را به "فساد" محکوم کرد، دلیرانه گفت: این‌ها برای جلب منفعت قدم می‌زنند... اعمال غرض می‌کنند. حتی سـید بهبهانی را به اسـم و رسم نام برد که نمی‌گذارد امور در مجرای حقانیت جاری گردد[۸۰].» آدمیت می‌نویسد: «اختلاف میان آزادیخواهان و حجج‌الاسلام به پیکار آشکار کشیده بود. نبردی بود بین حکومت مشروطه عقلی و "استقلال مقام شریعت"[۸۱]».

در رابطه با عُرفی ساختن نظام قضایی، برخورد "بیداران" با شریعتمداران جلوه‌ی تندتری داشـت. مسـأله‌ی نظام قضایی مملکت که شامل اصول محاکمات و قوانین حقوقی و جزایی می گردید، با احکام شرعی و با نفع طبقاتی ملایان تصادم مستقیم پیدا می‌کرد. و استقلالی برای محاکم شرعی باقی نمی گذاشت، این تهدید مستقیمی بود به مقام علماء و اعتبار احکام شرعی، تهدیدی که ملایان نسبت به آن خوب هشیار بودند و به ایستادگی برخاستند.

سخن بهبهانی موضع روحانیت را نیک روشـن می‌دارد: «تمام ترتیبات عدلیه

راجع به اجرای حکم شرع می‌شود، و عدلیه کاری ندارد مگر اجرای قوانین و احکام شرعیه... عدلیه فراشباشی شرع است. از این‌رو هر قانونی که راجع به عدلیه می‌شود، نخست باید به نظر علما برسد. و غیر از این‌طور دیگر ممکن نیست[۸۲]» طباطبایی هم گفته بود: «با تأسیس محاکم عدلیه دیگر چه کاری برای علما باقی می‌ماند[۸۳]».

سرانجام متشرعین پیروزگشتند، چنان‌که اصل ۲۷ متمم قانون اساسی مشروطیت، با صراحت کامل استقرار قوانین را موقوف به مخالف نبودن با موازین شرعی منظور کرده است و به موجب همین اصل و اصول ۷۱ و ۸۳ متمم قانون اساسی حق مداخله‌ی مستقیم در قوه‌ی قضاییه را برای روحانیون باقی گذاشته است، چنان‌که در مواردی به حاکم شرع حق قضاوت داده شده است[۸۴].

نکته بســیار مهم دیگر در متمم قانون اساسی اصل آزادی مذهب بود. برخی از «بیداران» و مدافعان آن تفکیک مطلق سیاســت از دیانت را می‌خواستند و هرگونه پیوستگی دین و دولت را مردود می‌شناختند[۸۵]. اما متأسفانه در اصل اول متمم قانون اساسی معین‌گشت. مذهب رسمی ایران، اسلام و طریقه‌ی حقه‌ی جعفری اثنی‌عشریه است و باید پادشاه ایران دارا و مروج این مذهب باشد[۸۶]. همچنین در هر یک از اصول ۱۵، ۱۸، ۲۰، ۲۱ نیز دست علمای مذهب شیعه باز است[۸۷].

به حقیقت، حیله شــرعی را در قانون‌گذاری جدید عُرفی بکار بســتند. این فن مجتهدان بــود وگرنه «مجلس در پی تدوین "قانون اســلامی" نبود[۸۸]». به هر روی در نبرد بین حکومت "مشــروطه عقلی" و "اســتقلال مقام شــریعت" معممین پیروز گشتند. و چنان شدکه اگر پیش از آن "نادری" پیدا می‌گشت و قوانین شرعی و دست متولیان دین عربی را از حکومت کوتاه می‌نمود. اکنون دیگر هر پادشاهی که بر تخت ســلطنت می‌نشست بر پایه‌ی همین قانون اساسی می‌بایستی قوانین شرعی را رعایت می‌نمود و چنان‌چه می‌خواست دست به اصلاحاتی بزند، قانون اساسی گریبان‌گیرش بود. بطوری‌که هنگامی که محمدرضا شــاه پهلوی بــرای آزادی زنان و دادن حقوق

انسانی آن‌ها در سال‌های ۴۱ و ۴۲ تلاش می‌کرد. خمینی به استناد همین قانون اساسی به شاه معترض بود که دیرتر به آن خواهیم پرداخت. تا بدینجا همین بس که توهم درباره‌ی شرکت "روحانیون در مبارزات آزادیخواهانه" باعث شد که نه تنها خدشه‌ای به قدرت این حاکمیت وارد نیاید، بلکه گامی اساسی در وارونه‌سازی چهره‌ی "دین اسلام" نیز برداشته شد. اشاعه‌ی این دروغ و باوراندن آن‌که "رهبری شیعه" انقلاب پیشرفت‌طلبانه‌ی مشروطیت را پیشوایی کرده است. سبب گشت تا پاسداران دین اعراب مهاجم، آخرین قدم را در راه تسخیر غرور ملی ایرانی برداشتند و یکباره عمامه بسران، ایران را اسلامی و اسلام را "دین ایرانیان" قلمدادکردند. در واقع یکی شدن "هویت ایرانی" و "هویت شیعی" مهمترین موفقیت رهبری شیعه در جریان انقلاب مشروطه بود. پس از آن رفته‌رفته "روشنفکرانی" پیدا شدند، که گفتند و نوشتند، اگر "اسلام" دین اعراب مهاجم است. شیعه‌گری پاسخ ایرانیان به این تهاجم و نشانه‌ی مقاومت ایرانیان در مقابل اعراب بوده است! و اصلاً شیعیان ایرانی هستند، نه زرتشتیان و یا یهودیان و مسیحیان ایران!

در حقیقت از این پس بود که معممین و "روشنفکران" وابسته به آنان با جعل کسانی مانند سلمان فارسی، سناریویی از ظهور وگسترش اسلام تهیه کردند تا آن را دینی ایرانی و برای ایران قلمدادکنند. توگویی اصلاً اسلام تحت تأثیر ایرانیان ظاهر گشته و ایرانی‌ها پس از آن‌که اعراب قرآن به‌سر را با آغوش باز پذیرفته‌اند، مقاومت‌شان تنها در برابر "خلفای غاصب" بنی‌امیه و بنی‌عباس بوده است. آن‌هم برای این‌که آن‌ها حق آل علی، را غصب کرده بودند!

متأسفانه چنان‌که گذشت مشروطه در همان‌گام نخست با نوشته شدن متمم قانون اساسی شکست خورد و شیعه‌زدگی جامعه را به پیروی از "علمای عظام" واداشت. چنان‌که دولت‌آبادی می‌نویسد:

«از امیر و وزیر و وکیل و رئیس و مرئوس و روحانی و هرکه هست همه غمخوار

اسلام و اسلامیت شده و در مقابل تهورات انقلابیون، شمشیر دیانت را بزرگترین حربه قرار می‌دهند[۸۹]».

درکل مجلس شورای ملی به یک مجلس مذهبی بیشتر شباهت داشت تا یک مجلس سیاسی و اقتصادی، چنان‌که «برای اظهار مسلمانی کردن و عوام فریبی نمودن در ایام محرم و صفر ده روز در مجلس عزاداری می‌شد و چند هزار تومان مصرف می‌گشت[۹۰]». از این مهم‌تر آن‌که در این میان، "رهبری شیعه" دوز و کلک "حزب‌بازی" و مجلس‌نشینی را نیز آموخت. بطوری‌که سید عبدالله بهبهانی در مجلس دوم رهبری تهاجم بر انقلابیون را به دست گرفت:

«آقا سید عبدالله و بستگان او و جمعی از بازاریان، فرقه اعتدال را تشکیل می‌دهند و تمام اوقات خود را صرف بر هم زدن حوزه‌ی انقلابیون... می‌نمایند[۹۱]».

بهر روی در دوران ۱۴ سال پس از انقلاب مشروطیت تا به قدرت رسیدن رضاخان نه تنها قدمی در جهت تحکیم حکومت مرکزی مشروطه برداشته نشد، بلکه به تضعیف هر چه بیشتر حکومت و تقسیم علنی کشور میان روس و انگلیس و سرانجام به اشغال نظامی ایران توسط این دو کشور استعمارگر انجامید. در واقع همان نیروی اندک پیشرفت‌طلب در جامعه، در مقابل فشار ارتجاع مذهبی و نابسامانی سیاسی رو به تحلیل می‌رفت. بر این زمینه بود که روند اضمحلال ایران در بحبوحه‌ی جنگ جهانی اول به اوج رسید و کوشش‌های تجزیه‌طلبانه‌ای که توسط طلبه‌ها، میرزا کوچک خان، شیخ محمد خیابانی و شیخ خزئل، به نام "قیام جنگل" و "قیام تبریز" و "قیام خوزستان" انجام گرفت. می‌رفت که تمامیت ارضی ایران را برای همیشه نابود سازد.

فهرست منابع

۱. ناطق، هما، مجله‌ی الفبا، به همت غلامحسین ساعدی، دوره جدید، جلد دوم، بهار ۱۳۶۲ شمسی، سرآغاز اقتدار اقتصادی و سیاسی ملایان، صفحه ۴۸.
۲. دولت‌آبادی، یحیی، حیات یحیی، یاد شده، جلد اول، صفحه ۷۷.
۳. همانجا، جلد سوم، صفحه ۴۸ و ۴۹.
۴. کسروی، احمد، تاریخ مشروطه ایران، انتشارات امیرکبیر، چاپ نوزدهم ۱۳۷۸، صفحه ۳۳.
۵. حیات یحیی، یاد شده، جلد اول، صفحه ۵۴.
۶. سلسله‌ی پهلوی و نیروهای مذهبی به روایت تاریخ کمبریج، ترجمه عباس مخبر، ویراستار مرتضی اسعدی، چاپ صهبا، پائیز ۱۳۷۱، صفحه ۲۵۳.
۷. حیات یحیی، یاد شده، جلد اول، صفحه ۵۴.
۸. همانجا، همان صفحه.
۹. کسروی، احمد، تاریخ مشروطه ایران، یاد شده، صفحه ۳۱.
۱۰. اعتمادالسلطنه، محمدحسن، صدرالتواریخ، صفحه ۳۰۸.
۱۱. ایدئولوژی نهضت مشروطیت، یاد شده، صفحه ۸.
۱۲. همانجا، صفحه ۱۰۷.
۱۳. همانجا، صفحه ۱۱.
۱۴. افکار اجتماعی و سیاسی و اقتصادی در آثار منتشر نشده‌ی دوران قاجار، یاد شده، صفحه ۱۱۱.
۱۵. ایدئولوژی نهضت مشروطیت ایران، یاد شده، صفحه ۴۲.
۱۶. حیات یحیی، یاد شده، جلد اول، صفحه ۵۸.
۱۷. همانجا، همان صفحه.
۱۸. افکار اجتماعی و سیاسی و اقتصادی در آثار منتشر نشده‌ی دوران قاجار، یاد شده، صفحه ۹۷.
۱۹. مجله الفباء، سرآغاز اقتدار اقتصادی و سیاسی ملایان، یاد شده، صفحه ۴۶.
۲۰. آدمیت، فریدون، اندیشه‌های میرزا آقاخان کرمانی، یاد شده، صفحه ۷۲.
۲۱. پیام بهایی، شماره ۱۲۲، مناظره‌ی ابوالفضایل با فرهاد میرزا معتمدالدوله.
۲۲. مجله الفباء، یاد شده، صفحه ۴۵.
۲۳. همانجا، صفحه ۵۵.
۲۴. همانجا، همان صفحه.

۲۵. الفباء، صفحه ۴۵.
۲۶. همانجا، صفحه ۴۶.
۲۷. دولت‌آبادی، یحیی، یاد شده، جلد اول، صفحات ۳۴۵ و ۳۴۶.
۲۸. الفباء، یاد شده، صفحه ۴۶.
۲۹. کسروی، احمد، تاریخ مشروطه ایران، یاد شده، صفحات ۸ تا ۱۰.
۳۰. ایدئولوژی نهضت مشروطیت ایران، یاد شده، صفحات ۴۵ و ۴۶.
۳۱. مجله‌ی الفباء، سرآغاز اقتدار اقتصادی و سیاسی ملایان، یاد شده، صفحه ۵۳.
۳۲. کرمانی، ناظم‌الاسلام، تاریخ بیداری به اهتمام علی اکبر سعید سیرجانی، نشر بنیان، چاپ پنجم، ۱۳۶۷، یادداشت جلد اول، صفحه ۲۱.
۳۳. همانجا، صفحات ۲۱۰ و ۲۱۱.
۳۴. همانجا، صفحه ۲۱۱.
۳۵. همانجا، صفحه ۲۱۲.
۳۶. تاریخ مشروطه ایران، یاد شده، صفحه ۴۸.
۳۷. همانجا، صفحه ۴۸.
۳۸. همانجا، صفحه ۴۹.
۳۹. همانجا، صفحه ۵۵.
۴۰. همانجا، همان صفحه.
۴۱. کسروی، احمد، تاریخ مشروطه ایران، یاد شده، صفحه ۵۷.
۴۲. همانجا، صفحات ۵۵ تا ۵۷.
۴۳. کرمانی، ناظم‌الاسلام، تاریخ بیداری ایرانیان، یاد شده، جلد اول، صفحه ۳۲۷.
۴۴. همانجا، صفحه ۳۲۸.
۴۵. تاریخ مشروطه ایران، یاد شده، صفحه ۶۴.
۴۶. همانجا، صفحه ۵۱.
۴۷. ملک‌زاده، دکتر مهدی، تاریخ انقلاب مشروطیت ایران، انتشارات سخن، چاپ اول ۱۳۸۳، جلد اول تا سوم صفحه ۱۳۵.
۴۸. نجم‌آبادی، افسانه، حکایت دختران قوچان، (از یاد رفته‌های انقلاب مشروطه)، انتشارات روشنگران و مطالعات زنان، تهران، چاپ دوم، ۱۳۸۱، صفحه ۲۷.
۴۹. ناطق، هما، الفباء، یاد شده، صفحه ۵۲.
۵۰. کرمانی، ناظم‌الاسلام، تاریخ بیداری ایرانیان، یاد شده، جلد اول، مقدمه درباره‌ی واقعه رژی، صفحه ۲۲.
۵۱. همانجا، جلد سوم، صفحات ۵۸۱-۵۸۲.
۵۲. همانجا، همان جلد، صفحه ۵۸۲.
۵۳. همانجا، صفحه ۶۳۶.
۵۴. دولت‌آبادی، یحیی، یاد شد، جلد اول زیرنویس صفحه ۲۵۳.
۵۵. دولت‌آبادی، یحیی، حیات یحیی، یاد شده، جلد اول، صفحه ۲۵۳.
۵۶. تاریخ بیداری ایرانیان، یاد شده، مقدمه، در حالات آقای آقا میرزا سید محمد طباطبایی، صفحه ۶۳.

۵۷. همانجا، صفحه ۶۴.
۵۸. همانجا، جلد دوم، صفحه ۴۶۵.
۵۹. تاریخ بیداری ایرانیان، یاد شده، صفحات ۴۴۹ تا ۴۵۴.
۶۰. کرمانی، ناظم‌الاسلام، تاریخ بیداری، یاد شده، جلد سوم، صفحات ۵۴۶-۵۴۷.
۶۱. همانجا، همان جلد، صفحه ۵۵۴.
۶۲. همانجا، صفحه ۵۵۸.
۶۳. همانجا، صفحه ۵۶۰.
۶۴. همانجا، صفحه ۵۵۹.
۶۵. تاریخ بیداری ایرانیان، یاد شده، جلد سوم، صفحه ۵۶۲.
۶۶. همانجا، صفحه ۵۶۶.
۶۷. همانجا، صفحات ۵۶۰ و ۵۶۱.
۶۸. همانجا، صفحه ۶۳۶.
۶۹. همانجا، همان صفحه.
۷۰. همانجا، همان صفحه.
۷۱. کسروی، احمد، تاریخ مشروطه ایران، یاد شده، صفحه ۵۶۸.
۷۲. همانجا، صفحه ۳۷۶.
۷۳. همانجا، صفحه ۳۷۶.
۷۴. همانجا، صفحه ۴۳۱.
۷۵. همانجا، صفحه ۴۳۰.
۷۶. آدمیت، فریدون، ایدئولوژی نهضت مشروطیت ایران، یاد شده، صفحه ۴۱۲.
۷۷. همانجا، صفحه ۴۱۴.
۷۸. همانجا، صفحه ۴۱۵.
۷۹. همانجا، صفحه ۴۱۹.
۸۰. همانجا، صفحه ۴۲۱.
۸۱. همانجا، صفحه ۴۲۰.
۸۲. ایدئولوژی نهضت مشروطیت ایران، یاد شده، صفحات ۴۱۸ و ۴۱۹.
۸۳. همانجا، صفحه ۴۱۹.
۸۴. شجیعی، زهرا، نخبگان سیاسی ایران از انقلاب مشروطیت تا انقلاب اسلامی، جلد چهارم، نمایندگان مجلس شورای ملی، انتشارات سخن، تهران ۱۳۷۲، صفحه ۱۴۸
۸۵. ایدئولوژی نهضت مشروطیت ایران، یاد شده، صفحه ۴۱۶.
۸۶. نخبگان سیاسی ایران از انقلاب مشروطیت تا انقلاب اسلامی، یاد شده، صفحه ۴۴۶.
۸۷. همانجا، صفحه ۴۴۸.
۸۸. ایدئولوژی نهضت مشروطیت ایران، یاد شده، صفحه ۴۱۸.
۸۹. حیات یحیی، جلد سوم، یاد شده، صفحات ۱۲۹ و ۱۳۰.
۹۰. همانجا، جلد چهارم، صفحه ۴۰۳.
۹۱. همانجا، جلد سوم، صفحه ۱۲۹.

یک نفر را ندیدم که خودش را برای مملکت بخواهد، تمام اشخاصی بودند که مملکت را برای خود و اغراض شوم شخص خود می خواستند، تنها اعلیحضرت پهلوی را می‌شناسم که هرچه خواسته برای ایران خواسته.
«عارف قزوینی»

پایان عصر قاجار و عروج رضاشاه

چنان که گذشت عصر قاجار یکی از تیره و تارترین ادوار تاریخ سیصد ساله‌ی اخیر ایران به‌شمار می‌آید. در این دوره ایران از هر سو به فساد و تباهی کشیده شد و خاک ایران بارها تجزیه گردید و از دســـت رفت. قراردادهای گلستان و ترکمانچای در عهد سلطنت فتحعلی‌شاه باعث از دست رفتن تمامی اراضی ایران واقع در شمال رود ارس گردید و معاهده‌ی پاریس در مارس ۱۸۷۵ میلادی و تهران در دسامبر ۱۸۸۱ میلادی سبب از دست رفتن افغانستان و هرات[۱] و همچنین سراسر ولایات شمال مرز خراسان از دریای مازندران تا رود تجن گردید[۲]. قسمت‌هایی از بلوچستان و سیستان در دوران فرمانروایی ناصرالدین شاه و مظفرالدین شاه[۳]، و سرزمین‌های نفت‌خیز ایران در غرب در هنگام سلطنت احمدشاه[۴] قاجار عملاً از پیکر ایران جدا گردید. و شیخ خزعل در جنوب (خوزستان) به استقلال حکومت می کرد.

در این عصر نه تنها هر روز از وسعت ایران کاسته می شد، بلکه امتیازات گوناگونی که شاهان قاجار به بیگانگان اعطاء می‌نمودند سبب گشت تا نفوذ سیاسی و اقتصادی دول خارجی در ایران هر روز افزایش بیشـــتری یابد. همان‌طور که پیش‌تر بدان اشاره

شد از جمله امتیازاتی که فرمانروایان قاجار به قدرت‌های خارجی بخشیدند امتیاز کشتیرانی در رودکارون بود که ناصرالدین‌شاه در اکتبر ۱۸۸۸ میلادی به برادران لینچ انگلیسی واگذارکرد[۵]، بر پایه‌ی این امتیاز انگلیسی‌ها خوزستان را در نوردیدند در جهت جمع‌آوری اطلاعات مورد نیاز از بابت تولیداتی که کارخانه‌های انگلیس می‌توانستند به این قسمت سرازیرکنند و همچنین مواد اولیه‌ای که می‌توانستند از آن‌جا به بیرون ببرند[۶]. چنان‌که گذشت در ژانویه ۱۸۸۹ میلادی امتیاز بانک شاهی به رویتر داده شد و در نتیجه انحصار نشر اسکناس که می‌بایستی در دست دولت ایران باشد به دست بیگانگان افتاد[۷]. در سال ۱۸۹۱ انحصار فروش تنباکو به شرکت انگلیس رژی داده شد[۸] که همین امر با مخالفت طبقات مختلف مردم روبرو شد و سرانجام شاه این امتیاز را لغو نمود و مجبورگشت به دارنده‌ی امتیاز غرامت بپردازدکه این خود، موجب بدهکاری ایران برای نخستین‌بار به انگلستان گردید.

در برابر امتیازاتی که انگلیس‌ها از ناصرالدین‌شاه گرفتند، روس‌ها نیز امتیازاتی بدست آوردند. در ابتدا لیاتازوف امتیاز صید ماهی در قسمتی از سواحل دریای مازندران را در سال ۱۸۶۹ میلادی به دست آورد، سپس بهره‌برداری از صید ماهی در بندرانزلی و اطراف آن و امتدادکرانه‌ی دریای مازندران تا نوشهر به دست شرکت مختلط شیلات افتاد[۹]. پس از آن وزارت مالیه‌ی دولت روسیه باکسب اجازه مخصوص از دولت ایران بانک استقراضی روس را در برابر بانک شاهی انگلیس در ایران دایر کرد. این بانک در حقیقت وسیله‌ی بسط و استقرار نفوذ مالی و سیاسی روسیه تزاری در ایران بود. در زمان مظفرالدین شاه در سال ۱۹۰۱ امتیاز اکتشاف و استخراج و تولید و صدور نفت در سراسر ایران (به جز پنج ایالت) به ویلیام ناکس دارسی انگلیسی اعطاء شد، از جمله امتیازات مهم دیگری که خارجیان در این عصر به دست آوردند "کاپیتولاسیون" یا قضاوت کنسولی بود که نخست امپراتوری روسیه به موجب قرارداد ترکمانچای و سپس تمام کشورهای اروپایی از آن برخوردارگشتند. بر پایه‌ی این امتیاز اتباع خارجی اگر در ایران مرتکب جنحه یا جنایتی می‌شدند، دولت ایران اجازه

محاکمه و مجازات آن‌ها را نداشت. بدین ترتیب استقلال سیاسی و اقتصادی ایران نیز به طور کلی از دست رفت. البته نباید فراموش کرد که دستگاه حکومت مذهبی نیز در از دست رفتن سرزمین‌های ایران نقش اساسی داشت و از بابت امتیازاتی که به بیگانگان داده می‌شد، سهم خود را دریافت می‌نمود.

در چنین اوضاع و احوالی که حکومت قاجار و دستگاه رهبری شیعه اکثریت مردم را به فلاکت انداخته بودند، رضاخان در سوم اسفند ماه ۱۲۹۹ کودتا کرد، در این هنگام مجلس شورای ملی نزدیک به ۶ سال بود که به طور مداوم تعطیل بود و احمدشاه در این دوران طولانی تقریباً در تمام امور دخالت می‌کرد. وی حکمرانی ولایات را می‌فروخت و فرامین سلطنتی را بدون اخذ رشوه امضاء نمی‌نمود. از همه بدتر آن که شاه قاجار سر سپرده‌ی انگلیس بود و با دریافت مقرری ماهانه به خواسته‌های آن‌ها از جمله قرارداد مستعمراتی ۱۹۱۹ گردن می‌نهاد.

رضاخان در همان سال اولی که وزیر جنگ گشت، سه شورش عمده را در شمال فرو نشاند و به ایالات مرکزی یورش برد و مملکت را از مثله شدن نجات داد.

علت اصلی عقب ماندگی اقتصادکشور بیش از هر چیز دیگر، نبود حکومت مقتدر مرکزی برای برقراری نظم و اعمال سیاست پیگیر عمران اقتصادی بود. قراردادهای گلستان و ترکمانچای در ۱۱۹۲ و ۱۳۰۶ قمری سرنوشت ایران را رقم زد. روسیه عملاً نیمه‌ی شمالی کشور را قبضه کرد و بریتانیا تدریجاً نیمه‌ی جنوبی را، حقوق برون مرزی (کاپیتولاسیون) و امتیازهایی که یکی پس از دیگری به این دو قدرت اعطاء شد، تنها دربار قاجار و "دستگاه حاکمیت مذهبی" از این رهگذر، بهره جستند. حضور بیشتر و بیشتر روس و انگلیس رفته رفته جامعه ایران را به انحطاط کشید.

دردناک‌تر آن که این دو قدرت توافق داشتندکه، ایران ضعیف و عقب‌مانده به سود آنان است.

آن‌چه مسلم است دوران رضاشاه و حکومتش از هر جهت کاملاً متفاوت با دربار

مفلوک شاهان قاجار است. تغییر جدیدی که ساختار اجتماعی و سیاسی ایران یافت به درجه‌ای است که نمی‌توان آن را با دوران قاجار مقایسه نمود. قدرت یافتن رضاشاه و تشکیل حکومت مقتدر مرکزی، ایران را با تحولی روبرو کرد که غیرقابل پیش‌بینی بود. اما عروج رضاشاه خود با مشکلاتی که از سوی "رهبری شیعه" و حامیان آن‌ها یعنی "دولت بریتانیا" ایجاد می‌کردند روبرو بود. که در این کتاب تنها به نقش معممین خواهیم پرداخت. زیرا هدف نگارنده در این نوشتار بررسی نقش دین و متولیانش در تاریخ اجتماعی ایران است.

چنان‌که پیش‌تر نیز اشاره شد، جنبش مشروطه نه تنها کوچک‌ترین تغییری در قدرت و شیوه‌ی قدرت‌نمای دستگاه رهبری شیعه نداده بود، بلکه پس از "مشروعیتی" که در جریان انقلاب مشروطه، این حاکمیت بدست آورد، در دوران عروج رضاشاه در اوج قدرت تاریخی خود بود. نمونه آن‌که مدرّس که این زمان "رهبری شیعه" را به دست داشت در ۲۰ خرداد ۱۳۰۲ خورشیدی دولت "مستوفی‌الممالک" را استیضاح کرد و سبب برکناری مستوفی گشت[۱۰].

برکنارکردن شخصیتی ملی و بسیار خوشنامی چون "مستوفی‌الممالک" از پست صدارت کار آسانی نبود و این خود نمودار قدرت و نفوذ "مدرّس" و درکل "دستگاه حاکمیت مذهبی" در این هنگام است. مدرّس کسی بود که تسخیر تمامی قدرت را در برنامه‌ی رهبری شیعه قرار داد. وی از نظر شخصیت و بکارگیری شیوه‌های قدرت‌نمایی از سلف خود سید عبدالله بهبهانی "برتر" بود و درباره‌ی قدرت طلبی‌اش همین بس که در غوغای جمهوری هنگامی که رضاخان سردار سپه برای حفظ جان وکلا به مجلس می‌رود، در حالی که طرفداران وی فریاد می‌زدند "زنده باد رضاخان" مدرّس گفت: "مرده باد رضاخان" "زنده باد خودم".

طرفداران سردار سپه می‌خواستند در روز دوم فروردین ۱۳۰۳ رضاخان را به "ریاست جمهوری" برسانند. ولی مخالفت مدرّس و یارانش این نقشه را متوقف

ساخت[۱۱].

مدرّس از برادر احمدشاه پول گرفته بود تا از سلطنت شاه قاجار در برابر جمهوری رضاخان حمایت کند. در این باره دولت آبادی می نویسد:

«مدرّس... خود را به طرف [احمد] شاه و ولیعهد کشانید و به آن‌ها وعده داد در مجلس شورای ملی... از سلطنت‌شان دفاع نماید و شهریه‌ی یک‌ماه سلطان احمدشاه را در غیبت او و از ولیعهد دریافت کرد... چنان‌که ولیعهد* خود به نگارنده گفته است... مبلغ ۴۰ هزار تومان بوده است[۱۲]».

بی‌جهت نیست که "جمهوری‌اسلامی" سریال تلویزیونی می‌سازد و احمدشاه را یک پادشاه مظلوم که رضاخان قدرت را به زور از دست او ربوده است نشان می‌دهد، چراکه مدرّس این معمم وطن‌فروش و قدرت‌طلب، یار و پشتیبان "شاه قاجار" و دولت فخیمه بریتانیا بوده است.

چنان‌که اشاره شد مدرّس این زمان "رهبری شیعه" را در دست داشت و به خوبی می‌دانست که با برکناری قاجار و به قدرت رسیدن "رضاخان"، بساط "دستگاه حاکمیت شیعه" نیز برچیده خواهد شد. به همین دلیل با تمام قوا با عروج رضاخان مقابله می‌نمود. در واقع بایدگفت مدرس نه تنها با جناح ارتجاعی دربار همکاری می‌کرد، بلکه او رهبری تمام قدرت ارتجاعی ایران را در دست داشت. به طوری‌که با شیخ خزعل که با حمایت دولت بریتانیا خوزستان را تجزیه‌کرده بود نیز بر علیه رضاخان همکاری می‌نمود.

«سردار سپه نوشته‌جاتی بدست آورده است از مدرّس ... که به خزعل نوشته او را قوت قلب داده است که در مخالفت خود باقی بماند[۱۳]».

بنابراین چنان‌که مشخص است از مدارکی که به دست آمده، مدرّس که این زمان

*ـ ولیعهد در این هنگام برادر احمدشاه «محمدحسن میرزا» بود.

نمایندگی مجلس شورای ملی را به عهده داشته است. به جای همکاری با دولت مرکزی برای حفظ تمامیت ارضی ایران، شیخ خزعل را تهییج می کرده که بر علیه دولت مرکزی و رضاخان که در این هنگام صدراعظم بود مقاومت و مقابله نماید.

در حقیقت رضاخان در این هنگام حمایت طیف مترقی جامعه را داشت. این پشتیبانی به دلیل کوشش‌های سردار سپه در جهت رفرم‌های بنیادین و پایان دادن به هرج و مرج در دستگاه دولتی بود. و این خود سبب جذب جناح‌های مترقی و روشنفکر به رضاخان سردار سپه گردید. چنان‌که نشست‌های مشورتی هفتگی شماری از دولتمردان و روشنفکران با "سردار سپه" در دوران عروج او نمایانگر طرفداری منورالفکران از اوست. نگاهی به تنی چند از اعضای این "مجلس مشاوره خصوصی" خود از هر نظرگویاست:

«مستوفی‌الممالک، مشیرالدوله، مصدق، تقی‌زاده، حسین‌علاء، دولت‌آبادی، مخبرالسلطنه هدایت، محمدعلی فروغی[۱۴]». پس از آن، داور و تیمورتاش نیز به مشاورین رضاخان افزوده شدند.

پس از نگاهی که به نیروهای مترقی پشتیبان "رضاخان" انداختیم، لازم است نیروهای مخالف را نیز بشناسیم. به غیر از جناح ارتجاعی دربار مفلوک احمدشاهی و دست نشاندگان دو قدرت (روس و انگلیس)، باید گفت: که "پایگاه حکومت رهبری شیعه" سنگر واقعی ارتجاع و مخالف سرسخت رضاخان بود. و متأسفانه توده‌ی مذهب‌زده ایران نیز شمشیری بود در دست "روحانیت" چنان‌که دولت‌آبادی می‌نویسد:

«سردار سپه لازم دارد توده‌ی ملت به او نزدیک و با او موافق باشند و این کار آسانی نیست چه... روحانی و روحانی‌نمایان مخالف او، میان وی و توده‌ی ملت حایل هستند و به اصطلاح توده‌ی ملت شمشیری در دست دشمنان او می‌باشند و گرفتن این شمشیر از دست آن‌ها کار بسیار مشکلی است[۱۵]».

رضاخان در غوغای جمهوری متوجه قدرت فوق تصور "رهبری شیعه" گردید.

جریان از این قرار بود که، تا اواسط سال ۱۳۰۳ خورشیدی هر چه شهرت و منزلت رضاخان نزد مردم بالا رفته بود، در عوض بیهودگی و بزدلی احمدشاه و بی‌تفاوتی او نسبت به سرنوشت مملکت‌اش او را مورد انزجار ملت قرار داده بود. از این گذشته نسل سیاستمداری که از ۱۲۸۷ تا ۱۲۹۹ بر ایران فرمان راند همه نالایق از آب درآمده بودند وکسی احترامی به آن‌ها نمی‌نهاد. این جماعت قدرت اقدام مستقل نداشتند و چون مزدوری به ساز حامیان اروپایی خود می‌رقصیدند. این بود که مشاوران اصلی رضاخان به فکر برکناری سلطنت قاجار و جمهوری رضاخان افتادند و همه اندیشه جمهوری را تشویق می‌کردند. تنها استثناء در میان آن‌ها "داور" بود که عقیده داشت و پیوسته هشدار می‌داد که جمهوری برای ایران مناسب نیست[۱۶]. و اگر تغییری لازم است بهتر است که رضاخان "پادشاه" گردد. حال آن‌که رضاخان خود نیز به قول علی دشتی به این فکر افتاده بود که «در رأس دستگاه دولت قرارگیرد و رئیس مسلّم کشور شود و انجام مقاصد بلند خود توفق خواهد یافت. ولی طبعش چندان با جمهوریت سازگار نبود[۱۷]» خود بحثی است جدا و در جای دیگر به آن خواهیم پرداخت. به هر روی می‌پردازیم به ادامه‌ی ماجرای جمهوریت رضاخان.

مجلس پنجم، روز ۲۲ بهمن رسماً گشایش یافت. محمدحسن میرزا ولیعهد (برادر احمدشاه) نطق افتتاحیه را ایرادکرد. حسین پیرنیا به ریاست و محمد تدین و مرتضی قلی‌بیات به نیابت ریاست برگزیده شدند[۱۸]. مدرس که بیش از هرکس از سال ۱۳۰۰ تا ۱۳۰۲ مانع نخست‌وزیری رضاخان شده بود و مخالف اصلی او به شمار می‌رفت، رهبر ۱۲ یا ۱۳ نماینده‌ی مخالف هم رأی بود. مدرّس می‌دانست که موضوع تشکیل جمهوری رضاخان را اگر در برابر سلطنت احمدشاه، در مجلس به رأی گذارند، اکثریت جمهوری‌خواه طرفدار رضاخان، غلبه می‌کند. پس یگانه راه چاره آن بود که اخذ رأی حتی‌الامکان به تأخیر افتد تا وی و یارانش بتوانند در خارج از مجلس اذهان عمومی را در مخالفت با جمهوری برانگیزند. بنابراین، از اواخر ماه بهمن، مدرّس به بهانه‌ی تقلب در آراء و بی‌نظمی در انتخابات حوزه‌ها، تصویب اعتبارنامه‌ی نمایندگان جدید

را به تعویق انداخت، و در مورد هر موضوع نظامنامه‌ای خواستار رأی مخفی گشت. زیرا می‌دانست که این کارها وقت‌گیر است[۱۹].

سیاست مدرّس کم‌کم مؤثر افتاد و در بیرون از مجلس معممین موفق شدند مردم را با گفتن این مطالب که جمهوری مخالف اسلام است تحریک کنند. مدرّس از هیچ ترفندی برای قدرت‌نمایی و حمله به دشمنانش ابا نداشت و قادر بود کوچکترین بی‌احترامی را با "بلوای عام" جواب گوید. بطوری که دولت‌آبادی می‌نویسد:

«عوام‌الناس که نه معنی مشروطه را می‌فهمند و نه معنی جمهوری را با عده‌ای از متنفذین... هم‌صدا شده برای... حفظ دین که به عوام گفته شده است جمهوری مخالف مذهب است آماده گشته‌اند و روز به روز بر قوت آن‌ها افزوده می‌شود[۲۰]».

سرانجام روز ۲ فروردین ۱۳۰۳ که قرار بود مجلس در مورد جمهوریت تصمیم بگیرد. «مردم بسیاری به رهبری خالصی‌زاده، شیخ حسین لنکرانی و حاج عبدالحسین خرازی در صحن مجلس و بیرون باغ جمع شدند. حاج آقا جمال هم سوار الاغش پیشاپیش جمعیت در حرکت بود. فریادهای مرده باد، زنده باد بلند بود[۲۱]» حالا دیگر جمعیت به سرکردگی معممین «با هم دم گرفته بودندکه "ما تابع قرآنیم، جمهوری نمی‌خواهیم" درست همان شعاری که شیخ‌فضل‌الله نوری و هوادارانش یعنی آخوندهای عمامه به‌سر مارک‌دار در زمان مشروطه می‌خواندندکه "ما تابع قرآنیم- مشروطه نمی‌خواهیم" اکنون دیگر به نوشته‌ی پرفسور فاطمی: روحانیون مردم تهران را از هر جهت برای جنگ با جمهوری ساخت لندن!! و ضداسلام حاضر می‌ساختند[۲۲]».

مردم و سینه‌زن‌ها و مرده باد- زنده بادگویان در مجلس هنگامه غریبی برپا ساخته بودند[۲۳]. در این میان حاج آقا جمال سوار بر الاغ معروفش که هرگز از آن پائین نمی‌آمد به قصد آن که داخل صحن مجلس شود حرکت کرد. از آن‌جایی که ورود هرگونه وسیله‌ی نقلیّه اعم از اتومبیل، کالسکه، اسب و یابو به داخل صحن مجلس ممنوع بود، سربازها جلوی ملا و الاغش را گرفتند و چون او اعتنایی نکرد و باز هم جلوتر رفت،

سر نیزه‌ای به‌گردن الاغ متجاسر! فرو رفت و خون بیرون زد. همین‌که خون از شاهرگ خر بینوا بیرون آمد، جماعت را که تشنه‌ی دیدن خون بودند یکباره به جنبش واداشته فریاد شهادت‌طلبی از همه جا برخاست. دیگر آن غائله که انتظارش می‌رفت آغاز شده بود و سربازان نمی‌توانستندکوچک‌ترین عملی انجام دهند و مردم را پراکنده سازند[۲۴].

وکلای طرفدار جمهوری یا دوستان رضاخان، جانشان سخت در خطر افتاده بود و دیگر نه موتمن‌الملک رئیس مجلس و نه‌کس دیگری نمی‌توانست فکری برای نجات جان وکلا بکند. سردار سپه در آن روز به پیشنهاد مصلحین در دفترکار خود بود و قرار نبودکه به مجلس بیاید. اما با اتفاقاتی که افتاد وکلایی که موافق جمهوری بودند ترسیدندکه مردم آن‌ها را بکشند و از سردار سپه تقاضا کردندکه برای حفظ جان آن‌ها به مجلس بیاید. برای سردار سپه یعنی مردی که شرافت و حیثیت و نامش درگرو امنیت و نظمی بودکه سربازانش درکشور برقرارکرده بودند جای درنگ نبود. رضاخان تصمیم گرفت که خود شخصاً فرماندهی را به دست‌گیرد. جمعیت به‌کالسکه‌ی او اجازه عبور نداد و فریادها زیاد بود و سنگ‌هایی نیز پرتاب شد و بعضی از آن‌ها احتمالاً به خود او برخوردکرد. رضاخان از درشکه پیاده شد و از میان انبوه مخالفین عبورکرد وقتی به صحن مجلس رسید جمعیت انبوه‌تر بود و محرکین و آشوب‌طلبان گستاخ‌تر، دیگر آخوندها نمی‌گذاشتندکسی به رضاخان راه بدهد و راه را بر او بسته بودند. وی ناچار، امرکرد زور و خشونت به‌کار رود. «حضور او آن روز در مجلس نقطه‌ی عطفی بود و هرگونه امکان تشکیل جمهوری از میان رفت[۲۶]».

این اولین شکست رضاخان در صحنه‌ی سیاسی بود و درس تلخی از آن آموخت. که «اگر روحانیون در موضوعی که فکر می‌کنند مصلحت آن‌ها نیست با هم همدست شوند می‌توانند توده‌ی مردم را با خود همراه سازند و نیروی آن‌ها توان‌کاه است[۲۷]».

پس از این تهاجمی که از سوی "رهبری شیعه" به رضاخان گردید، وی تصمیم گرفت برای رسیدن به مقصود موقتاً روش خود را نسبت به "پاسداران دین عربی"

تغییر دهد. و در رفتارش با آن‌ها جنبه‌ی دوستانه و صلح‌طلبانه‌ای را پیش گیرد، تا در آینده بتواند قدرت فوق تصور "ارباب عمائم" راکه مانع هر نوع پیشرفت و اصلاحاتی در ایران بودند، سرکوب نماید. بطوری‌که یحیی دولت‌آبادی می‌نویسد: «سردار سپه قیافه‌ی خود را برای رسیدن به مقصود به اندازه‌ای نسبت به همه مخصوصاً نسبت به روحانی و روحانی نمایان... تغییر داده... که انسان تصور می‌کند او عوض شده باشد، سردار سپه به خانه‌ی روحانیون حتی درجه دوم و سیم آن‌ها می‌رود از آن‌ها دیدن می‌نماید به آن‌ها پول می‌دهد[۲۸]». وقتی «دوستان تجدد خواه سردار سپه از اوگله می‌کنندکه چرا به روحانی نمایان این درجه پر و بال می‌دهد جواب می‌دهد مصلحتی اقتضا کرده است این‌طور بشود و این رفتار موقتی است[۲۹]».

در واقع همین‌جا بود که تدبیر و "برش" شخصی رضاخان سردار سپه بکار آمد زیرا با آن‌که او "متولیان مذهبی" را خوب می‌شناخت و به نقش مخرّب آن‌ها در رابطه با پیشرفت و رهایی از استعمار و ایجاد سدّ در برابر هر حرکت نوینی که برای جامعه مفید بود، به‌خوبی آشنا بود، اما برای آن‌که بتواند دست آن‌ها را از حکومت ۱۳۰۰ ساله‌شان کوتاه کند. با آگاهی کامل چنین روشی را برگزیده بود.

«سردار سپه ذاتاً به روحانیون علاقه‌ای ندارد و روحانی‌نمایان را می‌شناسدکه حقیقی در وجودشان نیست، ولی به مصلحت با رؤسای آن‌ها خصوصیت می‌کند[۳۰]».

با آن‌که نیروهای ملی و میهن‌پرست همه حامیان رضاخان بودند، ولی با توجه به این واقعیت تاریخی که "دستگاه رهبری شیعه" در این هنگام در اوج قدرت خود قرار داشت، برای عروج رضاخان چاره‌ای جز دوستی موقت با آن‌ها، راه دیگری وجود نداشت. و او با نبوغ ذاتی خود به این موضوع واقف گشت و به مقصود خود نائل آمد.

در داوری تاریخ "رضاخان سردار سپه" مردی بود برخاسته از میان مردم ایران که با لیاقت شخصی این راه را پیمود. او توانایی و اراده و میهن دوستی لازم برای رهبری

ایران به سـوی پیشرفت واقعی را داشت. به همین جهت شکست او را باید شکستی برای ایران دانست.

کسانی که رضاخان را به "قلدری" متهم می کنند، باید بدانندکه او ذاتاً با زورگویی میانه‌ای نداشت چنان‌که پیش از آن‌که "لباس دیکتاتوری" بر تنش بکنند:

«مردم تهران... در خانه شـاه و در مدرسه‌ی نظام هر وقت می‌خواسته‌اند، [رضا] شاه را می‌دیدند[۳۱]».

* * * * *

اگرچه رضاشـاه درکوتاه مدت یعنی پـس از غوغای جمهوری در اواخر دوران نخسـت‌وزیری‌اش برای رسیدن به مقصود مجبور گشت به معممین روی خوش نشان دهد، ولی به محض آن‌که پادشـاه گشـت، ائتلافش را با "رهبری شیعه" به‌کلی فسخ نمود. و همین امر سبب گردید تا دوران ۱۶ ساله‌ی حکومتش جلوه‌ای متفاوت با عصر مفلوک قاجار بیابد. حکومت رضاشـاه حاکمیت مذهبی را عقب راند و این باعث رهایی انرژی حیاتی جامعه ایران گشـت. با عقب رانده شدن مذهب قرون وسطایی، نیروهای سازنده‌ی ملی به فعالیت سازنده‌ای برخاسته بودند و این خود دلیل تاریخی غیرقابل انکاری اسـت، که برخلاف آن‌چه در دوران قاجار تصوّر می‌رفت، که تسلط هزار سـاله‌ی اسلامی، ایران را برای همیشـه در چنبره‌ی فلج کننده‌ی خود اسیرکرده اسـت، در دوران رضاشـاه با ضربه‌ای از حیات اجتماعی ایرانیان طرد گشت و روح سازندگی و سرافرازی ملی ایرانی پس از قرن‌ها خفت و فشار، سر برآورد.

مهم‌ترین هدف رضاشـاه به وجود آوردن دولتی مدرن بود و برترین و فوری‌ترین کار، تغییر ساختارکامل تشکیلات و تدوین قانون‌های امروزی بود. بدین ترتیب اصلاح قوه قضاییه که همچنان در دست معممین بود، در سرلوحه‌ی برنامه‌ی کار او قرارگرفت. "داور" در اواخر سـال ۱۳۰۵ وزیر عدلیه گشت، و از مجلس شورای ملی برای اصلاح عدلیـه "اختیارات قانونی" گرفت تـا وزارت عدلیه را چهار ماه تعطیل کند و به تغییر

ساختار اداری، تجدید سازمان محاکم، و اخراج کارمندان و قضّات بی‌کفایت و نادرست بپردازد. با پشتکاری بی‌سابقه و شگفت‌انگیز بازسازی عدلیه در ظرف چهار ماه انجام یافت و رضاشاه شخصاً وزارتخانه‌ی جدید را افتتاح کرد. بیشتر قضات جدید جوان و دارای تحصیلات در رشته‌ی حقوق بودند. داور همچنین چندین کمیسیون تشکیل داد تا قانون مدنی تازه‌ای بنویسند. در اردیبهشت ماه ۱۳۰۷ نخستین بخش قانون مدنی برای تصویب، تقدیم مجلس گردید[۳۲]. اگرچه رضاشاه نتوانست در قانون اساسی مشروطیت تغییری بدهد ولی عملاً دست دکان‌داران دین را از حکومت کوتاه کرد. اصلاحات قضایی رضاخان هدف فوری دیگری نیز داشت، علاوه بر نشاندن اهل فن برکرسی قضاوت، درصدد بود به حق قضاوت برون‌مرزی اتباع خارجی در مملکت پایان دهد. اندکی پس از تدوین پیش‌نویس قانون مدنی، رضاشاه روز ۲۱ اردیبهشت ماه ۱۳۰۷ اعلام کرد که حق کاپیتولاسیون کلیه‌ی کشورهای خارجی در ایران لغو شده است. اینک به نحوی مؤثر استدلال می‌شدکه ایران دارای نظام قضایی و مجموعه قوانینی همپایه‌ی کشورهای اروپایی‌ست و اتباع خارجی نیز در دادگاه‌های ایران از عدالت برخوردار خواهند بود. الغای این حقوق فوق‌العاده‌ی برون‌مرزی از جمله رویاهای دلبند صدر مشروطیت و یکی از آرزوهای اصلی روشنفکران بود، چه مبارزان مشروطه این حقوق را ادامه‌ی انقیاد تحمل‌ناپذیر ایران به قدرت‌های خارجی می‌دانستند[۳۳].

در واقع حکومت رضاشاهی پس از "دوران فترت" بیست‌ساله، که هرج و مرج داخلی و اشغال نظامی، ایران را تا یک قدمی نابودی کامل پیش برده بود، به سرعت بر ساختار ملوک‌الطوایفی کشور غلبه نمود و در راه نوسازی با قدم‌های بلندی به پیش رفت. درکمتر از ده سال ساختمان‌های باشکوه دولتی و راهسازی‌ها چهره‌ی کشور را تغییر داد، ادارات، مدارس، بهداری‌ها، و تأسیس دانشگاه وکوشش در جهت صنعتی شدن مملکت، آینده‌ی مثبتی را نوید می‌داد، از همه مهم‌تر آن‌که این زمان برخلاف عصر قاجار، قدرت فزآینده‌ی دولتی، مقاومت رهبری مذهبی در مقابل اصلاحات

ترقی‌جویانه را به شـــدت سرکوب می‌نمود. نکته‌ی حائز اهمیت‌تر این بود که دستگاه اعظیم "حکومت مذهبی" که تا همین چند سال پش بزرگ‌ترین قدرت اجتماعی، مالی و سیاسی را تشکیل می‌داد به سراشیب انزوایی دردناک کشانده می‌شد[۳۴].

تحول دیگر دوران رضاشاه آن بود که دیگر مشروعیت رژیم از "اسلام پناهی" شاه دانسته نمی‌شد، بلکه او را "پدر ایران‌نوین" می‌خواندند که بر همان اورنگی تکیه زده است که شاهان ایران باستان، و هدفش ادامه‌ی آن تاریخی است که با حمله‌ی اعراب، برای سیزده قرن از سیر طبیعی خود خارج گشته بود!

اما تصویر تاریخی که مخالفان رضاشاه به‌ویژه "چپ‌ها" از او و دورانش به دست می‌دهند، تصویری است یکســـره سیاه، به عنوان نمونه احسان طبری در نوشته‌هایش تمام‌کوشش‌اش بر آن بود که هر حرکت مثبتی که رضاشاه برای ایران انجام داده منفی قلمدادکند به همین جهت به تناقض‌گویی دچارگشـــته است. از سویی می‌نویسد: «او [رضاشاه] وصایای انقلاب سرکوب شده مشروطه را عملی ساخت[۳۵]». و از سوی دیگر حکومتش را «کابوس تاریخی»[۳۶] می‌خواند.

آنچه مسلم است آن است که اگر حکومت رضاشاهی کابوس بود، در درجه‌ی اول برای رهبری شیعه بود.

متأسفانه "چپ‌ها" به علت دشمنی با حکومت پهلوی‌ها از سر فرصت‌طلبی، نه تنها بر نقش بازدارنده‌ی "روحانیت شیعه" از پیشرفت و ترقی و مسئول مستقیم ناکامی هر حرکت نوینی پرده‌کشیدند، بلکه جریان چپ به دلیل "ماهیت" وارونه‌اش به حمایت و مظلوم‌نمایی "رهبری شیعه" پرداخت. به عنوان نمونه احسان طبری نویسنده و اندیشمند معروف چپ به جای انتقاد از دشمنی "روحانیت" با پیشرفت عمومی جامعه و تقدیر رضاشاه برای کوتاه‌کردن دست "ارباب عمائم" از قدرت، درست در موضعی خلاف جهت اصلاحات رضاشاهی قرار می‌گیرد و به حمایت از رهبری شیعه می‌نویسد:

«رضا شـــاه... سیاست عقب‌زدن نفوذ "روحانیت" و بسیاری از آداب مذهبی را

به سود تجدد... دنبال کرد، علاوه بر آن که لباس روحانیت به تدریج از رواج افتاد، محضرهای شرع به محاضر رسمی، مبدل شد و آن هم کم کم از عناصر صرفاً روحانی خارج شد و صاحبان محاضر به قبول لباس عادی و عمومی مجبور شدند[۳۷]»!

طبری از تمام اصلاحات رضاشاه در جهت کاهش نفوذ "مذهب فلج کننده‌ی قرون وسطایی" و متولیانش، اشکال گرفته می‌نویسد:

«از دروس مذهبی در برنامه مدارس کاسته شد، برای آداب بسیار ریشه‌دار مانند روضه‌خوانی ایّام عاشورا، مراسم قربانی شتر در عید اضحی، مراسم احیاء، دسته‌های مذهبی و غیره و غیره یا با لمره ممنوع گردید یا فوق‌العاده محدود شد[۳۸]»!

ایدئولوک مارکسیست ما همه‌ی کوشش‌های مثبت رضاشاه را در جهت کوتاه نمودن دست "دین" و خرافات مذهبی، برای پیشرفت کشور محکوم می‌نماید و به حمایت از عمامه بسران چنین می‌نویسد:

«این واکنش رضاشاه علیه آن مذهبی بود که نمی‌خواست تن به مرکزیت بدهد و برای خود حق خاصی در امور قانون‌گذاری و فرهنگی و اوقاف و اصولاً اراده‌ی مردم قائل بود[۳۹]»!

احسان طبری برای اثبات حمایتی که از مذهب و متولیانش در برابر رفرم‌های مذهبی رضاشاه کرده این چنین ادامه می‌دهد:

«تمایل رضاشاه به تضعیف روحانیت شیعه تنها از تمایلات خودش برای از میان برداشتن رقیب منشاء نمی‌گیرد. استعمارطلبان انگلیس از دوران حوادث تنباکو و فتوای میرزا حسن شیرازی، این نیرو را شناخته بودند[۴۰]» به همین دلیل کوتاه کردن دست روحانیت شیعه در دستور کار آن‌ها بود.!

برخلاف این ادعای بی‌شرمانه‌ی احسان طبری، چنان که پیش‌تر بدان پرداختیم، دولت استعماری انگلیس نه تنها هرگز مخالفتی با متولیان مذهبی نداشت، بلکه

معممین همواره از یاران وفادار دولت فخیمه بریتانیا بودند و در راه اهداف آن‌ها گام برمی‌داشتند.

فتوای میرزای شیرازی را هم که در فصل "انقلاب رژی" ثابت کردیم دروغی بیش نبوده و درکل جنبش مردمی علیه امتیاز نامه‌ی تنباکو مدت‌ها پیش از آن فتوای دروغین آغازگشته بود. روی‌هم رفته آنان که رضاشاه را دست‌نشانده‌ی انگلیس قلمداد می کنند، از توجیه خدمات او به پیشرفت عمومی ایران بازمانده‌اند. دوران رضاشاه خود بهترین شاهد بر این مدعا است که به دلیل آن که دست "روحانیت شیعه" از قدرت کوتاه شد، او توانست انرژی نوسازی و پیشرفت طلبی خود را تا حدّ زیادی به ثمر بنشاند و حتی مثلاً با بستن مالیات بر قند و شکر درآمد آن را صرف نوسازی کشور نماید.

آنچه مسلم است احسان طبری به علت کینه‌توزی با پهلوی‌ها و از آن‌جایی که خود نیز متأثر از اندیشه‌های مذهبی است. تاریخ این دوران را به‌کلی وارونه ساخته و دست به جعل سازی تاریخی زده است.

از شگفتی‌های باورنکردنی تاریخ معاصر ایران، موضع نیروی چپ در قبال بزرگ‌ترین نیروی اجتماعی و سیاسی کشور یعنی "پایگاه حکومت مذهبی" است. که نه تنها برخوردی با رهبری شیعه نکرده است، که اغلب به یاری "متولیان دین عربی"» شتافته است. چنان‌که احسان طبری چون طلبه‌ای دل‌سوخته از مذهب فلج‌کننده‌ی قرون وسطایی و متولیانش دفاع کرده، می‌نویسد:

«رژیم رضاشاهی ضمناً سعی داشت خود مذهب رسمی را رام و قبضه کند و آن را مطیع استبداد سلطنتی بدل سازد، برای این کار رژیم، هم از اهرم اقتصادی به وسیله اداره کل اوقاف وابسته به وزارت فرهنگ و اداره تولیت آستان قدس رضوی... استفاده می کرد و هم از اهرم فکری با ایجاد دانشکده‌ی معقول و منقول، شاه با سرکوب خشن و خونین مقاومت روحانیون در قم و مشهد، که با سیاست متجدّدانه‌ی رژیم (نظام وظیفه، لباس متحدالشکل، برداشتن چادر) مخالفت می کردند، روحانیت را سر جای

خود نشاند، مراکز اعمال نفوذ آن‌ها یعنی قبور ائمه، مجالس وعظ، روضه را تحت نظر گرفت و دسته و قمه‌زنی و تعزیه را بالمّره ممنوع داشت. در عین حال شوینیسم رسمی رژیم، تجلیل از "ایران باستان"... به میدان آمده بود... روشن است که این زیباسازی ایران پیش از اسلام و ایجاد عصبیت ضد عربی که حکم مرکزی شوینیسم ایرانی است، دارای اعتبار علمی و تاریخی نیست[۴۱]»!

بسیار دردناک است "پژوهشگر مارکسیست ما" دقیقاً مانند یک معمم با برداشتن حجاب از زنان و قانون نظام وظیفه و محدودکردن حوزه‌ی اختیارات مروجین جهل و خرافات، مخالفت می‌کند و با تاریخ باستان کشورش دشمنی می‌ورزد. حقیقتاً وای به حال ملتی که "روشنفکر چپش" در پی ستیزه‌جویی با حکومت، این گونه از ارتجاع و خرافات مذهبی، دفاع نماید. در همه‌ی جوامع بشری عنصر مترقی برای پیشرفت مملکت باید با عامل اصلی عقب‌ماندگی کشورش یعنی "مذهب قرون وسطایی و خرافات مذهبی" مبارزه کند. چنان‌که در اروپا در اواخر قرن ۱۷ و به ویژه ۱۸ این اتفاق افتاد و سبب پیشرفت علم، فرهنگ، صنعت و رسیدن به آزادی و دمکراسی گردید.

اما در ایران روشنفکران چپ همراه با دستگاه رهبری شیعه، هر قدمی که ایران از شرایط زندگی در عربستان هزار سال پیش فراتر می‌برد را به معنی تضعیف خود تلقی می‌نمود وکینه‌توزانه با آن نبرد می‌کرد. آری، در هرکشوری، حکومت در درجه‌ی اول خواستار آن است که قدرت خود را تحکیم یافته ببیند و در این راه اگر دست زدن به اقدامات پیشرفت طلبانه در جهت این تحکیم باشد از آن ابا نخواهد نمود. اما در جایی که همه‌ی اقدامات حکومتی از بد و خوب، به یکسان با بی‌اعتمادی وکارشکنی روبروست، چه جای گشاده دستی؟

درکشوری که دفاع حکومت از قانون به خودکامگی، و دمکرات‌منشی، ضعف و ناتوانی‌اش تلقی می‌گردد، راه حکومت قانون، دمکراسی و پیشرفت اجتماع از هر سو بسته است.

جوابگو بودن به خواسته‌های ملت زمانی معنی‌دارد که حکومت در قبال آن، از اعتماد و پشتیبانی برخوردارگردد، آنان که بی‌شرمانه مانند "احسان طبری" با انکار قطب قدرتی (دستگاه رهبری شیعه) که همیشه فضای سیاسی، و اجتماعی ایران را زهرآلود ساخته است، عالمانه، دیکتاتوری رضاشاهی را به باد انتقادگرفته‌اند، تیشه به ریشه‌ی آینده‌ی ایران زده‌اند.

اقدامات تجددطلبانه‌ی رضاشاه برای پیشرفت واقعی ایران کار آسانی نبود زیرا جامعه چنان دچار مذهب‌زدگی بود که حتی آن گروه از روشنفکرانی که در دربار رضاشاه خدمت می‌کردند، عاری از تعصبات مذهبی نبودند، به عنوان نمونه از مخبرالسلطنه هدایت نام می‌بریم که از سال ۱۳۰۶ تا ۱۳۱۲ خورشیدی در دوران اصلاحات مهم رضاشاه نخست‌وزیر بود. وی علت استعفای خود را بالا گرفتن اصلاحاتی می‌داند که به عقایدش نمی‌ساخت[۴۲]. جالب است که بدانید اصلاحات رضاشاه در سال ۱۳۱۲ به "رفع حجاب زنان" محدود می‌گشت. و مخبرالسلطنه با آنکه اروپا دیده و معاشر و هم دوره‌ی تحصیلی دوشیزگان و بانوان اروپایی بود با این حال در سال ۱۳۱۲ مناسب نمی‌دیده که رفع حجاب زنان جزو برنامه‌ی دولت قرارگیرد[۴۳]، و به همین دلیل استعفاء داد. حقیقتاً هیچ چیز به اندازه‌ی تاثیر فلج کننده‌ی مذهب‌زدگی در دولتمردان تاریخ معاصر دردناک نیست، از جمله همین مخبرالسلطنه هدایت است که واقعاً دولتمردی دانشمند بود. سال‌ها در آلمان به تحصیل دانش و صنایع گذرانید از هنر و ادبیات گرفته تا رشته‌های علمی و حقوقی و اطلاعات نظامی و تحصیلات فیزیک و شیمی و علوم طبیعی از جمله "موسیقی"[۴۴]! آشنا شد و درباره‌ی خدماتش همین بس که کتاب "مجمع‌الادوار" در علم موسیقی قدیم و جدید را به رشته‌ی تحریر درآورد و در راه آموزش "نوت نویسی" "کتابچه‌ی "دستورات بجدی در کتاب موسیقی" را به قول خودش برای آسان نواختن تقدیم داشت[۴۵]!

به هر روی کوشش رضاشاه بر آن بود تا برای پیشرفت کشور حاکمیت مذهبی را عقب راند و بایدگفت که این عقب راندن حتی تا قدری با روشنگری ضدمذهبی توأم

بود. چنان که "احسان طبری" با گله‌مندی از این اقدام رضاشاه! می‌نویسد:

«رضاشـــاه حتی تا حدّی "رفورم" خود مذهب را نیز غیرمستقیم تشویق می‌کرد و مســلماً بدون موافقت شهربانی نبود اگرکسانی مانند شریعت سنگلجی و یا "سید احمدکسروی"... نغمه‌های مذهبی تازه‌ای را تقریباً بدون ترس از ممنوعیت عام انتشار نظریات در مجامع عمومی‌سازکردند[۴۶].»!!

آری تاریخ درکشوری که ایدئولوگ مارکسیست آن "کینه‌ی بزرگ" متولیان اسلام را به عنوان "الهام‌بخش انرژی انقلابی" ســتایش کند، از این رهگذر سخن‌ها داشت که بگوید[۴۷]!

بگذریم، پرسش اساسی درباره‌ی وضع معممین اینجاست که چه شدکه با همه‌ی کوشش‌های رضاشاه در جهت تضعیف قدرت مادی و معنوی "رهبری شیعه" باز هم پس از رضاشـــاه، بار دیگر "متولیان اســلام" با قدرت و نفوذ اجتماعی فزآینده‌ای به صحنه بازگشتند!؟

پاسخ در این جاســت که به غیر از یاری‌های دولت انگلیس به "ارباب عمائم"، مذهب‌زدگی دولتمردان خود رضاشاه و روشنفکران دردکش اسلام را نباید فراموش کرد. برای شناخت بیشتر موقعیت رهبری شیعه در این عصر لازم به توضیح است که رضاشاه برای کاستن قدرت اجتماعی و سیاسی دستگاه حکومت مذهبی، می‌بایستی ابتدا پایه‌های زیربنای اقتصادی آن‌ها را سُست می‌نمود. به همین جهت رضاشاه بخش عظیمـــی از امـــلاک موقوفه‌ی"آقایان" راگرفت و با لطمـــه‌زدن به قدرت انحصاری "معممین" در زمینه‌ی خرید و فروش املاک و اراضی، ضربه‌ای بر پایه‌های مادی این حاکمیت وارد ساخت. این موضوع سبب شد تا "روحانیت" زیربنای فئودالی خود را محدود ساخته و در زمینه‌ی تجارت و مالی فعال گردد و در واقع بزرگترین "الیگارشی مالی"، "بازار" را به پایه‌ی اقتصادیش بدل سازد، بدین ترتیب عمامه به‌سران که موقعیت را دریافته بودند در بازار "سرمایه گذاری" کردند.

کسروی به خوبی در این باره توضیح می‌دهد:

«روزی‌خواری ایشـــان از دو راه اســـت: یکی از پول هند* که ســـالانه با دست نمایندگان انگلیســـی به "حجج‌الاسلام" رسد و... دیگری از پول‌هایی که بازرگانان و توانگران "مقدس" ایران فرستند و با خود برند. این بازرگانان و توانگران، یا حاجیان مقدس ایران، گروهیند که با مشروطه دشمنند و به توده و کشور بدخواه[۴۸]».

کســـروی در حقیقت از رازی پرده برمی‌دارد که در تمام طول ۵۰ ســـال حکومت پهلوی، نمک بر زخم ملت ایران پاشید، تهاجم فلج کننده و بازدارنده و فاسدکننده‌ی این نیرو (یعنی بازار و دســـتگاه رهبری شـــیعه) بر تمام زمینه‌های روانی و اخلاقی و اجتماعی ملت، سبب گشت تا بدبینی عجیبی در برابر هر خدمتی که دولت می کرد در جامعه ایجادگردد. در هیچ جای دنیا پیشرفت طلبی با چنین قدرت سیاسی، اجتماعی و اقتصـــادی عظیمی روبرو نبوده اســـت. چنان‌که در دوران پهلـــوی دوم، هر اقدام نوگرایانه‌ای که شاه و حکومتش برای پیشرفت مملکت می‌نمود چه در ارتباط با آزادی زنان و چه پس از آن تا انقلاب ۵۷، با اعتراضات شدید معممین و بازاراریان روبرو بود.

در واقع حتی در دوران رضاشـــاه با آنکه وی موفق گشته بود سیاست عقب زدن نفوذ روحانیت و بســـیاری از آداب مذهبی را به ســـود تجدد و پیشـــرفت دنبال کند، ولی هنـــوز پایگاه حکومت مذهبی به عنوان قطب مقتدر جامعه با اتکاء به ســـلطه‌ی بازدارنده‌ی مذهب قرون وســـطایی، جامعه ایرانی را از خیزش در جهت انسجام ملی و تحقق ماندگار رفرم‌های دولتی باز می‌داشـــت. تصویری که کسروی از نقش پایگاه حکومت مذهبی در عصر مشروطیت و سپس دوران رضاشاهی درکتابش "شیعه‌گری"

*ـ منظور موقوفات پادشاه اود (Oudh Bequests) است که انگلیس‌ها می گویندکه واقف این موقوفه غازی‌الدین حیدر هندی پادشاه صوبه‌ی اودکه مرکز سلطنت آن لکنهو می‌باشد، قسمتی از مایملک و دارایی خود را وقف نموده است. این پول در بانک لندن بوده! و تولیت آن با دولت انگلستان می‌باشد!. منافع این وجوه باید نصف به علمای طراز اول شیعه کربلا و نصف در نجف با نظارت قنسول انگلیس مقیم بغداد پرداخت گردد!. برای آگاهی بیشتر در این باره بنگرید به کتاب (تاریخ روابط سیاسی ایران و انگلیس در قرن نوزدهم میلادی) نوشته‌ی محمود محمود.

ترسیم می‌کند، ما را به حل بسیاری از پیچیدگی‌های این عصر و شناخت جامعه‌ی دوران رضاشاهی کمک می‌نماید.

کسروی این کتاب را تقریباً ۱۰ سال پس ازکتاب تاریخ مشروطه نوشته است و نکته حائز اهمیت آن است که وی در این کتاب به نقش مخرّب و واپسگرای معممین در تحول جامعه‌ی ایرانی پی برده و دیگر بخشی از عمامه به سران را مشروطه‌خواه تلقی نمی‌کند و چنین می‌نویسد: «در آغازکار اینان (معممین) چون معنی مشروطه را نمی‌دانستند و چنین می‌پنداشتندکه مردم که شوریده‌اند رشته‌کارها را از دست دربار گرفته بدست آنان خواهند سپرد، از این‌رو با آنان همراهی می‌نمودند. ولی پیش از هفت یا هشت ماه نگذشت که راستی را دریافته دانستندکه مشروطه نه به سود آنان، بلکه به زیان ایشان می‌باشد و این بود که به دشمنی پرداختند، دسته‌بندی‌ها کردند، با دربار [قاجار] همدست شده کوشش‌ها بکار بردند، در میانه جنگ‌ها رفت، خون‌ها ریخته شد، چون سرانجام مشروطه خواهان چیره درآمدند و تهران راگشاده محمدعلی میرزا را برانداختند، این بار ملایان دست به دامن دولت بیدادگر روس زده نکولا (امپراتور روس) را پشتیبان خودگرفتند و ده سال سپاه روس در شهرهای ایران می‌بود از هیچ‌گونه پستی و نامردی باز نایستادند[۴۹].»

البته در جمله‌ی آخر چون کسروی در شمال ایران (آذربایجان) زندگی می‌کرده است اشاره به رفتار ملایان در شمال دارد و از آن‌چه خود دیده سخن می‌گوید و درباره‌ی همکاری "رهبری شیعه" با یار دیرینه‌اش "انگلیس" در جنوب سخنی نمی‌گوید. به هر روی وی چنین ادامه می‌دهد:

«پس از همه‌ی این‌ها چون نکولا نیز برافتاد (پایان جنگ جهانی اول و انقلاب کمونیستی اکتبر در روسیه) این بار به خاموشی وکناره‌گیری گراییدند وکم‌کم با مشروطه به آشتی و دوستی پرداخته از مشروطه به سودجویی برخاستند. فرزندان خود را به دبستان‌ها فرستادند، در اداره‌ها کار برای بستگان خودگرفتند، از هر راهی توانستند

از سودجویی باز نایستادند. یک دسته متجدد گردیده مشروطه را با شیعه‌گری سازش دادند... بسیاری از آنان خودشان را به ادارات انداخته یا دفتر اسناد رسمی گرفته از دولت کار پذیرفتند.

لیکن در همان حال دشمنی خود را با مشروطه فراموش نکردند. آن دعوی را که درباره‌ی فرمانروایی می‌داشتند، رها نکردند... دولت را "جائر" خوانده مالیات دادن و سربازی رفتن را حرام ستودند،... هرگامی که در راه پیشرفت برداشته شد از هایهوی بازنایستادند.

از بی‌شرمی و خیره‌رویی، یک‌سو از اداره‌های قانونی بهره جستند و یک سو از حاجیان و مشهدیان ذکات و مال امام و "رد مظالم" گرفته به گفته عامیان: هم از توبره خوردند و هم از آخور[۵۰]».

بنابراین دستگاه رهبری شیعه در تمام سطوح جامعه رخنه کرده بود و از همه بدتر آن‌که عمامه به‌سران هنوز دعوی حکومت داشتند:

«نتیجه‌ی این دعوی دو دلی مردم و سرگردانی ایشان است، زیرا ملایان که سررشته‌داری را از آن خود می‌شمارند. آن را بدست نمی‌گیرند (و خود نتوانستند گرفت)، پس ناچاریست که سررشته‌داری دیگر باشد و مردم نیز به آن خوشبین نباشند. دولتی باشدکه مردم آن را "ستمکار" (جائر) شناسند و از بدخواهی وکارشکنی بازنایستند... خود ایشان بهتر می‌شمارندکه در نجف یا قم یا شهر دیگری نشینند و بی‌تاج و تخت فرمان روانند، پول‌های مفت گیرند و بی‌رنج و آسوده و به خوشی پردازند... مردم از درون دل علما را پیشوا و فرمانروا شناسند و پول‌هاشان به آنان پردازند. رنج را دولت کند و سود را آنان برند.

دولت که سپاه می‌گیرد، پاسبان و ژاندارم نگاه می‌دارد، اداره‌ها برپا می‌کند، هر چه می‌گیرد حرام باشد، ولی آنان که به هیچ کاری نمی‌پردازند و هیچ پاسخ‌دهی به گردن نمی‌گیرند هر چه بگیرند حلال شمرده شود[۵۱]». «آنان... همان دستگاهی را که پیش

از فرمان مشروطیت می‌بوده نگه داشته‌اند... اکنون سی و هشت سال است که دستگاه مشروطه برپاست، آنان در نجف وکربلا همه این‌ها را نادیده گرفته‌اند و از مردم جز آن چشم نمی‌دارندکه در هرکاری فرمان از ایشان برند[52].»

نتیجه این‌که دستگاه رهبری شیعه این زمان نه در ایران، بلکه در عراق جایگزین گشــته و نفوذ خود را در جامعه مذهب‌زده‌ی شیعی ایران همچنان حفظ نمود. آن‌چه مسلم است آن تفکر اسلامی و آن خرافاتی که در طول ۱۳۰۰ سال در روح و روان جامعه ریشه دوانده بود را رضاشاه نمی‌توانست در طول مدت ۱۶ سال بیرون کند. در این راه دســت‌کم روشنفکران می‌بایستی با دولت همگام می‌گشتند وکوشش می‌نمودند با روشنگری، مردم را از قید مذهب فلج‌کننده قرون وسطایی رها سازند، اما افسوس که این روشنفکران دردکش اسلام خود چنان متاثر از اندیشه‌های مذهبی بودندکه با پیرایه بستن به اســلام، آن را به‌گونه‌ای آرایش کردندکه با مقتضیات زمانه سازگار باشد. به عنوان نمونه ملک‌الشعرای بهار برای ایران و ایرانی دل می‌سوزاند و چنین می‌سراید:

مرکز ملک کیان در دهن اژدهاســت

غیرت اسلام‌کو، جنبش ملی‌کجاست!!

آخرکسی نیست‌که به این شاعر بلندپایه و سیاستمدار و روشنفکر ما بگوید: اسلام چه ربطی به جنبش ملی دارد؟ اســلام‌که با ملی‌گرایی مغایر اســت. متأسفانه چنین روشنفکرانی مطالبی در ستایش از اسلام مطرح ساختندکه در طول هزار سال از هیچ عمامه به‌سری بر نیامده بود. مثلاً احسان طبری در ستایش از آن نوشته است:

«... شیعه‌گری درکشــور ما خود پرچم معنوی عظیمی بود‌که در موارد عدیده نقش مثبت بسیاری داشت[53]...»

بدون تردید روشنفکران شیعه‌زده‌ی ما خود عامل پس‌رفت فرهنگی بودند. از این دیدگاه‌کمترکسی را در عصر رضاشاه می‌توان یافت‌که یکسره از شیعه‌زدگی پاک‌گشته

باشد، تا بتواند به روشنگری هم میهنانش برخیزد.

در پایان این بخش یادآوری این نکته ضروری است که از ویژگی‌های بسیار مهم دوران رضاشـــاه آن است که به اقلیت‌های مذهبی پس از قرن‌ها اجازه داده شد تا در میان دیگر ایرانی‌ها با صلح و صفا و احترام درخور توجهی زندگی کنند و در ارتش و ادارات و مشاغل دولتی وارد گشته و به میهن خود خدمت نمایند. و این نیز سبب گشت تا شریعتمداران هر چه بیشتر کینه رضاشاه را بدل گیرند.

فهرست منابع:

۱. شمیم، علی‌اصغر، ایران در دوره‌ی سلطنت قاجار قرن سیزدهم و نیمه‌ی اول قرن چهاردهم، انتشارات زریاب، تهران ۱۳۷۹، صفحه ۲۳۹.
۲. همانجا، صفحه ۲۵۵.
۳. همانجا، صفحات ۲۴۷ و ۲۴۸.
۴. کشفی، منصور، سیر تحول صنعت نفت در ایران و خاورمیانه، چاپ دوم، چاپخانه سوپریم پرینتینگ، صفحه ۱۷.
۵. ناطق، هما، بازرگانان در داد و ستد با بانک شاهی و رژی تنباکو (بر پایه آرشیو امین‌الضرب)، انتشارات خاوران، پاریس ۱۳۷۱، صفحات ۲۰ و ۲۱.
۶. همانجا، صفحه ۲۳.
۷. همانجا، صفحات ۲۴ و ۲۵.
۸. شمیم، علی‌اصغر، ایران در دوره‌ی سلطنت قاجار، یاد شده، صفحه ۲۴۷.
۹. همانجا، صفحه ۲۶۳.
۱۰. نیازمند، رضا، رضاشاه از تولد تا سلطنت، چاپ اول بهار ۱۳۸۱، انتشارات جامعه ایرانیان، صفحه ۶۰۲.
۱۱. غنی، سیروس، ایران برآمدن رضاخان، برافتادن قاجار و نقش انگلیس‌ها، ترجمه حسن کامشاد، چاپ دوم ۱۳۷۸، انتشارات نیلوفر، صفحات ۳۳۲ تا ۳۳۵.
۱۲. دولت‌آبادی، یحیی، حیات یحیی، یاد شده، جلد چهارم، صفحه ۳۲۲.
۱۳. همانجا، جلد چهارم، صفحه ۳۲۸.
۱۴. همانجا، همان جلد، صفحه ۳۲۵.
۱۵. همانجا، همان جلد، صفحه ۳۶۵.
۱۶. غنی، سیروس، ایران برآمدن رضاخان، یاد شده، صفحه ۳۲۹.
۱۷. دشتی، علی، پنجاه و پنج، انتشارات مهر و البرز، چاپ دوم ۲۰۰۳، صفحه ۱۲۶.
۱۸. ایران برآمدن رضاخان، یاد شده، صفحه ۳۲۳.
۱۹. همانجا، صفحه ۳۳۲.
۲۰. دولت‌آبادی، یحیی، حیات یحیی، یاد شده، جلد چهارم، صفحه ۳۵۱.
۲۱. نیازمند، رضا، رضاشاه از تولد تا سلطنت، یاد شده، صفحه ۶۵۸.
۲۲. معاش، الماس و ریگ، جلد اول، سازمان انتشارات آمیغ، نیویورک ۱۹۸۹، صفحه ۱۵۸.
۲۳. همانجا، همان صفحه.
۲۴. همانجا، صفحه ۱۵۹.

۲۵. رضاشاه از تولد تا سلطنت، یاد شده، صفحه ۶۵۸.
۲۶. غنی، سیروس، ایران برآمدن رضاخان، یاد شده، صفحه ۳۳۴.
۲۷. ایران برآمدن رضاخان، یادشده، صفحه ۳۳۵ و ۳۳۶.
۲۸. حیات یحیی، جلد ۴، صفحه ۳۶۴.
۲۹. همانجا، همان صفحه.
۳۰. همانجا، جلد ۴، صفحه ۲۸۷.
۳۱. همانجا، همان جلد، صفحه ۳۹۰.
۳۲. ایران برآمدن رضاخان، یاد شده، صفحه ۴۱۶.
۳۳. همانجا، صفحه ۴۱۷.
۳۴. طبری، احسان، اوضاع ایران در دوران معاصر، (یک تحلیل عمومی) جامعه ایران در دوران رضاشاه، ۱۳۵۶، صفحات ۱۱۴ و ۱۱۵.
۳۵. طبری، احسان، اوضاع ایران در دوران معاصر، یاد شده، صفحه ۴۹.
۳۶. همانجا، صفحه ۱۵۱.
۳۷. همانجا، صفحه ۱۰۵.
۳۸. همانجا، همان صفحه.
۳۹. همانجا، همان صفحه.
۴۰. همانجا، صفحات ۱۰۵ و ۱۰۶.
۴۱. طبری، احسان، اوضاع ایران در دوران معاصر، یاد شده، صفحات ۱۱۴ و ۱۱۵.
۴۲. مخبرالسلطنه هدایت، گزارش ایران، قاجاریه و مشروطیت، به اهتمام محمدعلی صوتی، نشر نقره، چاپ دوم ۱۳۶۹، تهران، صفحه ۲۳.
۴۳. همانجا، همان صفحه.
۴۴. همانجا، صفحات ۱۱ و ۱۲.
۴۵. همانجا، صفحه ۱۲.
۴۶. طبری، احسان، اوضاع ایران در دوران معاصر، یاد شده، صفحه ۱۰۶.
۴۷. همانجا، صفحه ۱۱۵.
۴۸. کسروی، احمد، شیعه‌گری، انتشارات کاوه، صفحه ۱۰۲.
۴۹. همانجا، صفحه ۹۷.
۵۰. همانجا، صفحه ۹۸.
۵۱. همانجا، صفحات ۹۵ و ۹۶.
۵۲. کسروی، احمد، شیعه‌گری، یاد شده، صفحه ۱۰۱.
۵۳. طبری، احسان، جهان‌بینی‌ها، جنبش‌های اجتماعی در ایران، فروپاشی نظام سنتی و زایش سرمایه‌داری در ایران، با نگرش علمی از احسان طبری از آغاز تمرکز قاجار تا آستانه‌ی انقلاب مشروطیت، صفحه ۳۵.

آن کسی را که در این ملک سلیمان کردیم
ملت امروز یقین کرد که او اهرمن است
«عارف قزوینی»

از سقوط رضا شاه تا انقلاب اسلامی ۵۷

در روز اول سپتامبر ۱۹۳۹ میلادی (نهم شهریور ماه ۱۳۱۸ خ) جنگ دوم جهانی آغاز گشت[۱]. از همان ابتدای شروع جنگ، دولت ایران مانند جنگ جهانی اول اعلام بی‌طرفی نمود.

در آغاز جنگ جهانی دوم، شوروی از متحدین آلمان نازی بود. اما در سال دوم جنگ ناگاه بین آلمان و شوروی اختلاف افتاد و به دنبال آن در روز ۲۳ ژوئن ۱۹۴۱م (اول تیرماه ۱۳۲۰) ارتش آلمان نازی به شوروی حمله برد[۲]. در نتیجه استالین دست نیاز و درخواست به سوی انگلستان درازکرد، و چرچیل نیزکه در لبه‌ی پرتگاه نابودی قرار داشت، می‌دانست که محو شوروی باعث شکست کامل انگلستان خواهد شد. به همین جهت انگلستان که خود زیر ضربات مرگبار آلمان قرار داشت پیشنهاد استالین را پذیرفت. و بدین‌سان، روس و انگلیس با وجود دشمنی‌ها و رقابت‌های دیرین و اختلاف‌های سیاسی و ایدئولوژیک در ۱۲ ژوئیه همان سال (۲۱ تیرماه ۱۳۲۰) موافقت‌نامه‌ی اتحاد در جنگ را امضاء کردند[۳]. بر پایه این پیمان دو کشور متعهد شدند که کمک‌های نظامی لازم را در طول جنگ در اختیار یکدیگر قرار دهند.

به دنبـال موافقت‌نامه‌ی مزبور، انگلیس‌ها راه ایران را به عنوان بهترین راه برای رسانیدن ساز و برگ جنگی و آذوقه به روس‌ها پیشنهادکردند. آن‌چه که اسناد وزارت خارجه آمریکا نشان می‌دهد، بریتانیا از مطرح کردن چنین پیشنهادی دو هدف داشت.

۱. رسانیدن کمک‌های نظامی از راه ایران به یکدیگر.

۲. برکناری و تبعید رضاشـاه و سـپس تقسـیم ایران بین انگلسـتان و روسیه (شوروی)[۴].

در آغاز روس‌ها از پذیرفتن این پیشـنهاد امتناع داشتند[۵]، ولی سرانجام موافقت کردنـد. بدین ترتیب روس و انگلیس در ۱۷ ژوئیـه ۱۹۴۱ (۲۶ تیرماه ۱۳۲۰) درباره‌ی لشکرکشی و اشغال ایران به توافق رسیدند[۶]. از این رو"روس" و"انگلیس" بدون داشتن دلیل موجه و بدون اعلام جنگ قبلی، هم زمان به ایران حمله بردند.

سـتون‌های ارتش انگلیس در سحرگاه سوم شهریور (۲۵ اوت) شهرهای جنوبی ایران را مورد حمله قرار دادند. شوروی نیز لحظاتی پس از آن‌که از تجاوز انگلیس به خاک ایران اطمینان حاصل کرد، دست به تهاجم علیه ایران نمود. سحرگاه سوم شهریور ماه ارتش سـرخ هم‌زمان و از چند محور، اسـتان‌های آذربایجان، گیلان، مازندران و خراسـان را مورد تهاجم قرار داد. ارتش سرخ در تمام طول مدت، به شدت شهرهای شمالی ایران را بمباران کرد، شدت بمباران در شهرهای تبریز، رشت، رضائیه (ارومیه) و بابلسر و قزوین... بیش‌تر از نقاط دیگر بود[۷].

در این میان انگلیسی‌ها پس از در هم کوبیدن نیروی دریایی ایران و اشغال آبادان و خرمشهر، شهر اهواز را بمباران کردند و هم زمان با عملیات خوزستان، ستون‌های دیگر ارتش انگلستان از مرز خسروی گذشته و پس از اشغال تأسیسات نفت شاه (نفت شهر) به سوی کرمانشاه حرکت کردند.

چگونگی بیشتر این تعرض ناجوانمردانه به خاک ایران توسط دولت انگلیس و

شـوروی و پایداری شایسته‌ی ناویان و ارتش ایران و سپس خیانت سرلشکر نخجوان وزیرجنگ، سرلشکر ضرغامی رئیس ستاد، سرلشکر ریاضی و سرلشکر یزدان‌پناه[۸]، از حوزه ملاحظات نگارنده خارج است و به آن نمی‌پردازیم. ولی آن‌چه مسلم است ایران در اشغال نیروهای نظامی انگلیس و شوروی و سپس آمریکا درآمد و رضاشاه تقریباً با تمام خانواده به غیر از ولیعهد (محمدرضا شاه) توسط انگلیس‌ها به جزیره موریس به تبعید برده شد. دولت بریتانیا که به شدت در تمام طول این سال‌ها از رضاشاه خشمناک بود، در پی بر تخت نشاندن یکی از بازماندگان قاجاریه بود که در لندن زندگی می کرد و زبان فارسی نیز نمی‌دانست. اما فروغی نخست‌وزیر وقت با درایت خاصی که داشت ۲۴ سـاعت مهلت گرفت و از این فرصت برای اجلاس فوق‌العاده مجلس اسـتفاده نموده ولیعهد را در میان ابراز احساسات نمایندگان به مجلس برد. در ۲۴ شهریور ۱۳۲۰ (۱۶ سـپتامبر ۱۹۴۱) محمدرضا عملاً شاه گردید[۹]. و انگلیس‌ها با عملی انجام شده روبرو گشتند.

در این هنگام قشـون متفقین در ایران بودند و در تمام امور دخالت می‌نمودند. با تضعیف پایگاه قدرت سیاسی، بار دیگر قدرت متولیان دین عربی افزایش یافت و پایگاه رهبری شیعه که در دوران سلطنت رضاشاه به خارج از ایران رانده شده بود، با حمایت استعمار به ایران بازگردانده شد.

چنان‌که پیش از این رفت، دکان‌داران دین برای دست‌یابی به قدرت بیشتر، همواره در خدمت بیگانگان و بر ضد مصالح ملی مملکت عمل کرده‌اند، این زمان نیز دولت بریتانیا که کاربرد سیاسـی نیروهای اسـلامی را در جریان جنگ‌های ایران و روس و همچنین در جنگ‌های داخلی روسیه به ویژه با وارد کردن معممین از نقاط مختلف به ترکمنستان برای مقابله با بلشویک‌ها، تجربه کرده بود، برای جلوگیری از رشد و ترقی ایران و به عقب راندن مملکت، بار دیگر به نیروی مذهب متوسل شد و "آیت‌الله حاج حسین قمی" مرجع تقلید شیعیان را که در عهد رضاشاه در سال ۱۳۱۴ به جهت مخالفت با کلاه‌شـاپو و کشـف حجاب زنان به خارج از ایران رانده شـده بود به کشور وارد

نمود[۱۰]. رهبری شیعه با حمایت بریتانیا تا حد زیادی توانست لطمه‌ای را که از حکومت رضاشـــاه خورده بود جبران نماید، حتی در پـــی آن بود که دگرگونی‌های ظاهری، اما بازگشـــت‌ناپذیر دوران رضاشاه را از میان بردارد. کسروی درباره‌ی این یورش ارتجاع مذهبی چنین گزارش می‌دهد:

«ســـینه‌زنی و قمه‌زنی و این قبیل اعمال وحشـــیانه ماه محرم که ممنوع شده بود دوباره آزادگردید... در بعضی شـــهرها کار به جایی رسیدکه گرمابه‌های نمره را بسته، خزینه‌های عمومی ســـراپا کثافت را که بسته شـــده بود دوباره بازکردند. این‌ها لطمه بزرگی به آبرو و حیثیت ایران بود. بیگانگان چنین نتیجه گرفتندکه این توده لایق آزادی نیست[۱۱]».

آن‌چه در این میان بسیار حائز اهمیت است. ظهور و نفوذ جریان چپ است که نه تنها بازدارنده‌ی قدرت پایگاه حکومت مذهبی نیست، بلکه خود یکی از حامیان آن است. حزب توده که در مهرماه ۱۳۲۰ پس از خروج رضاشاه با پشتیبانی دولت جماهیر شوروی (روسیه) و در واقع برای حفظ منافع* آن کشور در ایران تأسیس شده بود، یک حزب کمونیست و در حقیقت لامذهب و بی‌خدا بود. چنان‌که پیش‌تر نیز اشاره شد، از وقایع حیرت‌انگیز و باور نکردنی تاریخ دوران پهلوی آن است که این حزب نه تنها کوچکترین مبارزه‌ای با متولیان اسلام که یکی از بزرگ‌ترین عوامل عقب‌ماندگی ایران بودند نکرد، که اغلب به حمایت از آن‌ها پرداخت. به عنوان نمونه در رابطه با بســـته شدن حمام‌های نمره و باز شدن دوباره‌ی خزینه‌های کثیف، کسروی می‌نویسد:

«روزی به یکی [از اعضای حزب توده] گفتم: شما از یک سو از دست ارتجاع

*ـ تلاش حزب توده بر آن بود تا منافع شوروی در ایران برآورده نماید، چنان‌که هنگامی که کافتارادزه، معاون وزیر خارجه شوروی در رأس هیأتی در شهریور ماه ۱۳۲۳ به ایران آمدند و در نشستی که با دولت ساعد داشتند خواستارکسب امتیاز نفت تمام استان‌های شمالی ایران شدند. پس از آنکه دولت ایران تقاضای دولت شوروی را رد نمود، حزب توده به عنوان مجری سیاست‌های شووری در ایران در پنجم آبان‌ماه ۱۳۲۵ اقدام به برگزاری تظاهرات گسترده‌ای در تهران کرد و چندین کامیون پر از سربازان ارتش سرخ و نیز دژبان‌های موتورسیکلت سوار ارتش مزبور، شرکت‌کنندگان در تظاهرات را حمایت می‌کردند. (مسکو، زمستان سرد ۱۳۲۴، دکتر هوشنگ طالع، صفحات ۳۲ تا ۳۸)

ناله می‌کنید و فریاد می‌کشید و از یک‌سو به ارتجاع کمک می‌کنید. آن حاجی آقا حسین بروجردی که شما آن همه تجلیل کرده‌اید در بروجرد کسی از ترس او به حمام نمره نمی‌تواند رفت.

گفت ما با آن مقصد بزرگی که داریم باید با احساسات عمومی مماشات کنیم[۱۲]»!

در تمام طول مدت حکومت محمدرضا شاه موضع حزب توده در برابر "ارباب عمائم" چنین بوده است. متأسفانه این حزب تنها محور مبارزات خود را با حکومت سیاسی قرار داده بود و جز ستیزه‌جویی با حکومت سیاسی چیز دیگری نمی‌دانست به طوری که هر قدم سازنده‌ای را پیشاپیش محکوم به شکست می‌ساخت. توهم عمیقی که جریان چپ ایجاد می‌کرد آن بود که در ظاهر خود را لائیک می‌دانست اما در واقع به شیعه‌زدگی دچار بود و در خدمت رهبری شیعه قدم برمی‌داشت! چنان‌که ورود آیت‌الله قمی را حزب توده تبریک و تهنیت گفت و احمدکسروی روشنگر و میهن دوستی که به سختی با خرافات مذهبی و ارتجاع در آن سال‌ها مبارزه می‌کرد، به این عمل حزب توده اعتراض کرد و نوشت:

«ما فراموش نکرده‌ایم که آقا سید حسین قمی را با آن ترتیب خاص برای تقویت ارتجاع به ایران می‌آوردند شما در روزنامه‌های خود تجلیل بی‌اندازه از او نمودید و او را "اولین شخصیت دینی" نامیدید. آقا حسین قمی... در این هنگام آورده می‌شدکه به دستیاری او دوباره زن‌ها به حجاب بازگردند و باز اوقاف به دست ملایان سپرده شود. در این چند سال بزرگ‌ترین گامی که در راه تقویت ارتجاع برداشته شده این آمدن آقا قمی بود که شما با نوشته‌های خود در آن شرکت کرده‌اید. شما شیخ حسین لنکرانی را از متفقین خود گردانیده‌اید، آیا این تقویت از ارتجاع نیست؟ اگرشما این را نپذیرید من ناچار خواهم شدکه بگویم شما معنی ارتجاع را نمی‌دانید... ارتجاع آن است که کسی هواداری از عادت‌ها و اندیشه‌های بیهوده کهنه کند و از پیشرفت یک توده به سوی بهتری جلوگیرد[۱۳]».

کســروی بسیار خوشبینانه تلاش داشت تا کجروی‌های حزب توده را گوشزد کند و مشکلات جامعه را که مهمترین آن‌ها "خرافات مذهبی" بود را به آن‌ها یادآور شود. ســخن وی آن بود که حزب توده به جای روشــنگری، با خرافات مذهبی مماشــات می‌کند[۱۴]. اما کوشش‌های کسروی بیهوده بود، زیرا حزب توده نه تنها با خرافات مذهبی و بازوی مســلح "رهبری شیعه" یعنی "فدائیان اســلام" مبارزه‌ای نکرد. بلکه هم در فاصله‌ی سال‌های ۴۱ تا ۵۷ همسو با معممین و قشریون با تمام اصلاحات محمدرضا شاه و مسائل مربوط به حقوق زنان به مخالفت پرداخت[۱۵]! و هم در انقلاب اسلامی ۵۷ از خمینی که با هرگونه پیشــرفت جامعه آشکارا به مخالف پرداخته بود و همچنن فتوای قتل کسروی را صادر کرد[۱۶]، و سبب کشته شدن وی به دست فدائیان اسلام گشته بود، حمایت نمود.

حدوداً چند ماه پس از انتشار کتاب شیعه‌گری، خمینی مدرس حوزه‌ی علمیه‌ی قم، احمدکسروی را "مفسد فی‌الارض" اعلام کرد و همچنین از دولت خواست تا مانع نشر این قبیل نوشته‌ها شود[۱۷]. کسروی در روز ۲۰ اسفندماه ۱۳۲۴ به همراه منشی‌اش حدادپور توسط حسین امامی یکی از اعضای فدائیان اسلام به قتل رسید.

ترور احمدکسروی در دوره‌ی دولت قوام‌السلطنه رخ داد و چند ماهی پس از قتل کسروی، چند تن از علما نامه‌ای به قوام‌السلطنه نوشتند و خواستار آزادی حسین امامی شدند. بدین ترتیب قاتل کسروی در دوره‌ی زمام‌داری قوم‌السلطنه آزاد گشت[۱۸].

روی‌هم رفته از شهریور ۱۳۲۰ تا پس از قیام ملی ۲۸ مرداد ۱۳۳۲، نخست‌وزیرانی که در ایران پست صدارت را به عهده گرفتند. در برابر قدرت فزاینده‌ی رهبری شیعه و بازوی مصلح آن (فدائیان اسلام) ایستادگی نکردند. چنان‌که حتی "خلیل طهماسبی" یکی دیگر از اعضای فدائیان اســلام و قاتل سپهبد رزم‌آرا نخست‌وزیر نیز در دوران صدارت دکتر محمد مصدق بر طبق ماده‌ی واحده‌ای که توسط اعضای "جبهه ملی" به

مجلس ارائه شد و به تصویب رسید تبرئه* گشت[۱۹].

«این ماده‌ی واحده را دو تن از استادان دانشکده‌ی حقوق و عضو جبهه ملی (آقایان دکتر شایگان و دکتر سنجابی) نیز امضاء کرده بودند[۲۰]».

اما شاه از توشیح این قانون خودداری نمود[۲۱]. همه‌ی واقعیت تاریخی بر این دلالت دارند، که محمدرضا شاه از شهریور ۱۳۲۰ تا ۲۸ مرداد ۱۳۲۲ بر پایه‌ی قانون‌اساسی کشور "سلطنت کرده بود" و درکار دولت‌ها دخالت نمی‌نمود. به همین جهت در طول مدت این ۱۲ سال قدرت "دستگاه رهبری شیعه" افزایش یافت، بطوری که حتی در تهران و شهرهای بزرگ زنان درس خوانده و بی‌حجاب ناچار بودند برای رفت و آمد به برخی از نواحی شهر "چادر نماز" به سرکنند، تا از بد زبانی و اهانت مردان ساکن در آن نواحی برحذر بمانند[۲۲]. ولی پس از ۲۸ مرداد ۱۳۳۲ و برکناری دولت دکتر محمدمصدق، نواب صفوی رهبر "فدائیان اسلام" و چند تن از اعضای آن گروه، به جرم قتل کسانی چون کسروی، سپهبد رزم‌آرا، هژیر، منصور، و... برطبق حکم دادگاه نظامی اعدام گشتند[۲۳].

در دوران صدارت" دکتر محمد مصدق"کار سازمان تروریستی "فدائیان اسلام" به جایی رسیدکه در اواخر دهه‌ی ۱۳۳۰ در بیانیه‌ی خود تحت عنوان "راهنمای حقایق" رسماً خواستار آن شدند:

«که شاه باید تابع قانون اسلام باشد و در صورت تخطی از آن بتوان او را برکنار کرد[۲۴]». اما چنان‌که پیش‌تر نیز اشاره شد، پس از برکناری دولت مصدق، "نواب صفوی" رئیس این سازمان تروریستی همراه دستیار اصلی او "خلیل طهماسبی" دستگیر و اعدام شدند و این سازمان به طورکلی از هم پاشید[۲۵]. با این حال مبارزه‌ی

*ـ برای آگاهی بیشتر از دشمنی دکتر مصدق و جبهه ملی با رزم‌آرا وکشته شدن وی، بنگرید به کتاب‌های "نگاهی به‌کارنامه‌ی سیاسی دکتر محمد مصدق نوشته‌ی دکتر جلال متینی"کتاب "دکتر محمد مصدق، آسیب‌شناسی یک شکست نوشته‌ی دکتر علی میرفطروس" وکتاب "ایران در عصر پهلوی جلد پنجم، بحران نفت و ترورهای سیاسی مذهبی. نوشته دکتر مصطفی الموتی".

مسلحانه آن‌ها هموارکننده‌ی شورش‌های چریکی اسلامی در دهه‌های ۱۳۴۰ و ۱۳۵۰ بود[۲۶].

پیش‌تر اشاره شدکه رضاشاه برای سست‌کردن زیربنای اقتصادی دستگاه رهبری شـــیعه، بخش عظیمی از املاک موقوفه "آقایـــان" راگرفت. ولی معممین هم بی‌کار ننشســـتند و چون زیربنای فئودالی خود را محدود دیدنـــد، در زمینه‌ی تجارت فعال گشتند. چنان‌که آماری که در یک هزارگزارش شهربانی نشان می‌دهد، "روحانیون" در میان تجار و پیشـــه‌وران بازار پایگاهی برای بسیج نیروهای اجتماعی تشکیل دادند[۲۷]. و همین نیرو "بازار" همواره در مقابل اصلاحات دولتی ســـّدی عظیم بود، با این‌همه دستگاه حکومت مذهبی در این عصر هرگز نتوانست به قدرت و نفوذی‌که در دوران قاجار داشت دست یابد. به عنوان نمونه در مورد زنان با تمام‌کوشش‌هایی‌که "رهبری شـــیعه" پس از شـــهریور۱۳۲۰ برای بیرون راندن زنان از فعالیت‌های اجتماعی انجام می‌داد. همچنان بر تعداد دانش‌آموزان و دانشـــجویان دختر در سراســـرکشور افزوده می‌شد. دختران درکمال آزادی در دانشگاه‌ها درکنار پسران به تحصیل می‌پرداختند. تعداد متخصصان زن در رشته‌های گوناگون بیشتر می‌گشت، انجمن‌ها و سازمان‌های مختلفی در تهران و شهرستان‌ها برای دفاع از حقوق زنان تشکیل می‌گردید، نشریاتی نیز درباره‌ی زنان و ضرورت اعلام تســـاوی حقوق زنان و مردان به چاپ می‌رسید[۲۸]. ولی با این همه بایدگفت نخستین برخورد بسیار جدی محمدرضا شاه و حکومتش با دستگاه رهبری شیعه در جهت پیشرفت مملکت از سال ۱۳۴۰ خورشیدی آغازگشت. شاه در۲۰ آبان ۱۳۴۰ طی فرمانی به امینی نخست‌وزیر وقت دستور داد به اصلاح امور کشاورزی و قانون اصلاحات ارضی و بهبود امورکارگری و چند مورد دیگر بپردازد[۲۹]. در پی این فرمـــان در روز ۱۹ دی‌ماه ۱۳۴۰ دولت اعلام‌کرد، قانون اصلاحات ارضی کـــه حدود مالکیت را برای هـــر مالک به یک دهه ۶ دانگ محـــدود می‌کرد مورد تصویب قرارگرفت و بلافاصله قانون مذکور برای توشیح شاه ارسال‌گردید[۳۰]. البته لازم به توضیح اســـت‌که شاه از چند سال قبل اراضی متعلق به خود و خانواده سلطنتی را

بین زارعین تقسیم کرده بود[۳۱].

با به تصویب رسیدن قانون اصلاحات ارضی، مخالفت فئودال‌های بزرگ و معممین با شاه آغاز گشت. هم‌پای این دو گروه، گروه‌های چپ نیز به فعالیت پرداختند زیرا آن‌ها تغییر "نظام فئودالیسم" را رسالت خود می‌دانستند و نمی‌توانستند بپذیرند که شاه این رفرم انقلابی را به جای آن‌ها شخصاً انجام دهد. در ضمن با بهبودی وضع دهقانان و همچنین کارگران، شاه طرفداران زیادی پیدا می‌کرد که دیگر برکناری او برای احزاب چپ دشوار می‌گشت. در واقع حزب توده و سایر احزاب چپ، آن حربه‌ی مخالفت با شاه را از دست می‌دادند و شاید هم از همین جاست که به قول محمدرضا شاه، آن "اتحاد نامقدس سرخ و سیاه" شکل گرفت. در واقع مخالفت چپ‌ها با شاه بر سر اصلاحات مملکتی نبود، این دشمنی تنها از سرکینه‌توزی با نظام پادشاهی بود. چنان‌که امروز پس از ۳۳ سال که از انقلاب اسلامی می‌گذرد، هنوز لبه‌ی تیز حملات گروه‌های چپ به جای جمهوری اسلامی به سوی محمدرضا شاه قرار دارد.

اما در رابطه با مخالفت "ارباب عمائم" با اصلاحات ارضی باید گفت که دو دلیل بزرگ داشت.

۱. چون مقدار قابل توجهی از بودجه‌ی تبلیغات معممین از محل سهم امام، توسط مالکین تأمین می‌گشت، در نتیجه معممین نیز حامی مالکین بودند.

۲. اصلاحات ارضی شامل تقسیم اراضی موقوفه نیز می‌گشت که سهم عمده‌ی آن متعلق به معممین بود. به همین جهت "رهبری شیعه" استدلال می‌کرد که تقسیم اراضی مخالف اسلام است.

در کل از روزی که برنامه‌ی اصلاحات ارضی در کشور شروع به اجرا گردید مخالفین رژیم (مالکین) فئودال‌ها، معممین، کمونیست‌ها و چپ گراها، طرفداران جبهه‌ی ملی، به تدریج به هم نزدیکتر شدند تا بتوانند با مقاومت در برابر رژیم از اجرای برنامه‌های شاه که تدریجاً "انقلاب شاه و مردم" نام گرفته بود جلوگیری کنند

و در صورت توانایی صدماتی به رژیم وارد سازند و چنان‌چه نتوانند آن را ساقط کنند دست‌کم متزلزل و ناپایدار سازند. از سوی دیگر چنان‌که دیرتر مشخص گشت اقدامات اصلاحاتی شاه تنها محدود به مالک و رعیت وکارگر نمی‌گشت. بلکه او در نظر داشت برای پیشرفت مملکت، زنان و اقلیت‌های مذهبی را به صورت جدی وارد فعالیت‌های جامعه نماید و محدودیت‌هایی که اسلام و متولیانش در برابر ورود آن‌ها با جامعه قرار داده بودند، کنار زند.

از این رو در ۱۶ مهرماه ۱۳۴۱ دولت اعلام کرد. برطبق آئین‌نامه انتخابات انجمن‌های ایلاتی و ولایتی که به تصویب هیأت وزرا رسیده به زن‌ها حق رأی داده شد و قید اسلام از شرایط انتخاب‌کنندگان و انتخاب شوندگان برداشته شده و برای سوگند به جای قرآن، کتاب آسمانی را گذاردند[۳۲]. بدان معنا که اقلیت‌های مذهبی به کتاب مقدس خود قسم یادکنند.

چنین تصویب‌نامه‌ای در مورد اقلیت‌های مذهبی، به این وضع "مضحک" پایان می‌دادکه پیش از این نمایندگانشان در مجلس می‌بایست به قرآن قسم بخورند!

بلافاصله پس از اعلام این تصویب‌نامه اعتراضات شدید از سوی معممین به عمل آمد. از جمله خمینی طی نامه‌ای به شاه نوشت:

«... پس از اداء تحیت و دعا به طوری‌که در روزنامه‌ها منتشر شده است دولت در انجمن‌های ایالتی و ولایتی شرط اسلام را در رأی‌دهندگان و منتخبین ذکر نکرده است. مستدعی امر فرمائید این قبیل مطالب را از برنامه‌های دولتی و حزبی حذف نمایند تا موجب دعاگویی ملت مسلمان شود[۳۳]».

چنان‌که پیش از این دریافتیم واژگونی "انقلاب مشروطه" سبب تداوم بیشتر قدرت و نفوذ متولیان اسلام گردید. و نه تنها از برآوردن انتظار تاریخی عاجز ماند، بلکه به نفوذ بیشتر شیعه‌گری منجرگشت. اینک خمینی به استناد همین قانون اساسی مشروطیت مانع اصلاحات شاه و پیشرفت مملکت می‌گشت بطوری‌که در نامه‌ی

دیگری که به شاه نوشت چنین گفت:

«آقای علم تخلف خود را از قانون اساسی و قانون اسلام اعلام و برملاء نموده و گمان کرده با تبدیل کردن قسم به قرآن مجید به کتاب آسمانی ممکن است قرآن کریم را از رسمیت انداخت و اوستا و انجیل و بعضی کتب ضاله را قرین یا به جای آن قرار داد. این شخص تخلف از قانون اساسی را به بهانه‌ی التزامات بین‌المللی سند خود دانسته و تثبیت به التزامات بین‌المللی برای سرکوبی قرآن و ملت جرم بزرگ و ذنب لا یغفر است ... انتظار ملت مسلمان آن است که با امر اکید آقای علم (نخست‌وزیر وقت) را ملزم فرمائید از قانون اسلام و قانون اساسی تبعیت کند و از جسارتی که به ساحت مقدس قرآن کریم نموده است استغفار نماید[۳۴]».

خمینی در سخنرانی خود مخالفت خود را با دادن حق رأی به زن‌ها اعلام کرد و از این کار با لفظ "فحشا" یاد نمود[۳۵]:

«... ما با ترقی زن‌ها مخالف نیستیم، ما با این فحشاء مخالفیم، با این کارهای غلط مخالفیم[۳۶]».

بر اثر مخالفت شدید "رهبری شیعه" و "جبهه ملی" و "حزب توده" با تصویب‌نامه‌ی انتخابات انجمن‌های ایلاتی و ولایتی، دولت ظاهراً عقب‌نشینی کرد و در تاریخ ۷ آذر ۱۳۴۱ عدم اجرای آن را اعلام نمود و مخالفان آرام گرفتند، در حالی که بعد معلوم گردید دولت برای پیشرفت مملکت و تساوی حقوق همگان از جمله زنان و مردان برنامه‌ی مفصلی داشته و این عقب‌نشینی از نظر استراتژی حائز اهمیت چندانی نبوده است[۳۷]. زیرا در تاریخ ۱۹ دی‌ماه ۱۳۴۱خ در کنگره تعاونی کشاورزان ایران، محمدرضا شاه پهلوی شش طرح پیشنهادی را که بعداً به "لوایح شش‌گانه" معروف گردید در کنگره قرائت نمود و استقرار آن را از طریق مراجعه به آراء عمومی (رفراندم) و پیش از انتخابات مجلس، از ملت ایران که حاکم بر مجلسین و منشاء اقتدارات ملی است تقاضا نمود[۳۸].

این لوایح در روز ۶ بهمن ۱۳۴۱ با مراجعه به آراء عمومی مردم به تصویب رسید[۳۹]. اصل ششم این لوایح عبارت از "لایحه اصلاحاتی قانون انتخابات بود[۴۰]". براساس این لایحه به زنان که نیمی از جمعیت ایران را تشکیل می‌دادند حق انتخاب کردن و انتخاب شدن داده شد. یعنی حقی به مراتب بیش از آن‌چه قبلاً به ایشان داده شده بود.

معممین که تصور می کردند با پس گرفتن آئین‌نامه‌ی انتخابات انجمن‌های ایلاتی و ولایتی از طرف دولت کار تمام شده است، بار دیگر سخت به تکاپو افتادند و اعلامیه‌ای بسیار مفصل به ابتکار آیت‌الله خمینی و به امضای محمد حسین طباطبایی، مرتضی الحسین‌الله لنگرودی، احمد لحسین الزنجانی، محمدالموسوی الیزدی، محمدرضا موسوی الگلپایگانی، سیدکاظم شریعتمداری، روح الله الموسوی الخمینی، هاشم‌الاعلی، مرتضی الحائری، روحانیون حوزه‌ی علیمه قم، صادر گردید. در این اعلامیه منحصراً به شدت حق انتخاب کردن و انتخاب شدن زنان مورد اعتراض "ارباب عمائم" قرارگرفته بود. که بخشی از آن اعلامیه را در این‌جا می‌آوریم.

«... چون دولت آقای عَلَم با شتابزدگی عجیبی بدون تفکر در اصول قانون اساسی و در لوازم مطالبی که اظهار کرده‌اند، زن‌ها را در انتخاب شدن و انتخاب کردن به صورت تصویب‌نامه حق دخالت داده، لازم شد به ملت مسلمان تذکراتی داده شود که بدانند مسلمین ایران در چه شرایطی و با چه دولت‌هایی ادامه‌ی زندگی می‌دهند، لهذا توجه عموم را به مطالب ذیل جلب می‌نماید... **روحانیت ملاحظه می کندکه دولت مذهب رسمی کشور را ملعبه خود قرار داده و درکنفرانس‌ها اجازه می‌دهد گفته شود "قدم‌هایی برای تساوی حقوق زن و مرد برداشته شده"، در صورتی که هر کس به تساوی حقوق زن در ارث و طلاق و مثل این‌ها که جزء احکام ضروری اسلام است معتقد باشد و لغو نماید اسلام تکلیفش را تعیین کرده است. ... به جای آن که دولت درصدد چاره برآید سر خود و مردم را گرم می کند به امثال دخالت زنان در انتخابات یا اعطای حق زن‌ها یا وارد نمودن نیمی از جمعیت ایران در جامعه و نظائر این تغییرات فریبنده که جز بدبختی و فساد و فحشاء چیز دیگری همراه ندارد**[۴۱]...»

چنان‌که از متن این اعلامیه برمی‌آیدکاملاً مشــخص است که شاه برای پیشرفت جامعه با چه نیروی بزرگ متحجری روبرو بوده است. نیرویی که تساوی حقوق زن و مرد را بدبختی، فساد و فحشاء می‌داند و آشکارا دولت را تهدید می‌نماید. دردناک‌تر آن‌که در چنین شرایطی احزاب و روشنفکران وابسته به این احزاب و بازاریان که نیروی عظیم مالی در اختیار داشتند نیز از این گروه ارتجاعی یعنی معممین حمایت می‌کردند و به مخالفت با شــاه و اصلاحات و آزادی‌هایــی که او به زنان داده بود، پرداختند و با دست‌آویز مذهب جامعه را علیه شــاه تحریک می‌نمودند. اغلب روشنفکرانی که انقلاب اسلامی ۵۷ را به راه انداختند و خمینی را "امام" خواندند و با او در فریفتن جامعه برای برقراری یک حکومت اســلامی همکاری کردند در این هنگام نیز بودند واَسَفا که باز پشتیبان خمینی بودند!

آن‌هایی که محمدرضا شاه را به اسلام‌پناهی متهم می‌کنند، باید بدانندکه وی برای پیشرفت ایران از هیچ اقدامی برای جلوگیری از قدرت متولیان مذهب قرون وسطایی که مانع بزرگی بر سر راه ترقی جامعه بودند فروگذاری ننمود. چنان‌که این بار برخلاف دفعه‌ی پیش، شاه و دولتش نه تنها کوتاه نیامدند بلکه محمدرضا شاه در سخنرانی که در شهر قم کرد شدیداً "دستگاه رهبری شیعه" را مورد حمله قرار داد و چنین گفت:

«یکی دو هفته است می‌بینیم و می‌شنویم عده‌ای مثل مارهای افسرده در حرکت هســتند و چون این‌ها درکثافت خودشــان غوطه‌ور هستند بایدگفت مثل شپش‌های افسرده‌ای که دارندکم کم اشعه‌ی آفتاب به آن‌ها می‌خورد، مثل این‌که بدبخت‌ها فکر می‌کنند موقع خزیدن درکثافت خودشــان دو مرتبه رسیده است. این عناصر فرومایه با همفکران ارتجاعی خود اگر از خواب غفلت بیدار نشــوند صاعقه‌ای چون مشت عدالت بر سر آن‌ها در هر لباسی که باشند فروکوفته خواهد شدکه شاید به این زندگی ننگین وکثافت‌شان خاتمه داده شود. همیشه یک عده قشری که مغز آن‌ها تکان نخورده در راه ما سنگ می‌اندازد. ارتجاع سیاه [معممین] اصلاً نمی‌فهمند و از هزار سال پیش تا به حال مغزشان تکان نخورده است، فکر می‌کند زندگی عبارت از این است که مالی

به ظلم و بیکاری و بطالت به دست آورد و سر به بالین بگذارد، ولی مفتخوری دیگر از بین رفته و در اصول شش‌گانه برای همه فکر شده است، این مقررات اگر از مقررات سایر ملل جلوتر نباشد عقب‌تر نیست. اما چه‌کسانی با این برنامه‌ها مخالفت می‌کنند، ارتجاع سیاه از افراد نفهمی که درک ندارند و بد نیت هستند حمایت می‌کنند، مخربین سرخ [حزب توده] که تصمیم‌شان روشن است و اتفاقاً کینه‌ی من نسبت به آن‌ها کمتر می‌باشد زیرا علناً می‌گویندکه ما می‌خواهیم مملکت را تحویل بیگانه بدهیم... ولی کسانی که... به دروغ دم از وطن‌پرستی می‌زنند و در عمل به این مملکت پشت پا می‌زنند منظور من از ارتجاع سیاه آن‌ها هستند، در این ۲۲ سال سلطنت من آن‌ها چه کرده‌اند؟ در واقعه آذربایجان کجا بودند؟... همین‌ها بودند چند روز پیش در تهران جمعیت کوچک ولی مضحک از مشتی بازاری ریشو راه انداخته که سر و صدا بکنند... این‌ها نمی‌خواهند مملکت آباد شود، این‌ها به منافع خود فکر می‌کنند[۴۲]...»

از سخنان محمدرضا شاه کاملاً مشخص است که وی به نقش مخرب و بازدارنده‌ی رهبری شیعه از پیشرفت جامعه آگاه و خشمناک است و با قدرت تمام در برابر آن‌ها ایستادگی کرده و به اقدامات خود در راه ترقی کشور ادامه می‌دهد. چنان‌که در سخنرانی‌های دیگر شاه نیز این موضوع نمایان است. نگارنده برای درک بیشتر خواننده چند نمونه‌ی دیگر از نطق‌های محمدرضا شاه را در این رابطه در فاصله‌ی سال ۱۳۴۱ تا ۱۳۴۲ را به شرح ذیل می‌آورم:

در روز ۱۳ فروردین ماه ۱۳۴۲ شاه ضمن تقسیم اسناد مالکیت در خراسان گفت: یک عده چند صد نفری که مغزکوچک و فرسوده وکهنه آن‌ها اجازه درک حقایق را نمی‌دهد و مملکت را فقط برای بیدادگری و چپاول دوست دارند «اگر این عده در جهت منافع ملت هدایت نشوند، زهی بدبختی برای خودشان است. زیرا چرخ عظیم نهضت ما به گردش خود ادامه می‌دهد[۴۳]...»

شاه دربار زنان ایران گفت:

«قبل از انقــلاب*، زنان محجورین و ورشکســتگان و دیوانــگان** بودند. در صورتی که نصف دیگر افراد این مملکت را به دنیا آورده بودند، مگر می‌شود فردی که کوچک‌ترین شرافتی دارد فکرکندکه مادرش در ردیف دیوانگان است.

البته دشمنان قسم خورده ایران (اتحاد نامقدس سرخ و سیاه) میل دارندکه جمعیت مملکت نصف شود و نصفی که نه فقط به درد نمی‌خورد بلکه انگل اجتماعی باشد و مادرانی باشندکه در روح و فکر فرزندان‌شان خاک مرده بپاشند. ارتجاع سیاه [متولیان اسلام] می‌خواهد یک‌بار دیگر زن ایرانی در چادر سیاه و چاقچور و روبنده در اجتماع ظاهر شود ولی زنان ایران نشان دادندکه برای قبول هر نوع مسئولیت در سطوح مدیریت کفایت و لیاقت دارند. من ایمان دارم‌که زنان لیاقت و شایســتگی خودشان را نشان خواهند داد[۴۴].»

محمدرضا شاه در ۵ خرداد ۱۳۴۲ درکرمان چنین گفت:

«دو دسته از افراد هستندکه روی مرام و عقیده خود با این جریان مخالفند، یکی مرتجعین سیاه [معممین] و دیگری خائنین سرخ [حزب توده]، وسائل تحریک و تخریب آن مخرب ســرخ از اوگرفته شده است، زبانش لال شده و به‌کلی گیج شده و حاج و واج مانده، نمی‌داند چه بکند، غیر از این‌که یک مشت هذیان از روی بیچارگی پشت ســرهم ببافند و طوطی‌وار مثل یک بچه‌ی ســه ساله آن‌ها را تکرارکند. اما آن مرتجع سیاه، او هم دنیایش فرو ریخته، برای این‌که دنیای او موقعی بودکه از جهل و نادانی مردم اســتفاده می‌کرد، برای این‌که از ســواری‌هایی که به آن طریق از اکثریت مردم می‌شدگرفت موقوف شد و آن مرکب سواری دیگر وجود ندارد[۴۵].»

ایستادگی شاه در برابر "متولیان مذهب فلج‌کننده‌ی قرون وسطایی" بسیار شایان توجه است. از ســوی دیگر رهبری شیعه به سرکردگی خمینی تلاش داشت همچون

*ـ منظور «انقلاب سفید شاه و ملت» است.

**ـ در قانون اساسی مشروطیت زنان در ردیف محجورین و دیوانگان و ورشکستگان به تقصیر قرار داشته و حق انتخاب‌کردن و انتخاب شدن از آن‌ها سلب گردیده بود.

سدّی در برابر اصلاحات شاه و آزادی زنان قرارگیرد و مانع رشد و ترقی کشور گردد. در کل "متولیان اسـلام" از انگیزه پیشرفت‌طلبی برکنار بودند و از تفکر جدید بهره‌ای نداشـتند. نکته‌ی دیگر آن‌که اساساً بنای دسـتگاه رهبری شیعه مستلزم یک جامعه عقب‌مانده، خرافی شیعه زده بود و چنین اصلاحاتی سبب از دست رفتن قدرت و نفوذ "آقایان" می‌گشت. به همین جهت خمینی به جمعی از بازاریان که پیش‌تر بدان اشاره کردیم که یکی از پایگاه‌های مهم رهبری شیعه بود چنین گفت:

«اساساً رفراندوم یا تصویب ملی در قبال اسلام ارزش ندارد... مقامات روحانی برای قرآن و مذهب احساس خطر می‌کنند و به نظر می‌رسد این رفراندوم... مقدمه‌ی از بین بردن مواد مربوط به مذهب است. علمای اسلام وظیفه دارند هر وقت برای اسلام و قرآن احساس خطرکردند به مردم گوشزد نمایند تا در پیشگاه خدا مسئول نباشند[۴۶]».

در پـی این گفتار خمینـی و اعلامیه "روحانیون" دربـاره‌ی تحریم رفراندم روز دوم بهمـن ماه ۱۳۴۱ گروهی از بازاریان «در منزل آیت‌الله خوانسـاری اجتماع کرده و از ایشـان خواسـتند در برابر رفراندم شاه موضع گیری کنند و ایشان هم قبول کردند و همراه جمعیت که شـعار می‌دادند (رفراندم مخالف اسـلام است) به سوی خانه آیت‌اللـه بهبهانی رفتند، در آن‌جا فلسـفی واعظ گفت: **اگر بدانید زیر سـرپوش این رفراندم چه جنایتی می‌خواهند مرتکب شـوند دیوانه می‌شـوید. با این رفراندم بار دیگر می‌خواهند حسین را بکشند، زینب را اسیرکنند، صحرای کربلایی برپاکنند**... از امروز بازار برای سه شبانه‌روز به نشانه‌ی اعتراض به رفراندم غیرقانونی تعطیل خواهد بود[۴۷]...». «در همان روزگروهی در قم با بلندکردن قرآن در پیشـاپیش جمعیت فریاد می‌زدند، «ما تابع قرآنیم، رفراندم نمی‌خواهیم.[۴۸]» درست همان شعاری که در دوران انقلاب مشروطه مخالفین مشروطیت به سرکردگی شیخ‌فضل‌الله نوری می‌دادند. با این تفاوت که این‌بار به جای "مشـروطه" نمی‌خواهیم، می‌گفتند "رفراندم" نمی‌خواهیم. در صورتی که این زمان چون این رفراندم به زیان "متولیان" اسلام بود، خمینی و سایر معممین آن را مخالف اسلام و قانون اساسی می‌خواندند. اما در انقلاب ۵۷ خمینی

خود "جمهوری اسلامی" را به رفراندم گذاشت! و حکومت اسلامی را در ایران برپا کرد. در این هنگام دیگر رفراندم مغایرتی با احکام اسلامی و قانون اساسی نداشت چون سود "دستگاه رهبری شیعه" در آن بود.

به هر حال چنان که پیش تر گفتیم سرانجام در میان این مخالفت‌ها در روز ششم بهمن ماه رفراندم برگذار شد. خمینی و سایر معممین که در این جریان دچار شکست گشته بودند، نوروز ۱۳۴۲ را "عزا" اعلام کردند. خمینی به "علمای" شهرستان‌ها چنین نوشت:

«... چنان‌چه اطلاع دارید دستگاه حاکمه می‌خواهد با تمام کوشش به هدم احکام ضروریه‌ی اسلام قیام و به دنبال آن مطالبی است که اسلام را به خطر می‌اندازد. لذا این جانب عید نوروز را به عنوان "عزا و تسلیت به امام عصر عجل الله تعالی فرجه" جلوس می کنم و به مردم اعلام خطر می‌نمایم. مقتضی است حضرات آقایان نیز همین رویه را اتخاذ فرمایند تا ملت مسلمان از مصیبت‌های وارده بر اسلام و مسلمین اطلاع حاصل نمایند، والاسلام علیکم و رحمت‌الله و برکاته، روح‌الله موسوی الخمینی[۴۹]».

در بسیاری از محافل مخصوصاً در قم پارچه سیاهی آویخته شده بود که این شعار به چشم می‌خورد (امسال مسلمین عید ندارند)[۵۰]. به دنبال آن جمعی از معممین به نام آن روز، اعلام کردند «عید امسال مصادف با شهادت امام جعفر صادق می‌باشد به همین جهت امسال جامعه‌ی روحانیت عزادار بوده و عید نخواهد داشت[۵۱].»

نکته حائز اهمیت آن است که دشمنی "متولیان دین عربی" تنها با پیشرفت و ترقی مملکت نبوده و نیست، بلکه آنان با تمام آداب و رسومی که ازگذشته‌ی پرافتخارمان بر جای مانده، سر ستیز دارند. چنان که پس از پیروزی انقلاب اسلامی ۵۷، ایران ستیزی و عرب گرایی جمهوری اسلامی آغازگشت. خمینی در سال اول پیروزی انقلاب، نوروز را جدی نگرفت و تلاش کرد تعطیلات نوروزی را کاهش دهد ولی پس ازگذشت یکی دو سال به او ثابت گشت که با نوروز نمی‌تواند "شوخی" کند، پس عقب‌نشینی

کرد[۵۲].

این زمان هم خمینی در پی ستیزه‌جویی با اصلاحات شاه به جنگ با نوروز می‌رود و آن را عزا اعلام می‌کند. و در هفته اول فروردین ۱۳۴۲ تظاهراتی در مدرسه‌ی فیضیه قم برپا می‌شود که با مأمورین دولت به زد و خورد می‌پردازند. پس از آن اعلامیه‌های متعددی از سوی خمینی و سایر "ارباب عمائم" در مخالفت با لوایح شش‌گانه، به ویژه آزادی زنان منتشر می‌گردد.

در پی این اقدامات رهبری شـــیعه، دولت نیز در اول اردیبهشت ماه ۱۳۴۲ فرمان روحانیون مشمول برای رفتن به خدمت نظام وظیفه را صادرکرد وگروهی از آنان را در کوچه و خیابان دستگیرکرده و به سربازخانه‌ها اعزام داشتند، که از جمله اکبر هاشمی رفسنجانی یکی از آن‌ها بود[۵۳].

این اقدام دولت بسیار درست و به جا بود زیرا پیش از این طلاب با تن‌پروری و پول موقوفات و سایر درآمدهایی که باکلاشی با عناوین مختلف اسلامی از مردم مذهب‌زده ایران دریافت می‌کردند در مدرسه‌ی فیضیه قم به اصطلاح درس دین می‌خواندند تا پس از آن مانند خمینی و ســـایر "ارباب عمائم" جامعه را در جهل، خرافات و نادانی فرو برند و مانع هر نوع پیشرفت کشور گردند، حال با تصویب قانون نظام وظیفه برای معممین مشمول، طلاب نیز می‌بایستی مانند ســـایر افراد جامعه دست‌کم دو سال به کشـــور خود خدمت می‌کردند. روی‌هم رفته لوایح شـــش‌گانه و درآخر خدمت نظام وظیفه معممین، برای دســـتگاه رهبری شـــیعه که پس از شهریور ۱۳۲۰ با حمایت‌های مستقیم و غیرمستقیم دولت بریتانیا بار دیگر صاحب قدرت و نفوذ در جامعه گشته بود. بسیارگران آمد.

اکنون دیگر "روحانیت" می‌بایســـتی از موضع قدرت کنار می‌نشســـت و شاهد پیشرفت جامعه می‌گشت. مسلماً تحمل چنین وضعی برای متولیان مذهب فلج کننده‌ی قرون وسطایی کاری بس دشوار بود و به این سادگی‌ها حاضر به عقب‌نشینی نبودند. از

این رو خمینی به تحریک مردم قشری و مذهب‌زده پرداخت و در چهلمین روز واقعه‌ی مدرسه‌ی فیضیه‌ی قم چنین اعلام نمود:

«... دستگاه جبار درگذشته به اسلام و قرآن اهانت کرد و خواست قرآن را در ردیف کتب ضاله قرار دهد. اکنون با اعلام تساوی حقوق چندین حکم ضروری اسلام محو می‌شود، اخیراً وزیر دادگستری شرط اسلام و ذکوریت را از شرایط قضاوت لغو کرده است... من مصمم هستم که از پا ننشینم تا دستگاه فاسد را به جای خود بنشانم و شما ای علمای اسلام مصمم شوید و بدانیدکه پیروزی با شماست[۵۴]...».

این‌که مسیحی، یهودی، زرتشتی به انجیل، تورات و اوستا، یعنی کتاب مذهبی خود قسم یادکند و یا این‌که زنان و غیرمسلمانان هم می‌توانند قضاوت کنند، از نظر مغز متحجر خمینی و سایر علمای اسلام، نمایان‌گر فساد دستگاه حاکمه بوده است! در این‌جا واقعاً پرسیدنی است که با این سوابقی که خمینی داشت چگونه روشنفکران، به‌ویژه روشنفکران چپ و لامذهب ما در انقلاب ۵۷ از او و حکومت اسلامی حمایت کردند؟! شگفت‌آورتر این‌که این زمان نیز حزب توده از خمینی حمایت می‌نمود[۵۵]! در صورتی که بیشتر اصول لوایح شش‌گانه‌ی "انقلاب سفید شاه و مردم" مانند اصلاحات ارضی و یا سهیم کردن کارگران در سود کارخانجات در جهت اهداف گروه‌های چپ و مارکسیست بود. در واقع از همین جا مشخص می‌گرددکه چپ‌های ما هرگز در پی منافع ملت و یا کارگر و بهبودی وضع کشور نبودند! تنها هدف آن‌ها دشمنی با شاه بود و بس.

به هر روی بایدگفت خمینی آخرین تیر خود را از ترکش در روز عاشوراکه مصادف با شب ۱۵ خرداد ۱۳۴۲ می‌گشت در مدرسه‌ی فیضیه‌ی قم رهاکرد و در نطق خود پس از پرداختن به مسائل عاشورای حسینی، به شاه و دولت حمله برد و به تحریک مردم در این رابطه که شاه مسلمان نیست پرداخت وگفت:

«... دستگاه جبار اگر با مراجع سر جنگ دارد به قرآن دیگر چه کار دارد؟ به

طلاب چه کار دارد؟... این فکر پیش می‌آیدکه آن‌ها با اساس دین مخالف هستند. این‌ها نمی‌خواهندکه قرآن در این مملکت حکومت کند و می‌خواهند اساس دین را در این مملکت ریشه‌کن کنند. لذا عُمال اسرائیل به دست ارباب خود مدرسه ما راکوبند و ما را می‌کوباند... در این راه چیزی که مانع آن‌هاست قرآن و روحانیت می‌باشدکه باید از میان برداشته شود... والله اسرائیل به درد تو نمی‌خورد. قرآن به درد تو می‌خورد... مگر شما اسرائیلی هستید[۵۶]؟»

خمینی بسیار زیرکانه مسئله اسرائیل و سپس این اتهامات به شاه که شما اسرائیلی هستید را مطرح می‌کند. او به‌خوبی آگاه است که نه شاه اسرائیلی است و نه عُمال اسرائیل به مدرسه فیضیه که مرتباً اغتشاش و شورش بر علیه اصلاحات شاه به راه می‌انداخت، برای برقراری آرامش یورش بردند.

خمینی از جمال عبدالناصر رئیس‌جمهور مصر پول دریافت کرده بود و برای تحریک جامعه‌ی مذهب‌زده‌ی ایران علیه شاه این مطالب را عنوان می‌کرد.

جمال عبدالناصر رهبری گروهی را داشت که در سال ۱۹۵۴ رژیم ملک فاروق پادشاه مصر را منقرض کرد و رئیس‌جمهور مصرگردید وی به‌عنوان پیشوای اعراب شناخته می‌شد. ناصر پس از تماس‌های نزدیک با رهبران کمونیست کشورهای آسیایی درکنفرانس باندونگ سال ۱۹۵۵ مقام رهبری جهان سوم را برای خود احرازکرد و ازکشورهای کمونیستی، تجهیزاتی به مبلغ ۲۰۰ میلیون دلار ابتیاع نمود[۵۷]. مهم‌تر آن‌که ناصر با سخنان شیوای خود توجه توده‌ی عرب را به ارتباط ویژه‌ی مسئله فلسطین با استعمار و اتحاد عرب جلب نمود و در طول مدت کوتاهی بعد از انقلاب مصر، در جهان عرب قدرت ناصریزم، به عنوان یک ایدئولوژی، نمودار پیکار بر علیه تسلط بیگانگان بر جهان عرب و یا از دید ناصر، بر خاورمیانه شده بود. در واقع از سال ۱۹۵۴ تا پایان ۱۹۵۷ رژیم جنگجو و طرفدار شوروی ناصر، قهرمان اتحادیه‌ی اعراب در قاهره و بزرگترین منشاء خطر در خاورمیانه به شمار می‌رفت. یکی از اهداف اولیه ناصر

دولت ایران و شاه جوان محمدرضا شاه پهلوی بود که "سیاست مستقل ملّی" را دنبال می‌کرد. شاه به درستی «مقصد ناصر را برای ایجاد یک کشور متحدی از اعراب بر مبنای ایدئولوژی که تا خلیج‌فارس، که آن را "خلیج عربی" می‌نامید گسترش می‌یافت، تهدید مستقیمی نه تنها به امنیت ملی بلکه به هویت ایران می‌دانست[۵۸]». هر قدر ناصر به کوشش‌های خود برای بر هم زدن ثبات در ایران ادامه می‌داد، نگرانی ایران از انزوا در منطقه و از خط افراط‌گرایی اعراب شدیدتر می‌گشت. سرانجام به دلیل اغتشاشات و مشکلاتی که عبدالناصر توسط کشورهای عراق و سوریه و یمن در خاک ایران و برای ایران ایجاد می‌کرد، روابط ایران و مصر در سال ۱۹۵۹ به شدت به تیرگی گرانید[۵۹]. چگونگی قطع روابط عبدالناصر و محمدرضا شاه از حوزه‌ی ملاحظات این نوشتار به دور است، هدف نگارنده از توضیحات مختصری که در رابطه با روابط ایران و مصر در دوران ریاست جمهوری جمال عبدالناصر داده شد این است که خواننده متوجه گردد که عبدالناصر و متحدینش در پی برکناری محمدرضا شاه و تصرف خلیج‌فارس و خوزستان بودند[۶۰].

«در ماه مه ۱۹۶۳، ناصر سرهنگ عبدالمجید سراج را به قم فرستاد تا برای به راه انداختن اغتشاشات علیه حکومت ایران مبلغ ۱۵۰/۰۰۰ دلار به خمینی بدهد. خمینی تا آن تاریخ راساً به شاه حمله می‌کرد و او را "زرتشتی آتش‌پرست" می‌نامید ولی پس از متحد شدن با ناصر نغمه‌ی تازه‌ای آغاز نمود بدین معنا که اسرائیل ضداسلامی توطئه‌چینی می‌کند و «اسرائیل با قرآن در این مملکت مخالف است، اسرائیل با وجود علما در این مملکت مخالف است و اسرائیل نمی‌خواهد اسلام در این مملکت حکمفرما باشد[۶۱].»»

پیش‌تر نیز در این باره سخن گفته شد، که معممین برای بدست آوردن قدرت و نفوذ بیشتری در جامعه همواره در خدمت بیگانگان قرار داشتند، حال انگلیس یا روس و یا مصر باشد، برای آن‌ها تفاوتی ندارد. در این هنگام که خمینی اصلاحات شاه را به زیان خود و دستگاه رهبری شیعه می‌دید با عبدالناصر هم پیمان گشت. وسعت خیانت

"ارباب عمائم" به ایران و ایرانی قابل توصیف نیست برای آن‌ها تفاوتی نمی‌کرد که خوزستان و خلیج‌فارس و یا سایر بخش‌های ایران از دست برود، تنها برای آن‌ها مهم آن بود که از قدرت و نفوذشان کاسته نگردد. خمینی با استفاده از تعصبات مذهبی جامعه‌ی شیعی ایران تلاش می‌کرد تا احساسات مردم را علیه شاه و اصلاحات او به‌ویژه حقوقی که به زن‌ها اعطاء شده بود برانگیزد و آن‌ها را بر ضد دولت بشوراند.

در پی نطق خمینی در روز ۱۵ خرداد ۱۳۴۲ گروهی از مخالفان انقلاب شاه و ملت از بامداد در قسمتی از بازار تهران که یکی از پایگاه‌های مهم دستگاه رهبری شیعه بود «اجتماعاتی تشکیل دادند و کم کم دسته‌های دیگری به آن‌ها پیوستند و اجتماع بزرگی به وجود آوردند که طبق نقشه‌ی قبلی در خیابان‌های مرکزی شهر با تظاهرات و دادن شعارهای سیاسی و ضددولتی و ضد اصلاحات پرداختند. تظاهرکنندگان اندکی بعد دست به عملیات تخریب زدند و اتومبیل‌هایی را که درکنار خیابان‌ها قرار داشتند از جمله چند اتوبوس را خود به آتش کشیدند. آن‌گاه خرابکاران به سالن ورزشی پارک شهر حمله کرده و آن‌جا را آتش زدند، شیشه و پنجره‌ی بسیاری از بانک‌ها و ادارات دولتی و مغازه‌ها و سینماها را خرد کردند، به خانم‌های بی‌حجاب حمله نموده وگروهی را مضروب و مجروح ساختند، به اتوبوس‌های حامل دختران مدارس هجوم برده و جمعی از آن‌ها را مقتول و عده‌ای را زخمی نمودند و بر اثر زد و خورد شدیدی که بین طرفین درگرفت عده‌ای کشته و جمعی زخمی شدند.

جلسه‌ی هیئت وزیران به ریاست عَلَم نخست‌وزیر تشکیل شد و برای سرکوب کردن ارتجاع سیاه و توطئه‌گران تصمیمات لازم اتخاذ گردید.

همزمان با هرج و مرج و آشوب در تهران، آشوب‌طلبان در شهرهای قم، مشهد، شیراز، کاشان نیز دست به تظاهرات زدند و آرامش و امنیت عمومی را مختل کردند و ضمن دادن شعار علیه اصلاحات ارضی و انقلاب اجتماعی ایران، با مأموران انتظامی به زد و خورد پرداختند.

به منظور خاتمه دادن به اغتشاش و ناامنی پایتخت، پس از ده سال بار دیگر حکومت نظامی در تهران اعلام شد و آیت‌الله خمینی و مسببین خونریزی و چند تن دیگر از فتنه‌جویان و آشوب‌طلبان بازداشت شدند[۶۲].»

در این سال‌ها بار دیگر قدرت حاکمیت مذهبی به عقب رانده شد، بدین‌معنا که محمدرضا شاه و دولتش به سختی در برابر دستگاه مرتجع رهبری شیعه ایستادگی کرد و با برداشتن گامی بزرگ و اساسی کشور را به جلو راند. چنان‌که شاه در سخنان خود در روز ۱۸ خرداد درباره‌ی شورش قشریون به دستور "ارباب عمائم" چنین گفت:

«**روز پانزدهم خرداد ارتجاع سیاه چه کرد؟ کتابخانه‌ی پارک شهر را آتش زد، زیرا هر چه مطابق علم و سواد و احتیاجات امروزه باشد به درد او نمی‌خورد،** ورزشگاه را آتش زد، وسائل عبور و مرور و باجه‌های بلیت‌فروشی اتوبوس‌ها را نیز آتش زد، برای این‌که لابد فکر می‌کند در این قرن بشر به سوی فضا می‌رود، ما باید سوار الاغ یا قاطر شویم... حرف آن‌ها این است که شما دهقانان آزاد شده دو مرتبه برده شوید... **حرف آن‌ها این است که نصف این مملکت یعنی زن‌های ایران که بعد از قرن‌ها مرارت امروز به حقوق مساوی با مردها مثل همه‌ی ممالک مترقی دنیا رسیده‌اند دو مرتبه توی لانه و سوراخ بخزند و مثل جانور زندگی بکنند.** حرف آن‌ها این است که دختران دانش‌آموز دیگر به مدرسه نروند و مثل یک عضو بدبخت و بیمار و جذامی جامعه به‌گوشه‌ای بخزند... ولی تمام این اقدامات و تمام این تلاش‌ها یک میلیمتر از سرعت سیر ترقی ما و انقلاب ما را نمی‌تواند کُند بکند، بلکه آهنگ پیشرفت ما سریع‌تر خواهد شد[۶۳]».

مقاومت شاه در برابر معممین در راه پیشرفت مملکت غیرقابل انکار است و پیش‌تر نیز سخنان محمدرضاشاه را در ارتباط با اصلاحات وی آوردیم که نمایان‌گر تصمیم جدی او درکنار زدن قدرت "دستگاه رهبری شیعه" برای ساختن ایرانی نو و مترقی بود. شاه نیز در این باره می‌نویسد:

«مـــا انقلابی را انجام دادیم که بـــه قول آبراهام لینکلن بدخواه هیچ کس نبود و در عـــوض خیرخواه همه بود. هدف انقلاب این بود که با بنای ایرانی نو و مترقی بر پایه اصول بسیار مستحکم و نیرومند، دیگر بود و نبود من در سرنوشت مملکت اثری نداشـــته باشد... وظیفه‌ی ماست که در دوران حیات خود بکوشیم تا این کشور و این جامعه هر قدر ممکن است سعادتمندتر و پیشرفته‌تر و حرفه‌ای‌ترگردد. **در همان موقع پیش‌بینی می‌کردم که عوامل ارتجاع سیاه که بخاطر منافع خود مایلند ملت ایران در غرقاب مذلّت و فقر و بی‌عدالتی بماند و قوای مخرب سرخ هم که هدفش اضمحلال مملکت اســت در تخریب این برنامه خواهندکوشید. این پیش‌بینی واقع‌بینانه بود. زیرا بلافاصله اقدامات تخریبی فراوانی همراه با قتل و شرارت آغاز شدکه مهم‌ترین آن بلوای جنوب و غائله نامیمون تهران در خرداد ســال بعد بود. آن هم به تحریک عوامل ارتجاع و توسـط شـخصی که مدعی روحانیت بود ولی اصولاً معلوم نبودکه خانواده‌ی وی ازکجای دنیا آمده است و ارتباط مرموزی با عوامل بیگانه داشت.**[۶۴]»

در تائید ســخن شاه، طبق نوشته دکتر سهراب ســبحانی هنگامی که خمینی در نجف بود «گاه به گاه **نماینده‌ای از ســفارت انگلیس در بغداد از او [خمینی] دیدار می‌کرد**[۶۵]».

لوایح شش‌گانه‌ی شاه که بعداً لوایح دیگری نیز بر این شش لایحه افزوده شد و به نوزده ماده رسید از اقدامات بسیار مفید و با ارزش در جهت توسعه‌ی اقتصادی و اجتماعی ایران بود.

اصلاحـــات ارضی از مهم‌ترین کارهایی بود که درکشـــور مـــا انجام‌گرفت، زیرا باعث شد نظام فئودالیته ازکشور برانداخته شود و جان دهقانان و زارعین زحمتکش از تجاوزات گروهی متجاوز نجات یابد. سهیم‌کردن کارگران در سودکارخانجات و اعزام ســپاه دانش و بهداشت و ترویج آبادانی به روستاها از برنامه‌های بسیار ارزنده‌ای بود که قسمت مهمی از نقاط فراموش شده‌ی مملکت را شامل مزایایی می‌نمودکه پیش‌تر

از آن برخوردار نبودند دادن حقوق مساوی به زنان بسیار اساسی بود که کشور ما را در ردیف کشورهای مترقی جهان قرارداد و این ننگ بزرگ را از جامعه‌ی ایران زدود.

ناگفته نماند که گروه‌ها و احزابی که در آن سال‌ها فعالیت می‌کردند به جای حمایت از اصلاحات بنیادین شاه، از خمینی و سایر "ارباب عمائم" دفاع نمودند و اعلامیه منتشرکردند.

حزب نهضت آزادی به رهبری مهندس مهدی بازرگان* در مخالفت با حقوقی که شاه به زنان و سایر اقشار محروم جامعه داده بود نوشت:

«... اگرگمان کنیدکه با تصویب‌نامه‌ی غلط و مخالف قانون اساسی می‌شود پایه‌های قانون اساسی را که ضامن ملیت و استقلال مملکت است سست کرده و راه را برای دشمنان خائن اسلام و ایران بازکرد بسیار در خطا هستید... دولت موظف است در تمام مصوبات خود اصول مسلمه‌ی اسلام و قانون اساسی را رعایت کند... و سرانجام مداخله‌ی زنان در امور اجتماعیه چون مستلزم امور محرمه و توالی فاسده‌ی کثیره است ممنوع و باید جلوگیری گردد[۶۶]...»

مخالفت مهندس مهدی بازرگان (تحصیل کرده‌ی فرانسه) با اصلاحات شاه درست به مانند خمینی و سایر معممین است. او چنان دچار اسلام‌زدگی است که ورود زنان به جامعه را موجب فاسد شدن جامعه می‌داند! و خواهان ممنوعیت آن می‌باشد.

گروه مجاهدین نیز با صدور اعلامیه‌ای، در این موضوع با شاه و رئیس دولت اتمام حجت کرد:

«... شاه و ایادی شاه بدانند مردم مسلمان ایران نمرده‌اندکه برخلاف عقاید دینی

*ـ مهدی بازرگان جزء نخستین گروه دانشجویانی بود که به دستور رضاشاه در مهرماه ۱۳۰۷ برای ادامه تحصیل به اروپا اعزام شدند. وی در فرانسه تحصیلات خود را با اخذ مدرک مهندسی به پایان رسانید و به ایران بازگشت. بازرگان پس از بازگشت به ایران از مخالفین حکومت پهلوی‌ها بود و در به ثمر رسانیدن انقلاب اسلامی ۱۳۵۷ نقش به سزایی داشت. او نخستین نخست‌وزیر منتخب خمینی در حکومت اسلامی ایران است.

آنان این گونه علنی اقدام شود. از انفجاراتی که در برخی ممالک منجر به تغییر رژیم شده بترسید از ممالک همسایه عبرت بگیرید پیش از آن که حادثه بدی رخ دهد تصویب‌نامه‌ی اخیر و مانند آن را نقض کنید. گروه مجاهدین[۶۷].»

البته از مجاهدین انتظار دیگری نمی‌توان داشت. آنان آشکارا به مذهب‌زدگی خود معترفند. شگفت‌آور احزاب وگروه‌هایی هستندکه خود را روشنگر و حامی حقوق بشر و آزادی و برابری می‌دانند از جمله حزب زحمت‌کشان به رهبری دکتر بقایی است که او نیز در اعلامیه‌ای که انتشار داد اعلام داشت:

«کمیته‌ی مرکزی حزب زحمت‌کشان مرجعیت نامه‌ی آیت‌الله خمینی را رسماً اعلام و هر تصویب‌نامه یا آئین‌نامه دولت راکه منطبق با قانون اساسی و قوانین موضوعه نباشد باطل و بلااثر می‌داند[۶۸]».

قانون اساسی که بخش اعظم آن توسط معممین نوشته شد و سبب شکست جنبش مشروطه گشت، اکنون موردی بود که تمام گروه‌ها و احزابی که مخالف پیشرفت و اصلاحات مملکت بودند به آن استناد می کردند.

حزب نهضت آزادی بازرگان و حزب زحمت‌کشان بقایی که می‌بایستی به پیروی از نام‌های‌شان هم که شده طرفدار آزادی و زحمت‌کشان می‌بودند، هر دو مخالف آزادی و حقوقی که به زحمت‌کشان داده شده بود، بودند!

دردناک‌تر آن که «رادیوهای حزب توده یعنی حزبی که با خداشناسی مخالف است از او [خمینی] تجلیل کردند و او را به عرش رسانیدند[۶۹]»!

واقعیت آن است که در این سال‌ها احزاب و روشنفکران لائیک و غیرلائیک ما نه تنها کوچک‌ترین حمایتی از اصلاحات بسیار مهم شاه در جهت پیشرفت جامعه و آزادی و برابری حقوق زن و مرد نکردند بلکه یا به دلیل شیعه‌گری چنبره‌زده در ذهن‌شان و یا به علت کینه‌توزی با شاه به پشتیبانی از خمینی و سائر "ارباب عمائم"

پرداختند!

از این پس اگرچه شاه انجام مراسم مذهبی مانند سینه‌زنی و یا روزه‌خوانی را ممنوع اعلام نکرد اما با عقب‌راندن "قدرت دستگاه رهبری شیعه" سبب گشت تا ایران هر روز گامی به جلوگذارد. در اثبات سخن خود کافی است که تنها در رابطه با زنان و زمینه‌های رشدی که دولت به خواست شاه برای آنها فراهم نمود و از نظر معممین تمام آن اقدامات مخالف قوانین شرع اسلام بود توضیحاتی بدهم:

چنان‌که پیش‌تر گفتیم یکی از مهمترین اقداماتی که انجام گرفت، دادن حق رأی به زنان و امکان احراز مقامات سیاسی بود. پس از برداشتن این گام بلند و اساسی «در سال ۱۳۴۵ شورای عالی جمعیت‌های زنان (مرکب از بیش از پنجاه جمعیت و انجمن) جلسه‌ی مشترکی با حضور هفت هزار تن در تهران تشکیل داد. مذاکراتی که در این مجمع بعمل آمد منجر به تشکیل "سازمان زنان ایران" شد، در حالی‌که جمعیت‌های مختلف زنان نیز به عنوان عضو وابسته به‌کار خود ادامه می‌دادند. در این اجلاس هم اساسنامه‌ی "سازمان زنان" تصویب شد و هم این مجمع خواستار تغییر فوری در قانون مدنی شد. دولت در جواب این درخواست به زودی "قانون حمایت خانواده" را تهیه کرد که در سال ۱۳۴۶ تصویب شد و به موقع اجرا گذاشته شد. این قانون در ایجاد برابری حق زن و مرد در تشکیل خانواده نقش بسیار موثری را ایفاء کرد. طلاق، که به موجب قوانین اسلامی به تمایل شوهر بستگی داشت، مقررات قانونی یافت. و فقط دادگاه می‌توانست حکم طلاق را در صورتی صادر کند که نسبت به عدم امکان آشتی طرفین اطمینان یافته باشد. زنان نیز می‌توانستند با تقاضای گواهی عدم سازش درخواست طلاق کنند. قانون جدید همچنین این حق را به زنان داد که نگهداری کودکان خود را پس از طلاق به عهده گیرند. همچنین حداقل سن قانونی برای ازدواج مردان به ۲۰ سال و برای زنان ۱۸ افزایش یافت. این قانون بار دیگر در سال ۱۳۵۴ اصلاح شد و توافق طرفین برای طلاق لغو گردید و تصمیم به طلاق به طور کلی به دادگاه محول شد. همچنین نگهداری فرزندان پس از مرگ شوهر به عهده‌ی

زن واگذار شـــد، در حالی که پیش از آن برطبق شـــرع و قانون "ولایت" به جد پدری محول می گردید.

این تغییرات تحولات عمده‌ی دیگری نیز به دنبال داشت. در سال ۱۳۴۶ زنان در امور قضایی و در نیروهای انتظامی پذیرفته شدند. سال بعد قانون خدمات اجتماعی تصویب شـــد و این امکان به زنان داده شدکه به خدمت سپاهیان انقلاب درآیند و به مدت دو ســـال در زمینه‌های بهداشت، آموزش و عمران و آبادانی در روستاها فعالیت کنند... به علاوه زنان برای نخســـتین بار در ســـال ۱۳۴۲ به نمایندگی مجلس شورای ملی و در سال ۱۳۴۸ به نمایندگی انجمن شهرها و در سال ۱۳۵۰ به نمایندگی انجمن شهرستان‌ها انتخاب گردیدند.

در طی ســـال‌های بعد برنامه‌ها و قوانین جدیدی به نفع زنان تصویب و اجرا شد که از آن جمله است برنامه تنظیم خانواده و آموزش زنان در این مورد. تمام واحدهای دولتی و ملی ملزم گردیدند برای کودکان کارمندان زن خود "مهدکودک" تأسیس کنند تا مادران کارمند و کارگر بتوانند از فرزندان خود در محل کارشـــان نگهداری نمایند. برای زنان مرخصی زایمان از یک ماه پیش از وضع حمل و حداکثر به مدت هفت ماه تصویب گردید. به زنان کارمند بچه‌دار اجازه داده شد در صورتی که بخواهند تا زمانی که سن فرزندان‌شان به سه سال نرسیده است، در واحد مربوط نیمه وقت کارکنند، و از مزایای تمام وقت استفاده نمایند.

موضوع مهم دیگرکه در این دوره مورد توجه قرارگرفت ایجاد شـــرایط مســـاوی برای زنان در زمینه‌ی اســـتقلال بود. دولت به خصوص می کوشید دختران و زنان را برای مشاغل غیرسنتی آماده کند. اعزام دختران سپاه دانش به روستاهای دور و نزدیک قدم نخســـتین در این راه بود، آموزش فنی و حرفه‌ای دختران و زنان به منظور خدمت در واحدهای مختلف صنعتی وکشاورزی و ساختمانی نیز به شدت دنبال می گردید. به طورکلی پس از ششم بهمن ۱۳۴۱ زنان به نمایندگی مجلس شورای ملی و مجلس

سنا و انجمن ده، شهر، استان و شورای داوری برگزیده شدند و نیز با حقوق مساوی در کنار مردان به قضاوت و وکالت دادگستری و استادی دانشگاه، پژوهش در مؤسسات تحقیقاتی و خدمت در سپاه دانش، بهداشت و نیز ارتش و پلیس مشغول گردیدند. **چند تن از زنان نیز به سفارت، وزارت، معاونت و مدیرکل وزارتخانه‌ها و نیز فرمانداری رسیدند.**

به این مطلب نیز باید اشاره کرد که زنان ایران در سال‌های آخر دوران سلطنت محمدرضا شاه پهلوی.. در سطح بین‌المللی نیز به فعالیت پرداختند. شاهدخت اشرف پهلوی از سال ۱۳۴۸ رهبری هیأت نمایندگی ایران را در مجمع عمومی سازمان ملل به عهده گرفت و درکمیسیون حقوق بشر سازمان ملل به فعالیت پرداخت و سپس به ریاست این کمیسیون برگزیده شد.

همچنین هیأت نمایندگی ایران پیشنهادکرد ایران به عنوان مرکز فعالیت‌های زنان در جهان انتخاب وکنفرانس‌ها وکنگره‌های جهانی زنان در ایران تشکیل گردد.

بدیهی است با توجه به آن‌چه در صفحات پیش، از نظر خوانندگان گذشت هیچ یک از این تغییرات نمی‌توانست مورد قبول... روحانیون و متعصبان مذهبی قرارگیرد[۷۰]» و به همین جهت خمینی از تبعید درباره‌ی قانون حمایت از خانواده اعلامیه‌ای صادر کرد که «در آن به صراحت اظهارنظر نمود "**من متأسفم از این که در مملکت اسلام... طرح قانون خانواده که برخلاف احکام ضروریه‌ی اسلام و خلاف نص کلام‌الله مجید است طبع و منتشر می گردد و کسی نیست از دولت استیضاح کند.**" درباره‌ی حقوق اکتسابی زنان و یا حقوق اعطایی به زنان، در فاصله‌ی سال‌های ۱۳۴۱ تا ۱۳۵۷ مطالب بسیاری گفته و نوشته شده است. عوامل مذهبی همه‌ی این کارها را خلاف اسلام می‌دانستند و از آن‌ها با لفظ فحشاء یاد می کردند[۷۱]».

کوشش‌های محمدرضا شاه در رابطه با آزادی زنان و اعطای حقوق مساوی با مردان خود نمایانگر آن است که وی برخلاف چهره‌ی ظاهری حکومت، در عمل با

مذهب مسلط بر جامعه و متولیانش در جهت پیشرفت مملکت در افتاده بود وکینه‌ی متولیان دین عربی به او به همین دلیل است. اما دشمنی احزاب و روشنفکران با شاه از چه روست؟ چرا در دوران نوسازی ایران نه تنها با اوکوچک‌ترین همکاری نکردند بلکه همگی به جناح ارتجاعی جامعه یعنی دستگاه رهبری شیعه پیوستند و خمینی و شرکاء را با سلام و صلوات به ایران آوردند و فرش قرمز برای "امام" پهن کردند؟!

خمینی برنامه حکومت خود از جمله تشکیل "محاکم شرع" به جای دادگاه‌های عرفی را درکتاب ولایت فقیه به اطلاع همگان رسانیده بود و آن‌گاه با تأیید نزدیک به صد در صد همه‌ی گروه‌های سیاسی سرشناس ایران به قدرت رسید. اگرکسی در این امر اندک تردیدی دارد می‌تواند به صفحات روزنامه‌های ایران در سال‌های ۱۳۵۷به بعد مراجعه کند. همه‌ی دار و دسته‌های سیاسی آن زمان همچنان‌که به رفتن شاه و تعطیلی مشروطه متفق بودند در جانشین‌کردن خمینی به جای شاه و تشکیل حکومت اسلامی به ریاست وی بر یکدیگر پیشی می‌گرفتند. اینان تا بدانجا پیش رفتندکه از مذهب‌زدگی جامعه استفاده نموده و برای تحمیق "امت مسلمان" درکمال بی‌شرمی ادعاکردندکه با چشمان خود تصویر "امام خمینی" را در ماه دیده‌اند. در روزنامه‌های آن زمان از چپ تا راست، که در ماه‌های اول انقلاب آزاد بودند هیچ‌یک از روشنفکران ما ننوشتندکه مقام والای "امام"! به جای خود، ولی چرا شما درس خواندگان و "روشنفکران" با سکوت خود، بر این دروغ صحه می‌گذارید و مردم عوام را فریب می‌دهید. آن سال‌ها به راستی در بین گروه‌های سیاسی مسابقه‌ای بود برای نزدیک شدن به هر آخوند و ملایی تا چه رسد به خمینی و خلخالی. بیشترکسانی که امروز بر حکومت اسلامی و فجایع اعمال این حکومت می‌تازند هر یک به سهم خود در تشکیل حکومت اسلامی و حکومت عدل علی و ویران کردن ایران نقش اساسی به عهده داشتند[۷۲].

برای اثبات این امر، تنها از چندگروه مهم سیاسی آن روزگار «که هنوزم پیروان آن‌ها درگوشه وکنار جهان از همه طلبکارند و بر حقانیت خود پای می‌افشرند و برای

"نجات ایران" نقشه‌ها می کشند مثال می‌آورم[۷۳]».

جبهه‌ی ملی ایران

نقش "جبهه ملی ایران" در تشکیل حکومت اسلامی ایران بسیار مهم است.

سنجابی رهبر جبهه‌ی ملی ایران به عنوان شرکت در مجمع سوسیالیست‌ها عازم کانادا شد، ولی در پاریس توقف کرد و به دیدار خمینی رفت، در آن‌جا اعلامیه‌ی سه ماده‌ای راکه مخالفان از آن با عنوان "بیعت‌نامه" یادکرده‌اند نوشت و به خمینی سپارد. وی خود را در تائید نوشتن اعلامیه‌ی سه ماده‌ای در پاریس در مصاحبه‌ای با ضیاء صدقی (طرح تاریخ شفاهی ایران در دانشگاه هاروارد) داشته است تصریح کرده که متن اعلامیه را در پاریس در منزل حسین مهدوی شخصاً آرام آرام نوشته است[۷۴]. متن «اعلامیه‌ی سه ماده‌ای که دکترکریم سنجابی رهبر جبهه‌ی ملی ایران در پاریس امضاء کرده و به آیت‌الله خمینی سپرده بدین شرح است:

بسمه تعالی- یکشنبه چهارم ذیحجه ۱۳۹۸ مطابق با چهارم آبان ماه ۱۳۵۷،

۱. سلطنت کنونی ایران با نقض مداوم قوانین اساسی و اعمال ظلم و ستم و ترویج فساد و تسلیم در برابر سیاست‌های بیگانه فاقد پایگاه قانونی و **شرعی** است.

۲. جنبش ملی **اسلامی** ایران با وجود بقای نظام سلطنتی غیرقانونی، با هیچ ترکیب حکومتی موافقت نخواهدکرد.

۳. نظام حکومت ملی ایران باید براساس موازین اسلامی و دموکراسی و استقلال به وسیله‌ی مراجعه به آراء عمومی تعیین گردد. دکترکریم سنجابی[۷۵].»

نکته بسیار حائز اهمیت آن است که متن این اعلامیه که توسط دکتر سنجابی استاد دانشکده‌ی حقوق دانشگاه تهران نوشته شده است دقیقاً به مانند نوشته‌ی "علمای عظام" می‌باشد. «وجود "بسمه‌تعالی" و تقدم تاریخ قمری "چهارم ذیحجه ۱۳۹۸" بر

تاریخ خورشیدی "چهارم آبان ماه ۱۳۵۷" برای اثبات این مدعا کافی به نظر می‌رسد، بگذریم از ماده‌ی سوم اعلامیه:

"حکومت ملی ایران" باید براساس **موازین اسلامی و دمکراسی**... تعیین گردد که جای حرف در آن کم نیست[۷۶]».

«دکتر سنجابی و جبهه‌ی ملی ایران در آن روزهای سرنوشت ساز به این حد نیز بسنده نکردند*. دکتر سنجابی برای آن‌که بر همه‌ی ارادتمندان و عاشقان سینه‌چاک "امام" پیشی بگیرد، پس از امضای اعلامیه سه ماده‌ای، اینک به مناسبت ورود خمینی به ایران به صدور بشارت نامه‌ای دست می‌زند و آن را در روزنامه‌ی کیهان مورخ ۴ بهمن ۱۳۵۷ با تصویر خود به چاپ می‌رساند. این است متن کامل "بشارت نامه":

بشارت نامه‌ی جبهه ملی ایران

"خمینی می‌آید، مردی که غریو شادی جهان آزادیخواهی را به عرش رسانده است و پشت دنیای ظلم و استبداد را به خاک، مردی که ندای مبارک رهایی‌ست و بانگ خوش آهنگ استقلال، مردی که نشانه‌ی آزادی انسان با ایمان علیه فساد است و باطل و خفقان.

خمینی می‌آید مردی که وجودش تجسم آرمان‌های یک ملت تاریخی است و تجسم آرزوهای همه‌ی ملل در هم کوفته‌ی جهان، مردی که هستی‌اش قانون آزادی است و قانون دادخواهی و نافی همه‌ی قانون‌های ضد مردمی، و حرکتش حرکت همه‌ی قانون‌های نو، به سود ملت‌های ستمدیده از استبداد و زور و قلدری. خمینی می‌آید، مردی که به یمن همتش و به جلال استقامتش و به شرکت حق‌پرستی‌اش، کاری گشوده شد نه در حد باور جهانیان و نه چنان که به آسانی بیان توان کرد.

*- برای آگاهی بیشتر با چگونگی همکاری دکتر سنجانی و جبهه ملی و نهضت آزادی و بازرگان با خمینی در برقراری "حکومت جمهوری اسلامی" ایران نگاه کنید به مقاله‌ی دکتر جلال متینی، تحت عنوان "گفتا زکه نالیم؟ که از ماست که بر ماست!" ایران‌شناسی، سال پانزدهم، شماره ۴، زمستان ۱۳۸۲

اینک مردی می‌آید مردآسا، که قطره قطره خون دردکشیدگان وطن در تن او جاری است و چکه‌چکه خون شهیدان از قلب او فرو چکیده است. مردی که خاطره‌ی رنج یک ملت است و مژده‌ی رهایی همه ملت‌ها از رنج، به یک قدیس، به یک معجزه، به یک دست از آستین عیب درآمده بلکه انسان راستین عصر حاضر و ابرمرد زنده‌ی تاریخ می‌آید. مردی که همه، عزم راسخ هست و همه اراده پولادین. مردی چنین دوباره نمی‌آید. در تمام طول حیات انسان تنها همین یک بار است که خورشید از غرب به شرق می‌آید. خورشیدی که امانت شرق است و نزد غرب.

حق این است که اینک، صدای هلهله‌ی ملتی را به گوش جهانی برسانیم و این بزرگ را چنان که باید و شاید عزیز بداریم و تمام وجود خویش را نگریستن کنیم و با این نگاه او را چنان بیابیم که از چشم زخم دشمنان به دور بماند. خمینی که به خاطر ذات رهایی انسان می‌جنگد و به خاطر بازآفرینی معرفت و معنویت بشر به میدان آمده است سپاس نمی‌خواهد، تقدیر و تشویش نمی‌طلبد، ما تنها به خاطر رضای دل خویش عزیزش می‌داریم. به خاطر رضایت تاریخ، و به خاطر آن که مردانی این چنین، اگر باز پدید آیند، بدانندکه با چه شوکتی می‌آیند و مردانی که آن‌چنان که رفته‌اند، بدانند با چه خفتی می‌روند.

حفاظت و حراست جان خمینی به همت سربازان وطن به معنای تجدید میثاق مقدس میان سپاهیان میهن است و همه‌ی خانواده‌های ایشان، میثاق اجزای ملتی که به ضرب شلاق استعمار و استبداد اسیر پراکندگی شده بودند. بیائیم، خمینی را از فاصله‌ای که سلامت‌اش را نیازارد ببینیم، تصویرش را در قلب خود حک کنیم و در تمام لحظه‌هایی که احساس ناتوانی و ناپایداری می‌کنیم، شهامتش را، قدرتش را، استواری و سرسختی‌اش و عملکرد سلامتش را به یاد بیاوریم و به نیروی انسان باتقوا ایمان بیاوریم.

با نظمی که اعجاب و تحسین همگان را برانگیزد و نشانی از فرهنگ متعالی ما باشد از ایشان استقبال کنیم[۷۷].»

دکترکریم سنجابی رهبر جبهه‌ی ملی و استاد دانشکده‌ی حقوق دانشگاه تهران و

قاضی ایران در دادگاه لاهه و همکار نزدیک دکتر مصدق، هم شخصاً اعلامیه‌ی سه ماده‌ای را نوشت و هم این "بشارت نامه" را منتشرکرد. حقیقتاً «کدام یک از شاعران مدیحه‌سرای متملق درباری ایران، حتی مداحان "امام خمینی" را در دوازده قرن اخیر می‌شناسیدکه در مدح ممدوح خود تا این حد پیش‌رفته باشدکه دکترکریم سنجابی رهبر جبهه‌ی ملی ایران رفته است[۷۸]».

از دید نگارنده انگیزه‌ی سنجابی از نوشتن چنین مطالبی تنها کینه‌توزی با شاه وگرفتن پست و مقام در دولت جدید انقلابی نبوده است، بلکه شیعه‌گری چنبره زده در ذهنش نیز سبب گشته تا از شخصیتی که در سال‌های ۴۰ تا ۴۲ ثابت نمودکه دشمن آزادی، انسانیت و بشریت است، چنین قدیسی بسازد. بدون تردید "روشنفکران" شیعه‌زده، عامل عمده‌ی پس‌رفت ایران بودند و مسلماً خود اینان را می‌توان به عنوان بهترین نشانه‌ی این پس‌رفت دانست و در آثارشان به روشنی دیدکه چگونه مذهب‌زدگی‌شان مانع میهن‌دوستی و سرافرازی ملی ایران گشته است.

نمونه‌ی دیگر این قبیل روشنفکران شیعی، مهندس مهدی بازرگان رهبر "نهضت آزادی" ایران است وی که استاد و رئیس دانشکده‌ی فنی دانشگاه تهران بود، نقش مهمی در انقلاب اسلامی ایران و روبراه کردن کار خمینی و بقیه‌ی معممین برای در دست گرفتن حکومت داشت[۷۹].

جالب توجه آن که بازرگان تحصیل کرده اروپا بود. وی جزء نخستین گروه دانشجویانی بودکه به دستور رضاشاه در مهرماه ۱۳۰۷ برای ادامه تحصیل به اروپا اعزام شدند. بازرگان در فرانسه تحصیلات خود را با اخذ مدرک مهندسی به پایان رسانید و به ایران بازگشت[۸۰]. ولی پس از بازگشت از فرانسه تلاش کرد تا مسائل اسلامی را با علوم جدیدکه در اروپا با آن‌ها آشنا شده بود به اثبات برساند بطوری که رساله‌ای درباره‌ی "آب کر*" نوشت و ثابت کرد آنچه در فقه اسلامی در این باب گفته شده است

*ـ کُر: پیمانه‌ای جهت آب و آن به مقدار آبی است که با ملاقات نجاست نجس نمی‌شود. آن اندازه آب که در مکعبی بگنجدکه هر یک از ابعاد (طول و عرض، عمق) آن ۳/۵ وجب باشد "فرهنگ معین")

با علوم جدید تطبیق می کند[۸۱]!

«او در سال ۱۳۱۹ از طریق "کانون اسلام" با مجلس تفسیر قرآن سید محمود طالقانی آشنا شد و همکاری خود را با او آغازکرد. در سال ۱۳۲۲ "کانون مهندسین اسلامی ایران" را تشکیل داد. در سال ۱۳۴۰ "نهضت آزادی" را به عنوان یکی از گروه‌های عضو جبهه‌ی ملی ایران بنا به وظیفه اسلامی، با ایدئولوژی اسلامی و صراحت ضداستبدادی و استیلای خارجی را بنیان نهاد. در سال ۱۳۴۲ لابد به کوشش وی "نهضت آزادی خارج کشور" به منظور "فعالیت‌های اسلامی، سیاسی دانشجویان ایرانی آمریکا و اروپا به رهبری دکتر مصطفی چمران، دکتر ابراهیم یزدی، دکتر علی شریعتی" به وجود آمد.

مهندس بازرگان استاد ترمودینامیک دانشکده‌ی فنی یکی از ستون‌های اصلی تبلیغات اسلامی در ایران پس از شهریور ۱۳۲۰ بود. او بود که برای اولین‌بار طبقه‌ی درس خوانده و دانشگاه دیده را نخست در ایران و در سال‌های بعد در خارج از ایران به سوی مذهب جذب کرد. کسانی مثل علی شریعتی و مسعود رجوی نخست از سرچشمه‌ی تبلیغات مذهبی بازرگان سیراب شدند و بعد هر یک به نوعی راه خود را از او جدا کردند. او در حقیقت... کار اهل منبر را به صورت مدرن و علمی انجام می‌داد و درکار خود نیز موفق بود... در سال ۱۳۴۱ برای اولین‌بار به اتفاق دکتر سنجابی با آیت‌الله خمینی ملاقات کرد،... ناگفته نماندکه خمینی در ۱۵ مهر ۱۳۵۷ با دکتر ابراهیم یزدی، **در حقیقت رئیس شاخه‌ی نهضت آزادی در خارج از ایران و شاید مهمترین فرد نهضت آزادی ایران تا به امروز- از نجف به پاریس می‌رود.** بازرگان در ۲۹ مهرماه برای مذاکره با آیت‌الله [خمینی] از ایران به پاریس می‌رود و او را در جریان اوضاع ایران قرار می‌دهد و در ۱۴ آبان به ایران برمی گردد. در ۸ دی ۱۳۵۷ به دستور آیت‌الله خمینی که در پاریس بوده است به عضویت هیأت پنج نفری جهت راه‌اندازی نفت برای مصارف داخلی انتخاب می گردد. در ۱۵ بهمن ۱۳۵۷ از سوی آیت‌الله خمینی به نخست‌وزیری منصوب می گردد[۸۲]...» در دوره‌ی نخست‌وزیری او بود که معممین

راه و رسم اداره‌ی مملکت را یادگرفتند به این ترتیب که تعدادی از آخوندهای شورای انقلاب را به عنوان معاون، ولی عملاً در نقش وزیر در وزارتخانه‌های حساس به‌کار گماشت تا راه و رسم مملکت‌داری را بیاموزند[۸۳].

بدین‌سان جبهه‌ی ملی به رهبری دکترکریم سنجابی و نهضت آزادی یکی دیگر ازگروه‌های وابسته به جبهه‌ی ملی به رهبری مهندس مهدی بازرگان نقش اساسی در هموارکردن راه برای آمدن خمینی و برقراری حکومت جمهوری اسلامی ایفاء کردند. اما اسفناک‌تر از آن عمل‌کرد حزب "توده‌ی ایران" است.

درباره‌ی حزب توده‌ی ایران واقعیت این است که "حکومت شاه" در تمام طول هفت سال پیش از واقعه تیراندازی به شاه رویهم رفته موضعی مسالمت‌جویانه با حزب توده* داشت. اما جریان چپ به دلیل ماهیت وارونه‌اش نه تنها در پی نزدیکی به حکومت سیاسی نبود، بلکه مبارزه با آن را محور عملکرد خود قرار داده بود. از این حیرت‌آورتر موضع "نیروی چپ" در برابر دستگاه رهبری شیعه است، زیرا که از هیچ‌گونه برخورد و درگیری میان نیروی چپ با "متولیان مذهبی" خبری نبود!

رهبری شیعه نیز خیلی زود دریافت که استفاده از "جریان چپ" پیش از آن ارزش دارد که به اختلافات عقیدتی "خدشه‌دار" گردد! چرا که تنها دشمنی "نیروی چپ" حکومت سیاسی بود.

دستگاه رهبری شیعه که بیش از یک قرن با چنگ و دندان از موضع قرون وسطایی و ماقبل مدنی خود در مقابل افکار و جنبش‌های مترقی دفاع کرده بود، اینک می‌دید که به همت حزب توده‌ی ایران نسل جوان و آینده‌سازکشور، نه تنها به "رهبری مذهبی"

*ـ حزب توده در مهرماه ۱۳۲۰ تأسیس شد، در مجلس چهاردهم ده نماینده از این حزب شرکت داشتند. (ایران در عصر پهلوی جلد ۹، جنبش‌های کمونیستی و سوسیالیستی در ایران و سرنوشت رهبران حزب توده، صفحه ۵۹) و همین‌طور درکابینه‌ی قوام‌السلطنه نخست‌وزیر در سال ۱۳۲۴ سه وزیر از حزب توده به صورت علنی شرکت داشتند. (مصطفی الموتی، ایران در عصر پهلوی جلد ۴، پهلوی دوم در فراز و نشیب صفحه ۳۷۶). پس از واقعه‌ی تیراندازی به شاه در ۱۵ بهمن ۱۳۲۷، این حزب ممنوع اعلام شد. ولی فعالیت این حزب به طور مخفی ادامه داشت.

احترام می‌گذارد، که به مبارزان بی‌جیره و مواجب با حکومت سیاسی بدل شدند. از این رو "دستگاه رهبری شیعه" نیز با این "کافران خدانشناس" ملاطفت به خرج می‌داد!

آن‌چه جای ایراد است، ناتوانی حزب توده از قرارگرفتن در جبهه‌ی مترقی و غیراسلامی ایران است. فاجعه این‌جاست که در این جریان برای نخستین بار پس از چهارده قرن، نیرویی از میان مردم ایران برآمد، که جز ستیزه‌جویی با حکومت سیاسی چیز دیگری نمی‌دانست و این در نهایت، اضمحلال تفکر اجتماعی و رنگ‌باختگی فرهنگ ایرانی در برابر نفوذ شیعه‌گری را بازتاب می‌داد.

روی‌هم رفته وقتی به عملکرد حزب توده از بدو تأسیس تا انقلاب اسلامی ۵۷ نگاه می‌کنیم، به این واقعیت اسفناک پی‌می‌بریم که حزب توده نه تنها نوزایی فرهنگی نبود بلکه خود فاجعه‌ایی بود که انرژی سه نسل از جوانان میهن را در ستیزه‌جویی با حکومت به هدر داد. در صورتی که اگر این دو نیرو به هم نزدیک می‌گشتند، از همکاری این دو نیروی ایرانی انرژی سازندگی عظیمی فراهم می‌آمد.

به هیچ‌وجه حزب توده را نمی‌توان پایگاه مترقی در جامعه دانست زیرا آن‌جا که پای عمل به میان می‌آمد. خود به شیعه‌زدگی و در خدمت رهبری شیعه قرار داشت. دیگر ـ نه ـ مبلغ روشنگری ضدمذهبی بود و ـ نه ـ مشوق انسان دوستی، ـ نه ـ خود می‌توانست مبتکر نوسازی معنوی و مادی باشد و ـ نه ـ به این کوشش از جانب دیگران ارج می‌گذاشت.

پیش‌تر اشاره کردیم که کسروی، کج‌روی‌های حزب توده وکشتی به گل نشسته‌ی این حزب در ورطه‌ی شیعه‌گری را هشدار می‌داد. طولی نکشیدکه تیزبینی او درباره‌ی خط‌مشی این جریان تائید تاریخی یافت. نمونه بارز آن انقلاب اسلامی۵۷ است. کافی است که روزنامه‌ی مَردم (ارگان حزب توده ایران) را در آن سال‌ها ورق بزنید تا ببینید صفحات این روزنامه چگونه منحصر به مدح "امام امت" و «تائید تمام کارهای

حکومت اسلامی، از تصرف سـفارت آمریکا وگروگان‌گیری تا اعدام‌های پی‌درپی دست‌اندرکاران حکومت شاه به توسط شیخ صادق خلخالی قاضی شرع و جز آن- حزب توده، حزب روشـنفکران پیشرو، حتی این جلاد خون‌آشام را به عنوان "قاضی انقلابی ما"کاندیدای نمایندگی مجلس شورای ملی کرد[۸۴].»

کیانوری از سـران حزب توده که به‌گفته‌ی خود سال‌ها جاسوس دولت شوروی در ایران بوده اسـت[۸۵]. پس از فرار به شـوروی و بازگشت دوباره به ایران همراه سایر توده‌ای‌ها وکمونیست‌های دشمن خدا و دین ناگهان مسلمان دو آتشه از آب درآمدند و "زیر علم خمینی و اسلام ناب محمدی او سینه" می‌زدند[۸۶]!

سـیاوش کسرایی در مدح رجایی (رئیس‌جمهور سال‌های اول انقلاب اسلامی) شعر می‌سرایید[۸۷]. و اشعار هوشنگ ابتهاج (سـایه) و سایر شاعران توده‌ای در مدح خمینی و حکومت اسلامی چند سـال زینت‌بخش صفحات روزنامه‌ی مردم، ارگان حزب توده بود[۸۸]. برای روشن شدن بیشتر همکاری شرم‌آور جریان چپ با شریعتمداران در به ثمر رساندن "انقلاب اسلامی" بخش‌هایی از مطالبی راکه "رضا براهنی" یکی از سرشـناس‌ترین نمایندگان این جریان درکشـاکش انقلاب نوشته است در این‌جا می‌آورم.

وی می‌نویسد: «سوسیالیست‌هایی که به شنیدن نام اسلام و مسلمان دَماغ خود را می‌گیرند و دامن خود را می‌چینند، لایق نام سوسیالیست سهل است که لایق نام آدم نیستند[۸۹]».

«سوسیالیسم واقعی نمی‌تواند **فشاری راکه شاه بر اسلام و مسلمانان تحمیل کرده است بپذیرد**[۹۰]».

«کسی که از اجتماعات مردم مسـجدگریزان می‌شود، به دلیل این‌که مذهب را نمی‌تواند تحمل کند در واقع به همان سوسیالیسم خیانت کرده است[۹۱]».

«انقلاب از مرزهای ایران خارج خواهد شــد،... استعمار امپریالیسم، صهیونیسم منطقه‌ای و جهانی، هرگز نمی‌خواهدکه انقلاب ایران گسترش عمقی و عرضی داشته باشد. ولی ما که انقلاب کرده‌ایم دقیقاً باید به دنبال گسترش* باشیم[۹۲]».

در واقع روشــنفکران دوران محمدرضا شاه که اغلب تحت‌نفوذ جریان چپ قرار داشتند نه تنها خود در راه روشنگری مذهب قرون وسطایی کوشا نبودند، که عاجز از درک "متفکران پیشین" چون فتحعلی آخوندزاده و یا میرزا آقاخان کرمانی نیز بودند، و با وارونه نشــان دادن تاریخ و فرهنگ ایران و عجین نمودن هویت ایرانی با هویت اســلامی به‌گسست فکری و تاریخی جامعه دامن زده، دست در دست رهبران شیعی نهاده، توده‌ی مذهب‌زده را به دنبال خود کشــانیده و با شعارهای "خمینی ای امام" و امثالهم، آن‌ها را وادار نمودند تا بین "شاه" و "امام" یکی را انتخاب کنند.

نتیجه نهایی:

در پــی آن‌چه که از ابتدای این نوشــتار تا بدین‌جا گذشــت. این نتیجه حاصل می‌گردد. که تا پیش از تسلط اسلام، ایران در چنان سطحی از فرهنگ و مدنیت قرار داشت. که اگر هزاره‌ی نخست پس از تسلط اعراب مسلمان بر ایران تا تسلط مذهب شیعه توسط صفویه را به عنوان یک بخش از تاریخ ایران در نظرگیریم. در این بخش با آن‌که ایران میدان پیکار سخت‌ترین حملات از سوی اقوام مختلف بیابان‌گرد قرار می‌گیرد و متولیان اسلام از هیچ‌گونه غارت وکشتاری در راه تحکیم مواضع قدرت‌شان باز نمی‌ایســتادند، باز هم این کشور هنوز از مراکز تمدن و فرهنگ بشری است، و در مرحله‌ی پایانی این هزاره نیز از غرب که بعدها باعث پیشرفت جهان می‌گردد، عقب‌تر نیســت. اما با تسلط صفوی و آغاز شیعه‌گری روند اضمحلال ایران تقریباً هم‌زمان با تحول تاریخی در جهت پیشرفت اروپا آغاز می‌گردد. و در حالی که اروپا در راه پیشرفت

*ـ این همان سخنی است که روح‌الله خمینی می‌گفت "ما انقلاب را صادر می‌کنیم".

قدم می گذارد. ایران به دلیل تسلط بیشتر مذهب راه اضمحلال را پیش می گیرد.

با تحکیم پایگاه حکومت مذهبی در تقابل با دربار قاجار، جامعه‌ی ایرانی در این عصر به قهقرا کشیده شده پای به جهان سوم می‌نهد، و در عصر مشروطیت که در واقع اوج قدرت‌یابی "دکان‌داران دین است". ستیزه‌جویی با حکومت سیاسی از سوی اهل منبر نیز پایه می گیرد و پس از نفوذ و شرکت معممین در انقلاب مشروطه "جدایی دین از حکومت" به عنوان اولین خواسته‌ی مشروطه‌خواهان و نخستین گام در راه حکومت قانون با شکست روبرو می گردد[۹۳]. سپس ادامه‌ی قدرت پایگاه حکومت شریعتمداران سبب می گردد تا تضادی که در ماهیت متولیان دین عربی و ایرانیان وجود داشت، پس از سیزده قرن کشاکش مخدوش گردد.

در آخرین مرحله، پس از سقوط رضاشاه وگسترش فرهنگ شیعی تحت حمایت دول استعمارگر و مخلوط کردن هویت ایرانی با هویت اسلامی توسط جریان چپ و احزاب مذهب‌زده، سبب می گردد تا اکثریت ایرانی‌ها به صورت "امت اسلامی" در برابر حکومت سیاسی قرارگیرند و دیگر نه تنها تسلط اسلام و متولیانش عامل زوال و پس‌رفت ایران محسوب نمی‌شوند*، بلکه مبارزه‌ی رهبری ضداستبدادی شیعه، و ستیزه‌جویی با حکومت سیاسی و سرانجام "انقلاب ناب محمدی" به عنوان ارزش‌های انقلابی و برتر، مورد ستایش قرار می گیرند. و در نهایت "حکومت اسلامی" که از عصر قاجار، متولیان اسلام دائماً در پی آن بودند[۹۴]، به‌کمک احزاب و روشنفکرانی که خود متأثر از اندیشه‌های اسلامی بودند درکشور برقرار می گردد و ایران را بر باد فنا می‌دهد.

*ـ در عصر مشروطیت روشنفکران و روشنگران ایران، چون فتحعلی آخوندزاده و یا میرزا آقاخان کرمانی، تسلط اسلام و متولیان آن بر ایران را عامل اصلی زوال و پس‌رفت کشور دانسته و در تلاش بودند تا جامعه را به نحوی از این واقعیت تلخ آگاه کنند. اما در انقلاب اسلامی ۵۷، اغلب روشنفکران ما از خمینی و برقراری "حکومت اسلامی" حمایت کرده و آن را ستایش نمودند. برای آگاهی بیشتر بنگرید به مقاله‌ی "سکولاریسم شرط برابری زن و مرد در برابر قانون" ایران‌شناسی، سال بیست و دوم، شماره ۴، زمستان ۱۳۸۹، مهرا ملکی.

در پایان یادآور شوم که بدون چیرگی بر حکومت مذهب قرون وسطایی، نمی‌توان به دوران نوین بشری گام نهاد. کشاکش های مذهبی، پدیده‌ای ویژه‌ی شرق مذهب‌زده نیست. بلکه غرب نیز دچار این مشکل بود که حدوداً ۴-۵ قرن پیش توانست با گام‌های مهمی آن را پشت سرنهد، و به همین جهت به پیشرفت و مدنیت دست یافت. در صورتی که شرق هنوز درگیر آن است و تا زمانی که مردم مملکتی در برابر نمایندگان به اصطلاح "الهی" جوابگو باشند. حکومت‌های ملی، دمکرات و آزادی و برابری برقرار نخواهدگشت.

فهرست منابع

۱. طالع، هوشنگ، مسکو زمستان سرد ۱۳۲۴، انتشارات سمرقند، چاپ نخست پائیز ۸۲، صفحه ۱۶.
۲. همانجا، صفحه ۱۷.
۳. همانجا، همان صفحه.
۴. همانجا، صفحه ۸۵.
۵. همانجا، صفحه ۱۸.
۶. همانجا، همان صفحه.
۷. همانجا، صفحه ۲۰.
۸. همانجا، صفحه ۲۴.
۹. چهره‌های قرن بیستم، شاه ایران، صفحه ۴۱.
۱۰. احمد، حمیدی، ایران‌شناسی، مقاله‌ی «آغاز جنگ سرد در ایران و شکل‌گیری اسلام سیاسی بنیادگرا، سال سیزدهم، شماره ۳، پائیز ۱۳۸۰، صفحات ۵۶۸ و ۵۶۹.
۱۱. کسروی، احمد، سرنوشت ایران چه خواهد بود؟ انتشارات مهر، کلن، بازچاپ ۱۳۷۷، صفحه ۳۷.
۱۲. همانجا، صفحه ۳۹.
۱۳. همانجا، صفحات ۳۰ و ۳۱.
۱۴. همانجا، صفحه ۲۹.
۱۵. افخمی، مهناز، حقوق زنان در ایران (۱۳۴۶-۱۳۵۷) بررسی‌های حقوق و تطبیقی و متون و قوانین با مقدمه‌ای درباره‌ی سازمان زنان، بنیاد مطالعات ایران ۱۳۷۳، ۱۹۹۴، صفحه ۱۶.
۱۶. خمینی، روح‌الله، کشف‌الاسرار، تألیفات کهربا، صفحه ۱۰۵.
۱۷. خمینی، روح‌الله، کشف‌الاسرار، یاد شده، صفحات ۱۰۴ و ۱۰۵.
۱۸. احمدی، حمید، ایران‌شناسی، سال سیزدهم، شماره ۳، پائیز ۱۳۸۰ صفحه ۵۸۰
۱۹. دکتر مصطفی الموتی، بازیگران سیاسی از مشروطیت تا سال ۱۳۵۷، روزشمار زندگی نخست‌وزیران ایران، جلد ۲، از علی سهیلی تا دکتر علی امینی، لندن، چاپ بکا، آبان‌ماه ۱۳۷۴، نوامبر ۱۹۹۵، صفحه ۱۴۴.
۲۰. احمدی، حمید، ایران‌شناسی، یاد شده، صفحه ۵۸۰.
۲۱. دکتر مصطفی الموتی، ایران در عصر پهلوی، جلد پنجم، بحران نفت و ترورهای سیاسی و مذهبی، لندن، چاپ پکا، بهمن ۱۳۶۸، فوریه ۱۹۹۰، صفحه ۷۷.
۲۲. متینی، جلال، ایران‌نامه، سال ۳، شماره ۲، زمستان ۱۳۶۳، صفحه ۳۱۵.

۲۳. احمدی، حمید، ایران‌شناسی، یاد شده، صفحه ۵۷۶.
۲۴. سلسله‌ی پهلوی و نیروهای مذهبی به روایت تاریخ کمبریج، ترجمه عباس مخبر، چاپ صهبا، پائیز ۱۳۷۱، صفحه ۲۹۷.
۲۵. همانجا، همان صفحه.
۲۶. همانجا، همان صفحه.
۲۷. احمدی، حمید، ایران‌شناسی، یادشده، صفحات ۵۸۰ و ۵۸۱.
۲۸. متینی، جلال، ایران‌نامه، یاد شده، صفحات ۳۱۵ و ۳۱۶.
۲۹. گاهنامه پنجاه سال شاهنشاهی پهلوی، فهرست روز بروز وقایع سیاسی و نظامی، اقتصادی و اجتماعی ایران از ۳ اسفند ۱۲۹۹ تا ۳۰ اسفند ۱۳۵۵، پاریس، سازمان چاپ و انتشارات سهیل براساس نسخه اصلی که در اختیار آقای شجاع‌الدین شفا بود، اقدام به تجدید چاپ نمود، صفحه ۱۱۹۷.
۳۰. گاهنامه، یاد شده، صفحه ۱۲۰۹.
۳۱. دکتر الموتی، مصطفی، ایران در عصر پهلوی جلد یازدهم، جنگ قدرت در ایران خاطراتی از دوران نخست‌وزیری دکتر اقبال، شریف‌امامی، دکتر امینی و علم، اسفند ماه ۱۳۷۰، مارس ۱۹۹۲، لندن، چاپ پکا، صفحه ۲۸۵.
۳۲. همانجا، صفحه ۳۹۶.
۳۳. همانجا، همان صفحه.
۳۴. همانجا، صفحه ۳۹۸.
۳۵. متینی، جلال، ایران‌نامه، یاد شده، صفحه ۳۱۶.
۳۶. همانجا، همان صفحه.
۳۷. متینی، جلال، ایران‌نامه، یاد شده، صفحه ۳۱۷.
۳۸. گاهنامه پنجاه سال شاهنشاهی پهلوی، جلد ۳، یاد شده، صفحه ۱۲۹۶.
۳۹. همانجا، صفحه ۱۳۰۲.
۴۰. همانجا، صفحه ۱۳۰۵.
۴۱. متینی، جلال، ایران‌نامه، یاد شده، صفحات ۳۱۸ و ۳۱۹.
۴۲. الموتی، مصطفی، ایران در عصر پهلوی، جلد یازدهم، یاد شده، صفحات ۴۳۷ و ۴۳۶.
۴۳. گاهنامه پنجاه سال شاهنشاهی پهلوی، جلد ۳، یاد شده، صفحه ۱۳۱۷.
۴۴. الموتی، مصطفی، ایران در عصر پهلوی، جلد یازدهم، یاد شده، صفحه ۴۲۳.
۴۵. گاهنامه پنجاه سال شاهنشاهی پهلوی، جلد ۳، یاد شده، صفحه ۱۳۲۸.
۴۶. الموتی، مصطفی، ایران در عصر پهلوی، جلد یازدهم، یاد شده، صفحه ۴۳۳.
۴۷. همانجا، صفحه ۴۳۴.
۴۸. همانجا، صفحه ۴۳۵.
۴۹. متینی، جلال، ایران‌نامه، یادشده، صفحات ۳۱۹-۳۲۰.
۵۰. الموتی، مصطفی، ایران در عصر پهلوی، جلد ۱۱، یاد شده، صفحه ۴۴۰.
۵۱. همانجا، صفحه ۴۴۰.
۵۲. متینی، جلال، ایران‌شناس، سال چهاردهم، شماره ۴، زمستان ۱۳۸۱، صفحه ۷۱۷.
۵۳. الموتی، مصطفی، ایران در عصر پهلوی، جلد ۱۱، یاد شده، صفحه ۴۴۲.

۵۴. همانجا، صفحه ۴۴۳.
۵۵. همانجا، صفحه ۴۶۰.
۵۶. همانجا، صفحات ۴۴۴ تا ۴۴۶.
۵۷. دکتر سبحانی، سهراب، توافق مصلحت‌آمیز روابط ایران و اسرائیل (۱۹۴۸-۱۹۸۸)، مترجم ع-م شاپوریان، چاپ نخست، لوس‌آنجلس، بهار ۱۳۷۷ خورشیدی، ۱۹۹۸، شرکت کتاب، صفحه ۶۳.
۵۸. همانجا، صفحه ۱۰۰.
۵۹. همانجا، همان صفحه.
۶۰. همانجا، صفحات ۱۰۰ و ۱۰۱.
۶۱. همانجا، صفحات ۹۹ و ۱۰۰.
۶۲. گاهنامه پنجاه سال شاهنشاهی پهلوی، جلد ۳، یاد شده، صفحه ۱۳۳۱.
۶۳. همانجا، صفحه ۱۳۳۲.
۶۴. الموتی، مصطفی، ایران در عصر پهلوی، جلد ۱۱، یاد شده، صفحات ۴۰۲ و ۴۰۳
۶۵. دکتر سبحانی، سهراب، توافق، مصلحت‌آمیز روابط ایران و اسرائیل، یاد شده، صفحه ۱۳۸.
۶۶. ملکی، مهرا، ایران‌شناسی، سال بیست و دوم، شماره ۴، زمستان ۱۳۸۹، صفحه ۷۰۳.
۶۷. متینی، جلال، ایران‌نامه، سال سه، شماره ۲، یاد شده، صفحه ۳۱۷.
۶۸. الموتی، مصطفی، ایران در عصر پهلوی، جلد ۱۱، یاد شده، صفحه ۴۵۵.
۶۹. همانجا، صفحه ۴۶۰.
۷۰. متینی، جلال، ایران‌نامه، یاد شده، صفحات ۳۲۰ تا ۳۲۲.
۷۱. همانجا، صفحات ۳۲۲ و ۳۲۳.
۷۲. متینی، جلال، ایران‌شناسی، سال پانزدهم، شماره ۴، زمستان ۱۳۸۲، صفحه ۶۶۱
۷۳. همانجا، همان صفحه.
۷۴. همانجا، صفحه ۶۶۷.
۷۵. همانجا، صفحه ۶۶۸.
۷۶. همانجا، صفحه ۶۷۰.
۷۷. متینی، جلال،ایران‌شناسی، سال پانزدهم، یاد شده، صفحات ۶۷۱ و ۶۷۲.
۷۸. متینی، جلال، ایران‌شناسی، سال پانزدهم، یاد شده، صفحه ۶۷۳.
۷۹. همانجا، صفحه ۶۷۴.
۸۰. ملکی، مهرا، ایران‌شناسی، سال بیست و دوم، شماره ۴، زمستان ۱۳۸۹، زیرنویس صفحه ۷۰۳.
۸۱. متینی، جلال، ایران شناسی، سال پانزدهم، یاد شده، صفحه ۶۷۴.
۸۲. متینی، جلال، ایران‌شناسی، سال پانزدهم، یاد شده، صفحات ۶۷۴، ۶۷۶.
۸۳. همانجا، صفحه ۶۷۸.
۸۴. متینی، جلال، ایران‌شناسی، سال پانزدهم، یاد شده، صفحات ۶۶۲ و ۶۶۳.
۸۵. همانجا، صفحه ۶۶۲.
۸۶. همانجا، صفحه ۶۶۳.

۸۷. همانجا، همان صفحه.

۸۸. همانجا، همان صفحه.

۸۹. براهنی، رضا، در انقلاب ایران چه شــده است و چه خواهد شد، نشر کتاب زمان، چاپ اول ۱۳۸۵، صفحه ۳۸.

۹۰. براهنی، رضا، در انقلاب ایران چه شده است...، یاد شده، صفحه ۳۸.

۹۱. همانجا، صفحه ۳۹.

۹۲. همانجا، صفحه ۱۷۰.

۹۳. ملکی، مهرا، مقالهٔ رضاخان و مشــروطیت، ایران‌شناسی، سال هجدهم، شمارهٔ ۱، بهار ۱۳۸۵، صفحه ۶۸.

۹۴. ملکی، مهرا، مقالهٔ نقش مخرب معممین در جنبش مشــروطه، ایران‌شناسی، سال بیستم، شماره ۳، پائیز ۱۳۸۷، صفحات ۴۹۲ و ۴۹۳.